民国大师文库
（第九辑）

经学教科书

刘师培◎著

北京联合出版公司
Beijing United Publishing Co.,Ltd.

目 录

第一册

序　例 / 003
第一课　经学总述 / 005
第二课　经字之定义 / 008
第三课　古代之《六经》/ 011
第四课　西周之《六经》/ 016
第五课　孔子定《六经》/ 021
第六课　孔子弟子之传经（上）/ 024
第七课　孔子弟子之传经（下）/ 029
第八课　尊崇《六经》之原因 / 032
第九课　两汉《易》学之传授 / 036
第十课　两汉《尚书》学之传授 / 041
第十一课　两汉《诗》学之传授 / 047
第十二课　两汉《春秋》学之传授 / 054
第十三课　两汉《礼》学之传授 / 058
第十四课　两汉《论语》之传授附《孟子》《学》《庸》/ 062
第十五课　两汉《孝经》之传授附《尔雅》/ 065
第十六课　三国南北朝隋唐之《易》学 / 070
第十七课　三国南北朝隋唐之《书》学 / 077
第十八课　三国南北朝隋唐之《诗》学 / 081
第十九课　三国南北朝隋唐之《春秋》学 / 085

目 录

第二十课　三国南北朝隋唐之《礼》学 / 089
第二十一课　三国南北朝隋唐之《论语》学
　　　　　　附《孟子》《学》《庸》 / 094
第二十二课　三国南北朝隋唐之《孝经》学附《尔雅》/ 098
第二十三课　宋元明之《易》学 / 102
第二十四课　宋元明之《书》学 / 112
第二十五课　宋元明之《诗》学 / 118
第二十六课　宋元明之《春秋》学 / 122
第二十七课　宋元明之《礼》学 / 128
第二十八课　宋元明之《论语》学附《孟子》
　　　　　　《学》《庸》 / 133
第二十九课　宋元明之《孝经》学附《尔雅》 / 137
第三十课　　近儒之《易》学 / 141
第三十一课　近儒之《书》学 / 147
第三十二课　近儒之《诗》学 / 151
第三十三课　近儒之《春秋》学 / 154
第三十四课　近儒之《礼》学 / 159
第三十五课　近儒之《论语》学附《孟子》《学》《庸》 / 164
第三十六课　近儒之《孝经》学附《尔雅》 / 167

第二册

弁言 / 173

目 录

第一课 《易经》总义 / 174
第二课 《易经》卦名 / 178
第三课 卦名释义 / 181
第四课 论《易》卦之作用 / 186
第五课 释三《易》/ 189
第六课 释《周易》之旨 / 192
第七课 论《易》有三义 / 195
第八课 释《象》辞 / 198
第九课 释爻辞（上）/ 201
第十课 释爻辞（下）/ 205
第十一课 释《易》象 / 208
第十二课 释《十翼》/ 212
第十三课 说筮法 / 216
第十四课 说互体（一）/ 219
第十五课 说互体（二）/ 222
第十六课 说互体（三）/ 225
第十七课 说互体（四）/ 228
第十八课 说卦变（一）/ 231
第十九课 说卦变（二）/ 233
第二十课 说卦变（三）/ 236
第二十一课 说比例 / 239
第二十二课 论《易经》与文字之关系 / 243
第二十三课 论《易》学与数学之关系 / 249

目 录

第二十四课　论《易》学与科学之关系 / 253
第二十五课　论《易》学与史学之关系 / 255
第二十六课　论《易》学与政治学之关系 / 259
第二十七课　论《易》学与社会学之关系 / 262
第二十八课　论《易》学与伦理学之关系 / 265
第二十九课　论《易经》与哲学之关系（一）/ 268
第三十课　　论《易经》与哲学之关系（二）/ 271
第三十一课　论《易经》与哲学之关系（三）/ 274
第三十二课　论《易经》与礼典之关系（上）/ 278
第三十三课　论《易经》与礼典之关系（下）/ 284
第三十四课　论《易》词（上）/ 288
第三十五课　论《易》词（下）/ 291
第三十六课　释《易》韵 / 294

附 录

刘君申叔事略　蔡元培 / 299
仪征刘先生行述　陈钟凡 / 301

第 一 册

序 例

治经学者,当参考古训,诚以古经非古训不明也。大抵两汉之时,经学有今文、古文之分。今文多属齐学,古文多属鲁学。今文家言多以经术饰吏治,又详于礼制,喜言灾异、五行。古文家言详于训诂,穷声音文字之原。各有偏长,不可诬也。六朝以降,说经之书分北学、南学两派。北儒学崇实际,喜以汉儒之训诂说经,或直质寡文;南儒学尚浮夸,多以魏晋之注说经,故新义日出。及唐人作义疏,黜北学而崇南学,故汉训多亡。宋、明说经之书,喜言空理,不遵古训,或以史事说经,或以义理说经,虽武断穿凿,亦多自得之言。近儒说经,崇尚汉学,吴中学派掇拾故籍,诂训昭明;徽州学派详于名物典章,复好学深思,心知其意;常州学派宣究微言大义,或推经致用。故说经之书,至今日而可称大备矣。此皆研究经学者所当参考者也。大约古今说经之书,每书皆有可取处,要在以己意为折中耳。夫《六经》浩博,虽不合于教科,然观于嘉言懿行,有助于修身。考究政治典章,有资于读史。治文学者,可以审文体之变迁。治地理者,可以识方舆之沿革。是经学所该甚广,岂可废乎?然汉儒去古未远,说有本源,故汉学明则经诂亦明。欲明汉学,当治近儒说经之书。盖汉学者,《六经》之译也;近儒者,又汉儒之译也。若夫六朝、隋、唐之注疏,两宋、元、明之经说,其可供参考之资者,亦颇不乏,是在择而用之耳。

一、每册三十六课,每课字数约在四五百言之间。

一、经学源流不明，则不能得治经之途辙，故前册首述源流，后册当诠大义。

一、经学派别不同，大抵两汉为一派，三国至隋、唐为一派，宋、元、明为一派，近儒别为一派。今所编各课，亦分经学为四期，而每期之中，经学之派别，必分析详明，以备参考。

一、经学派别既分为四期，而每期之中，首《易经》，次《书经》，次《诗经》，次《春秋经》，次《礼经》，次《论语》《孟子》，《学》《庸》附焉，次《孝经》，《尔雅》附焉。盖《班志》于六艺之末复附列《论语》《孝经》，今用其例。唯《乐经》失传，后儒无专书，不能与《礼经》并列耳。

一、所引各书，必详注所出，一二私见，附以自注，以供学者之采择。

第一课　经学总述

　　三代之时，只有《六经》。《六经》者，一曰《易经》，二曰《书经》，三曰《诗经》，四曰《礼经》，即今《仪礼》。五曰《乐经》，六曰《春秋经》，次序依《汉书·艺文志》。故《礼记·经解篇》引孔子之言，以《诗》《书》《礼》《乐》《春秋》《易》为《六经》。若《左氏》《公羊》《穀梁》三传，咸为记《春秋》之书。《周礼》原名《周官经》，《礼记》原名《小戴礼》，皆与《礼经》相辅之书。《论语》《孝经》虽为孔门绪言，亦与《六经》有别。至《尔雅》列小学之门，《孟子》为儒家之一，《中庸》《大学》咸附《小戴礼》之中，更不得目之为经。西汉之时，或称《六经》，或称六艺①。见《史记·孔子世家赞》及《滑稽列传序》。其后《乐经》失传，始以《孝经》《论语》配五经，称为"七经"②。见《后汉书·赵典传》注。至于唐代，则《春秋》《礼经》咸析为三，《春秋》分为《公》《穀》《左氏》三经，而《礼》之外并以《周礼》《礼记》为经，且误以《礼记》一书为本经。立"三传"、"三礼"之名，合《易》《书》《诗》为"九经"③。唐开成石经④则合《论语》《孝经》《尔雅》并为经书，而《经典释文》⑤则《春秋》仅为一经，加以《论语》《孝经》为九经，兹用顾亭林⑥之说。北宋之初，于《论语》《孝经》而外，兼崇《尔雅》《孟子》二书，而十三经之名，遂一定而不可复易矣。及程朱表彰《学》《庸》，亦若十三经之外复益二经，流俗相沿习焉。不察以传为经，如《左氏》《公羊》《穀梁》是也。以记为经，如《小戴礼》是也。以群书为经，如《周官经》《孝经》《论语》《孝经》是也。以释经之书为经，如《尔雅》是也。**此则不知正名之故也。**参用龚自珍《六经正名说》⑦。

注：

①六艺：儒家六部经典。《史记·滑稽列传》："孔子曰：'六艺于治一也。《礼》以节人，《乐》以发和，《书》以道事，《诗》以达意，《易》以神化，《春秋》以义。'"汉代刘歆《七略》著录《六经》典籍，称为"六艺略"。参见《汉书·艺文志》。

②七经：儒家七部经典。该名出现于汉代（《后汉书·赵典传》引谢承书注、《三国志·蜀书·秦宓传》）。汉代提倡"孝治"，贵族子弟先授《论语》、《孝经》，连同《诗》《书》《礼》《易》《春秋》五经，合称"七经"。北宋刘敞《七经小传》以《书》、《诗》、三《礼》、《公羊传》、《论语》为七经，清代全祖望《经史问答》提出"《六经》之外加《论语》"，樊文深《七经义纲》、柴绍炳《考古类编》则认为五经加《周礼》《礼记》。清康熙"御纂"七经，以《易》《书》《诗》《春秋》《周礼》《仪礼》《礼记》为七经。其中汉代的"七经"普遍为学者接受。

③九经：儒家九部经典。该名出现于唐代（《旧唐书·儒学传上》），后代学者对其所包含经典的说法不一。除《易》《书》《诗》《周礼》《礼记》五种各家均同外，其他四种有：《仪礼》《春秋》《孝经》《论语》（唐陆德明《经典释文》）；《春秋》三传、《仪礼》（《旧唐书·选举上》、顾炎武《九经误字》、皮锡瑞《经学历史》）；《春秋》三传、《孟子》（宋代杨伯嵒《九经补韵》）；《仪礼》《春秋》《论语》《孟子》（宋魏了翁《九经要义》、明赦敬《九经解》）；《仪礼》《论语》《公羊传》《穀梁传》（清惠栋《九经古义》）。以上诸说，虽各有依据，但一般都认同顾炎武、皮锡瑞说。按：唐代曾将九经分为大经（《礼记》《左传》）、中经（《诗经》《周礼》《仪礼》）、小经（《周易》《尚书》、《公羊传》《穀梁传》），《论语》《尔雅》《孝经》均附于中经，名为九经，实际上已具备了十二经。参见《新唐书·选举志·百官志》。

④开成石经：一称"唐石经"，因镌刻于唐文宗开成二年（837），故名。该石经包括《周易》《尚书》《毛诗》《周礼》《仪礼》《礼记》《春秋左传》、《春秋公羊传》《春秋穀梁传》《孝经》《论语》《尔雅》十二种。另附《五经文字》、《九经字样》等，共计227石。字为正书，标题为隶书。今藏西安碑林博物馆。

⑤《经典释文》：唐陆德明（约556—约630）著，三十卷。全书收录汉魏六朝以来二百三十余家注释经籍的旧音和训诂，保存了相当数量早已失传的音训资料。书首《序录》叙述经学源流，并将《老子》《庄子》列于书内，是后世研究汉初至唐经学演变历史的重要参考书。陆德明，字元朗，以字行，苏州吴人（今江苏苏州）。按：《新唐书》本传："善名理言，受学于周弘正。陈太建中，后主为太子，集名儒入讲承光殿，德明始冠，与下坐。"吴承仕《经典释文序录疏证》："寻弘正卒在太建六年，德明受业，疑在太建之初，弱冠应征，或当在太建六七年（574—575）间。"由太建七年逆推二十年，故将陆德明生年系于此年。

⑥顾亭林：即顾炎武（1613—1682），原名绛，字忠清。明亡后，改名炎武，字宁人。曾自署蒋山佣，一名顾圭年，学者称亭林先生。江苏昆山人。被认为是清代考证学的首创人之一。江藩《汉学师承记》有传。著有《日知录》《音学五书》《左传杜解补正》《石经考》《天下郡国利病书》等。

⑦龚自珍（1792—1841）：字璱人，号定盦，一名易简，字伯定，又名鞏祚。浙江仁和（今杭州）人。出身于官宦世家，是清代经学家段玉裁的外孙。治经重《公羊》"微言大义"之学，为文奥博纵横，自成一家；诗歌瑰丽奇肆，有"龚派"之称。《清史稿》有传。其著述和诗文，后人编为《龚自珍全集》，《六经正名说》载该集第一辑。

第二课　经字之定义

《六经》之名，始于三代，而经字之义，解释家各自不同。班固《白虎通》训经为"常"，以"五常"配五经①。刘熙《释名》训经为"径"，以经为常典，尤径路无所不通②。案：《白虎通》《释名》之说，皆经字引申之义。惟许氏③《说文》经字下云："织也，从系，巠声。"盖经字之义，取象治丝，纵丝为经，衡丝为纬，故地学家以纵线为经线，而以衡线为纬线也。引申之，则为组织之义。上古之时，字训为饰，又学术授受多凭口耳之流传，《六经》为上古之书，故经书之文奇偶相生，声韵相协，以便记诵。而藻绘成章，有参伍错综之观。古人见经文多文言也，于是假治丝之义而锡以《六经》之名。如《易》有《文言》，而六爻之中亦多韵语，故爻字取义于交互。《尚书》亦多偶语韵文，《诗》备入乐之用，故声成文谓之音。《孟子》亦曰不以文害辞。又《孟子》引孔子之言曰："《春秋》其文则史。"④而《礼记·礼器》篇亦曰："《礼》有本、有文。"是《六经》之中无一非成文之书。即群书之用文言者，亦称之为经，以与鄙词示异。如《孝经》、《道德经》⑤、《离骚经》⑥之类是也。皆取藻绘成文之义。又《吴语》云："挟经秉袍。"注云："兵书也。"⑦是兵书之杂用文言者，亦可称之为经也。后世以降，以《六经》为先王之旧典也，乃训经为法。又以《六经》为尽人所共习也，乃训经为常。《广雅·释诂》⑧云："经，常也。"《孟子·尽心下》云："君子反经而已矣。"注亦云："经，常也，犹常道也。"此皆经字后起之义也。若《白虎通》以五常配五经，则舍《春秋》而不言。刘熙训经为径，径为直捷之义，与文饰之义相反。不明经字之本训，安知《六经》为古代文章之祖哉！

注：

①班固（32—92）：字孟坚，扶风安陵（今陕西咸阳市）人。先后任兰台令史、郎、玄武司马等职，中国第一部纪传体断代史——《汉书》的编撰者。《后汉书》有传。东汉建初四年（79），章帝仿西汉石渠阁会议之例，召集各地儒生于内廷白虎观讨论五经异同，特命班固将有关观点汇编为《白虎通德论》，又名《白虎通义》或《白虎通》。据元人严度考证，该书是班固《白虎通》与《功德论》二书因连写而脱"功"字，遂成今名（《白虎通序》）。全书就古代礼制、宗法制度和祭祀等分为四十四大类，计四十三篇。其《五经》篇云："经所以有五何？经，常也，有五常之道，故曰五经。乐，仁；书，义；礼，礼；易，智；诗，信也。"

②刘熙：字成国，北海（今山东昌乐）人。东汉经学家郑玄的学生，曾避乱交州，从事讲学活动。《释名》八卷，二十七篇，是从语言学的角度，以同音字或声音近似的字来解释词义的一部百科式的词典。按：引语有删略，现录之以资参照："经，径也。如径路无所不通，可常用也。"参见《释名·释典艺》。又按：由于《后汉书》没有刘熙的传记，《释名》是否为其所作，引起后世学者聚讼。可参见余嘉锡《四库提要辨证》第一册，中华书局1980年版。

③许氏：指许慎（约58—约147），字叔重，汝南召陵（今河南郾城）人。曾任郡功曹、举孝廉，迁太尉、南阁祭酒。师从名儒贾逵，并与马融同校书于东观，有"五经无双许叔重"之誉。《后汉书·儒林传》有传。《说文解字》简称《说文》，对后世语言文字学的研究产生过很大的影响。另著有《五经异义》，今佚，可参考清陈寿祺《五经异义疏证》。

④按：引语有删略，现录之以资参照："王者之迹熄而《诗》亡，《诗》亡然后《春秋》作。晋之《乘》，楚之《梼杌》，鲁之《春秋》一也。其事则齐桓、晋文，其文则史。孔子曰：'其义则丘窃取之矣。'"参见《孟子·离娄下》。

⑤《道德经》：一名《道德真经》，又名《老子》《老子五千文》。共八十一章，五千余言。分为上下二篇，上篇三十七章为《道经》，下篇四十一章为《德经》。一九七三年长沙马王堆三号汉墓出土的帛书《老子》甲乙两种本，《德经》在前，《道经》在后。老子，即老聃，姓李名耳，字伯阳，谥聃。楚国苦县（今河南鹿邑东）厉乡曲仁里人。相传做过周守藏室之史，孔子曾问礼于他，后退隐著书，是中国先秦时期道家学派的创始人。

⑥《离骚经》：即《离骚》。战国楚人屈原著。因其是楚辞体文学作品的代表作，对后世文学具有深远的影响，所以被尊称为"经"。

⑦《吴语》：《国语》二十一篇之一。相传春秋时左丘明著，记载春秋战国时期吴国的历史事件。有三国时韦昭注本，近人徐元诰著有《国语集解》，可参考。按：原刊"枹"误作"抱"，今改正。参见《国语》第十九《吴语》。

⑧《广雅》：一名《博雅》（因避隋炀帝讳），三国魏张揖撰。张揖，字稚让。魏明帝时为博士。事载《魏书·江式传》。该书承袭《尔雅》的体例，对《尔雅》未收词语作了增益，对已有的解释也作了补充。卷首《上广雅表》自述此书分为三卷，唐以后析为十卷，是研究传统训诂学的重要典籍。清代王念孙的《广雅疏证》、俞樾的《广雅释诂释文》、王树枏的《广雅补疏》等对该书作了继续研究。

第三课　古代之《六经》

　　《六经》起原甚古。自伏羲仰观俯察作八卦以类物情①，后圣有作，递有所增，合为六十四卦。虞翻②以为伏羲作，郑玄③以为神农作，今并存其说。而施政布令，备物利用，咸以卦象④为折中。夏《易》名《连山》⑤，商《易》名《归藏》⑥，今皆失传，是为《易经》之始。上古之君，左史记言，右史记动，言为《尚书》，动为《春秋》，《礼记》郑注。故唐、虞、夏、殷咸有《尚书》，而古代史书复有三坟、五典⑦，见《左传·昭十二年》。是为《书经》《春秋》之始。谣谚之兴，始于太古，见杨慎⑧所辑。在心为志，发言为诗。《诗大序》⑨。虞、夏以降，咸有采诗之官，夏有遒人⑩，见《尚书》及《左传》。商有太师⑪，见《礼记·王制》⑫。采之民间，陈于天子，以观民风，《王制》。是为《诗经》之始。乐舞始于葛天⑬，《吕氏春秋·古乐》⑭篇。而伏羲、神农⑮咸有乐名。至黄帝时，发明六律⑯五音⑰之用，《吕氏春秋·古乐》篇。而帝王易姓受命，咸作乐以示功成，用《乐纬》⑱及《乐记》⑲说。故音乐之技代有兴作，是为《乐经》之始。上古时，社会蒙昧，圣王既作，本习俗以定礼文，故唐虞之时以天地人为"三礼"，见《虞书》⑳注。以吉、凶、军、宾、嘉为"五礼"，同上。降及夏、殷，咸有损益，是为《礼经》之始。由是言之，上古时代之学术，奚能越《六经》之范围哉！特上古之《六经》淆乱无序，未能荟萃成编，此古代之《六经》所由，殊于周代之《六经》也。

　　注：

①伏羲：又名"伏戏""宓羲""包牺""庖牺""牺皇""皇羲"等。中国古代传说中的远古人物，相传《周易》是由他编撰的。按：该句语引出自《系辞传》下，有删略。现录之以资参考："古者包牺氏之王天下也，仰则观象于天，俯则观法于地，观鸟兽之文，与地之宜，近取诸身，远取诸物，于是始作八卦，以通神明之德，以类万物之情。"

②虞翻（164—233）：字仲翔，会稽余姚（今浙江余姚）人。初为会稽太守王朗之功曹，后归孙策，复任功曹，官至骑都尉。承其高祖虞光传孟氏《易》。《三国志》有传。著有《周易注》，今佚。唐李鼎祚《周易集解》曾采录其说。清黄奭《汉学堂丛书》、孙堂《汉魏二十一家易注》亦有辑录。

③郑玄（127—200）：字康成，北海高密（今山东高密）人。治经以古文经学为主，兼采今文经学，网罗众家，融通为一，曾遍注群经，是汉代最为著名的经学集大成者。《后汉书》有传。所著《六艺论》、《驳许慎五经异义》等叙述经学传授的源流及论《六经》要旨，今佚。清袁钧《郑氏佚书》和马国翰《玉函山房辑佚书》均辑有一卷。皮锡瑞著有《六艺论疏证》《驳五经异义疏证》，可参考。

④卦象：《易》学术语。用以象征客观事物或事理的符号结构。卦象可分八卦之象和六十四卦象两大类。八卦之象是由"一""--"两种符号组合而成的八个三画卦，即乾☰，坤☷，震☳，巽☴，坎☵，离☲，艮☶，兑☱。它们的基本取象分别为天、地、雷、风、水、火、山、泽八种事物的性质。六十四卦之象，则是由上述八个三画卦两两相重而得的六画卦，用以表达世间纷繁的万事万物以及复杂多变的形式。可参见第二册第二课"重卦"注。

⑤《连山》：相传古代三《易》之一。为夏人之《易》，有六十四卦，以"艮"为首，艮为山，上艮下艮，象征山峦连绵，故名。桓谭《新论》说"《连山》藏于兰台"，又说"《连山》八万文言"，汉时已佚，不载于

《汉书·艺文志》。北朝刘炫曾伪造《连山易》，录上送官，取赏而去。传世的所谓《连山》均系后人伪作。清马国翰《玉函山房辑佚书》据黄佐《六艺流别》、罗泌《路史》等辑为一卷，黄奭《归藏》辑本后附《连山》，但真伪尚有争议。刘师培著有《连山归藏考》，载《中国学报》二，1916年2月，可参考。

⑥《归藏》：相传古代三《易》之一。为商人之《易》，以"坤"为首，坤为上地下地，象征万物皆藏于地，故名。桓谭《新论》说"《归藏》藏于太卜"，又说"《归藏》四千三百言"，汉时已佚，不载于《汉书·艺文志》。今所传《古三坟书》中有《归藏》，系后人伪造。唐人司马膺亦注《归藏》三卷，今亦亡。《文献通考》著录为三卷，《崇文总目》说："今但存初经、齐母、本著三篇，文多阙乱，不可详解。"清王谟、洪颐煊、马国翰等人各辑有一卷。

⑦三坟、五典：相传是古书名。《左传·昭公十二年》："是能读三坟、五典、八索、九丘。"孔颖达《左传正义》谓"三坟"是三皇（伏羲、神农、黄帝）之书，"五典"是五帝（少昊、颛顼、高辛、唐、虞）之书，"八索"是八卦之说，"九丘"是九州之志，亦仅为一家之言。由于难以确指，所以后人有种种解释，甚至还有伪造《三坟书》以坐实其事者。

⑧杨慎（1488—1559）：字用修，号升庵，新都（今四川新都）人。明正德六年（1511）状元，授翰林院修撰。工于诗文，著述之富为明代之首。论理学，多讥陆、王；议经学，重考据。《明史》有传。著有《升庵集》《外集》《遗集》《檀弓丛训》等。

⑨《诗大序》：《毛诗·诗序》的一部分。《毛诗》在各诗之前，列有解释该诗主题的文字，称小序。在篇首《关雎》小序之前，还有一大段总论《三百篇》的文字，称大序。关于大序的作者，历来有各种说法。萧统《昭明文选》认为是子夏作；《隋书·经籍志》认为是子夏作，后经毛公、卫宏润色；王安石认为由诗人自己作；程颐认为是孔子作；郑樵、朱熹、

崔述还提出是"村野妄人"作；《后汉书·儒林传》则明确指出是卫宏作。

⑩遒人：官名。古代掌宣布教化。《尚书·胤征·疏》："名曰遒人，不知其意，盖训道为聚，聚人而令之，故以为名也。"

⑪太师：官名。古代乐官之长。《周礼·春官》有大师、小师，列国皆有其官。又，古三公之一。秦不置。汉平帝元始元年始置三公。晋避司马师讳，改太师为太宰。其后历代仍称太师。参见《通典》二十《职官》二、《文献通考》四八《职官》二。

⑫《王制》：《礼记》篇名。孔颖达《礼记》疏谓："王制者，以记其先王班爵、授禄、祭祀、养老之法度。"又引郑玄《答临硕难礼》云："孟子当赧王之际，《王制》之作，当在其后。"章太炎谓"《王制》，文帝所造书，有《木制》《兵制》《服制》篇"。参见《七略别录佚文徵》，载《章太炎全集》第一集，上海人民出版社1982年版。

⑬葛天："葛天氏"的简称。传说中在伏羲之前的远古帝号，其治不言而自信，不化而自行，古代认为是理想中的自然、淳朴之世。《吕氏春秋·仲夏纪·古乐》："昔葛天氏之乐，三人操牛尾，足以歌八阕。"

⑭《吕氏春秋》：一称《吕览》。战国末吕不韦招集门下宾客辑合先秦各派学说的汇编，杂家代表作。全书二十六卷，内分八览、六论、十二纪（据《史记》所称顺序），现在的形式是十二纪在前，八览居中，六论置于最后，共一百六十篇文章，《古乐篇》即出自其中的《十二纪》。书中还保存了不少古史旧闻、古人遗语、古籍佚文及一些古代科学知识，是研究先秦学术的重要参考书。吕不韦（？—前235），战国末年卫国濮阳（今河南濮阳）人。曾为秦国相国，门下宾客三千，家僮万人。后被秦王政免职，忧惧自杀。《史记》有传。

⑮神农：传说中的古帝名。古史又称炎帝、烈山氏。相传始教民为耒、耜以兴农业，尝百草为医药以治疾病。

⑯六律：律，定音器。相传黄帝时伶伦截竹为管，以管的长短，分别声音的高低清浊，乐器的音调，都以它为准则。乐律有十二，阴阳各六，阳为律，阴为吕。六律即黄钟、太蔟、姑洗、蕤宾、夷则和无射。可参见《国语·周语》下"十二律"。

⑰五音：古乐五种音阶的名称：宫、商、角、徵、羽。又称五声。《孟子·离娄》上："不以六律，不能正五音。"

⑱《乐纬》：纬书的一种。《隋书·经籍志》著录三卷，宋均注。今佚。今可考见的书目有《动声仪》《稽曜嘉》和《叶图征》。

⑲《乐记》：《史记》题作《乐书》。《汉书·艺文志》六艺略《乐》类著录《乐记》二十三篇。刘向校书，得《乐记》二十三篇，后由戴圣将其中的十一篇辑入《礼记》，已亡佚者十二篇。孔颖达《礼记正义》疏云："《礼记》四十九篇，《乐记》第十九，则《乐记》十一篇入《礼记》也，在刘向前矣。"今人任善铭《礼记目录后案》云："刘向校书之前，已有桥仁为章句，称'桥仁学'，其时当已有《乐记》，则向不能以其所得《乐记》入四十九篇中甚明。故知今《乐记》仍是河间献王所辑之遗，非向所得而增入者也。"

⑳《虞书》：《尚书》篇名。包括《尧典》《皋陶谟》两篇，古文《尚书》又增加《舜典》《大禹谟》《益稷》合为五篇。孔颖达《尚书正义》疏云："《尧典》虽曰唐事，本以虞史所录，末言舜登庸由尧。故追尧作典，非唐史所录，故谓之《虞书》也。"

第四课　西周之《六经》

西周之时，尊崇《六经》。自文王①治《易》作彖文爻词，用郑玄及惠栋说②。周公③制礼作乐，《礼记·明堂位》④。复损益前制，制为冠昏、丧祭、朝聘、射乡之礼，即今《仪礼》。而车酋轩陈诗《雅》《颂》《南》《豳》皆出于周公。观风。史官记言、记动，仍仿古代圣王之制。故《易经》掌于太卜⑤，以《易经》可备卜筮之用也。《书经》《春秋》掌于太史⑥、外史⑦，《诗经》掌于太师，《礼经》掌于宗伯⑧，《乐经》掌于大司乐⑨。有官斯有法，故法具于官。有法斯有书，故官守其书。用章学诚《校雠通义》说⑩。而《礼》《乐》《诗》《书》复备学校教民之用，《礼记·王制》篇云："春秋教以《礼》《乐》，冬夏教以《诗》《书》。"诸侯各邦亦奉《六经》为典臬。因职官不备，或以史官兼掌之，诚以成周一代之史，悉范围于《六经》之中也。用龚定庵《古史钩沈论》说⑪，兼用王守仁说⑫。又周公之时，作《周官经》以明六官⑬之职守。汉何休⑭疑《周礼》作于六国时，宋儒亦多疑之。惟汉刘歆⑮、郑玄信为周公致太平之书，今从刘、郑二家之说。又作《尔雅·释诂》一篇，张揖《上广雅表》。明古今言语之异同，用郝懿行《尔雅正义》说⑯。以备外史达书名之用，见《周礼》外史职，又大行人职亦同。故周公者集周代学术之大成者也。用魏源⑰《学校应增祀先圣周公议》说。《六经》皆周公旧典，用章学诚《校雠通义》说。足证孔子以前久有《六经》矣。故周末诸子，若管子⑱、墨子⑲咸见《六经》。墨子称《诗》《书》《春秋》多太史中秘书，管子亦言"泽其四经"，注云："《诗》《书》《礼》《乐》也。"⑳是道家、墨家咸见周室之《六经》矣。盖周室未修之

《六经》，固与孔子已修之《六经》不同也。《公羊传》言未修之《春秋》，则《春秋》以外之五经，亦咸有未修之旧本矣。惟后世失其传耳。

注：

①文王：即周文王。姬姓，名昌。商纣王时为西伯，亦称伯昌。曾被囚羑里（今河南汤阴县北）而演《周易》。司马迁《史记》中认为周文王重八卦为六十四卦、演三百八十四爻，汉代学者还认为《周易》的卦辞、爻辞均由周文王所作。周文王与易学确有关系，但上述说法则无明据。

②惠栋（1697—1758）：字定宇，号松崖，学者称小红豆先生。江苏吴县（今江苏苏州）人。惠氏自曾祖惠有声始，历惠周惕、惠士奇（半农居士）至惠栋四世传经，以表彰汉儒经说著称。《清史稿·儒林传》、江藩《国朝汉学师承记》有传。著有：《九经古义》《易汉学》《易例》《古文尚书考》《左传补注》等。

③周公：姬姓，名旦。周文王之子，周武王之弟。因采邑在周（今陕西岐山北），史称周公，又称周公旦，曾协助周武王灭商。相传他制礼作乐，建立典章制度。其言论分见于《尚书》中的《大诰》《康诰》《多士》《无逸》《立政》等篇。

④《明堂位》：《礼记》篇名。明堂，即"王者之堂"。夏代称世室，商代称重屋，周代称明堂。位，即位置。《明堂位》是讲述周公在明堂接见来朝诸侯的位置。如天子背靠斧依，面朝南而立；三公在堂下中阶前，面朝北而立，以东边为上位；诸侯面朝西，以北边为上位等等。郑玄《礼记目录》说："以其记诸侯朝周公于明堂之时所陈列之位也。"今人任善铭《礼记目录后案》说："本篇所谓明堂，实《仪礼·觐礼》方明之坛，郑君《目录》误涉《考工记》之文矣。"

⑤太卜：官名。殷时六太之一，周属春官，为卜筮官之长，一称卜正。秦汉时有太卜令，东汉时并于太史。北魏有太卜博士，北齐有太卜局丞，北周有太卜大夫。隋唐曾设太卜令。宋以太卜属司天台，不置专官。可参见《通典》二五、《续通典》二九《职官》七。

⑥太史：官名。三代为史官与历官之长。秦称太史令，汉属太常，掌天文历法。魏晋时始分修史撰文为著作郎，太史专掌天文历法。隋置太史监。唐初改太史局。元并设太史院与司天监。明清专以天文占候之事归钦天监，史馆多以翰林任之，所以也称翰林为太史。

⑦外史：官名。《周礼》春官之属，掌管宣布京畿以外地区的王令、四方地志等。

⑧宗伯：官名。古代六卿之一，掌邦国祭事典礼。汉为太宰，掌国祭事。亦即后来礼部之职，故后也称礼部尚书为大宗伯或宗伯，礼部侍郎为少宗伯。

⑨大司乐：一名大乐正。掌太学，为乐官之长。唐代亦有乐正，为太常寺下太乐署的低级官吏。

⑩章学诚（1738—1801）：字实斋，号少岩。会稽（今浙江绍兴）人。乾隆四十三年（1778）进士，授国子监典籍。《清史稿·文苑传》有传。创言"辨章学术，考镜源流"为研究目录学的门径，并提出"互著""别裁"等方法。所著《文史通义》一百二十篇，为清代史学批评专著。另著有《校雠通义》等。

⑪龚定盦：龚自珍，详见第一课注释⑦。《古史钩沈》，全名《古史钩沈论》，共四篇，载于《龚自珍全集》第一辑。

⑫王守仁（1472—1528）：中国著名哲学家。字伯安，别号阳明子。浙江余姚人。明代弘治年间进士，授刑部主事，改任兵部主事。早年因反对宦官刘瑾，被贬为贵州龙场驿丞。后复起为庐陵知县、吏部郎中等职。因平定"宸濠之乱"有功，封新建伯。《明史》有传。他所倡导的学说被后人称为"王学"或"心学"，在明代嘉靖以后广泛传播。著有《传习录》《大学问》等。

⑬六官：《周礼》一称《周官经》，首见于《汉书·艺文志》。根据唐代贾公彦的解释，以为"以设位言之，谓之《周官》；以制作言之，谓之

《周礼》"。凡六篇：《天官冢宰》第一，《地官司徒》第二，《春官宗伯》第三，《夏官司马》第四，《秋官司寇》第五，《冬官司空》第六；其中《冬官》一篇早佚，当时以《考工记》补入，称为《冬官考工记》，故统称六官。

⑭何休（129—182）：字邵公，任城樊（今山东曲阜）人。东汉今文经学家，长于《公羊》学。《后汉书·儒林列传》有传。著有《公羊经传解诂》《公羊墨守》《左氏膏肓》《穀梁废疾》等。

⑮刘歆（约前50—后23）：字子骏，西汉末年改名秀，字颖叔。沛（今江苏沛县）人。楚元王刘交五世孙。古文经学的开创者。《汉书》有传。成帝时与父刘向同领校秘书，所著《七略》（今佚。《汉书·艺文志》即据其成篇）奠定了中国传统史志目录学的基础。

⑯郝懿行（1755—1825）：字恂九，号兰皋。山东栖霞人。清嘉庆四年（1799）进士，授户部主事，后补江南司主事。《清史稿·儒林传》有传。所著《尔雅义疏》二十卷，在郭璞《尔雅注》的基础上，广采清以前历代研究《尔雅》的成果，考辨精详，取材宏富，是清代训诂学的代表作。

⑰魏源（1794—1857）：字默深，湖南邵阳人。是晚清与龚自珍齐名的著名今文经学家。道光二十五年（1845）进士。历任内阁中书、知县、知州等职。《清史稿·文苑传》有传。著有《诗古微》《书古微》《董子春秋发微》《曾子章句》《春秋繁露注》《两汉经师今古文家法考》等多种。尚有《公羊古微》十卷，未刊。

⑱管子（？—前645）：名夷吾，字仲，谥敬，故又称管敬仲。姬姓之后。颍上（今安徽颍县）人。中国春秋时期齐国的政治家、思想家。在齐国任相四十年期间，以"尊王攘夷"为国策，被尊称为"仲父"。《管子》原为八十六篇，今本存七十六篇，其中十篇仅存目录。通行注本有郭沫若的《管子集校》和赵守正的《管子集释》等。

⑲墨子（约前478—前376）：名翟。相传原为宋国人，长期居住在鲁国。中国春秋战国之际墨家学派的创始人。《墨子》是墨家学派著作的汇编。班固《汉书·艺文志》著录《墨子》七十一篇，现存五十三篇，失佚十八篇。通行注本有孙诒让的《墨子间诂》等。

⑳按：引语参见《管子》卷十《戒第二十六》。

第五课　孔子定《六经》

东周之时，治《六经》者，非仅孔子一家。见前一课。若孔子《六经》之学，则大抵得之史官。《周易》《春秋》得之鲁史，观《左传·昭二年》，知《易》与《春秋》皆掌于鲁太史。《诗》篇得之远祖正考父，《商颂·小序》。正考父为孔子之祖，则孔氏必世传《诗》学。复问礼老聃①，问乐苌弘②，《礼记》及《史记》。观百二国宝书于周史，杜预《春秋左传集解·自序》③。故以《六经》奸七十二君。《庄子·天运》篇④，及所如辄阻，乃退居鲁国作《十翼》⑤，郑玄以《十翼》为上《彖》下《彖》、上《象》下《象》、上下《系辞》、《文言》、《说卦》、《序卦》、《杂卦》。以赞《周易》。叙列《尚书》，定为百篇。删殷、周之《诗》，定为三百一十篇。以上用《史记·孔子世家》说。复返鲁正乐，播以弦歌，同上。使《雅》《颂》各得其所。《论语》。又观三代损益之礼，从周礼而黜夏、殷。本《论语》、《中庸》注及《史记·孔子世家》。及西狩获麟⑥，乃编列鲁国十二公之行事作为《春秋》。《史记·孔子世家》。而周室未修之《六经》，易为孔门编订之《六经》。盖《六经》之中，或为讲义，或为课本。《易经》者，哲理之讲义也。《诗经》者，唱歌之课本也。《书经》者，国文之课本也。兼政治学。《春秋》者，本国近世史之课本也。《礼经》者，修身之课本也。《乐经》者，唱歌课本以及体操之模范也。又孔子教人以雅言为主，《论语》。故用《尔雅》以辨言。《大戴礼·小辨》⑦篇。则《尔雅》者，又即孔门之文典也。此孔子所由言述而不作《论语》。与。特孔门之授《六经》，以《诗》《书》《礼》《乐》为寻常学科，以《易》《春秋》为特别学科，故性与天道，弟子多不得而闻，试观《汉书》眭弘⑧等《传赞》⑨，则性即《易经》，天道即《春秋》也。

注：

①老聃：指老子。详见第一册第二课注⑤。

②苌弘：周人。周敬王时为大夫。相传孔子曾向他问乐。后参与晋范中行氏之难，遂为周人所杀。

③杜预（222—284）：字元凯。京兆杜陵（今陕西西安东南）人。魏司马懿之婿。西晋时官大将军，受封当阳侯。为人机敏多谋略，时人誉为"杜武库"。《晋书》有传。自称"左氏癖"，锐意研究《左传》，所著《春秋左氏经传集解》，是唐以前研究《左传》最著名的著作。

④庄子（约前369—前286）：名周。宋国（今河南商丘东北）人。战国时期的著名思想家。曾做过蒙地方的漆园吏。《庄子》，一名《南华经》，庄子及后学的作品。《汉书·艺文志》著录《庄子》五十二篇，现仅存西晋学者郭象注本保留下来的三十三篇。其中内篇七篇，一般认为系庄子本人所著，外篇十五篇与杂篇十一篇系他的门人及后来道家学派的作品。

⑤《十翼》：即《易传》，有十篇，故名。关于各传内容的解释，参见第二册《易》学部分的注释。

⑥西狩获麟：相传孔子感于麟之死而《春秋》因以绝笔，故又称"获麟成编"。《左传》哀公十四年："春，西狩于大野，叔孙氏之车子钮商获麟，以为不祥，以赐虞人。仲尼观之，曰：麟也。"公羊学者普遍认为，此事具有昭示周代亡兆、汉兴之瑞、孔子为汉遗法等三重意义。

⑦《大戴礼》：相传是西汉经学家戴德据儒生传习礼制之"记"编成，共八十五篇。今存三十九篇，其中也杂有后人的作品，并非全系戴德旧作。

⑧眭弘（？—前77）：字孟。鲁国（今山东）蕃人。从董仲舒弟子嬴公学《公羊春秋》。以明经为议郎，官至符节令。《汉书》有传。其弟子

颜安乐、严彭祖均师从眭弘研习《公羊春秋》，始有颜、严《公羊》之学。汉宣帝时被立为学官。

⑨传赞：纪传体的史书，在传记的末尾所附加编撰者的评论。如《史记》在各篇传记之末，有"太史公曰"，《汉书》各篇传记之末改称"赞"。《后汉书》各篇传记末除有评论外，又有四言韵文的赞，后来合称论赞。

第六课　孔子弟子之传经（上）

孔子弟子三千人，通六艺者七十二人，《史记》。故曾子①作《孝经》以记孔子论孝之言。《六艺论》②虽言《孝经》为孔子所作，然《史记·孔子世家》则言《孝经》为曾子所记。子夏③诸人复汇集孔子绪言纂为《论语》，《六艺论》。而《六经》之学亦各有专书。《易经》由孔子授商瞿④，唐代以来有伪《子夏传》，后儒遂疑子夏传《易》，不知此实商瞿之误，因子夏名商澈误商瞿之商为子夏也。再传而为子弓⑤，复三传而为田何⑥。《史记》。《书经》之学，虽由孔子授漆雕开⑦，然师说无传。惟孔氏世传其书，九传而至孔鲋⑧。《孔丛子》。《诗经》之学，由孔子授子夏，六传而至荀卿⑨，荀卿授《诗》浮丘伯⑩，为《鲁诗》之祖。复以《诗经》授毛亨⑪，为《毛诗》之祖。《经典释文序录》。《春秋》之学，自左丘明⑫作《传》，六传而至荀卿，复由荀卿授张苍⑬，是为左氏，学之祖。刘向《别录》⑭。《公》《穀》二传，咸为子夏所传。一由子夏传公羊高⑮，公羊氏世传其学；五传而至胡母生⑯，是为公羊学之祖。戴宏⑰《序》。一由子夏授穀梁赤⑱，《风俗通》⑲一传而为荀卿，复由荀卿授申公⑳，杨疏。是为穀梁学之祖。是子夏、荀卿者集《六经》学术之大成者也。用汪中㉑《荀卿子通论》及陈玉树㉒《卜子年谱序》说。两汉诸儒殆皆守子夏、荀卿之学派者与。

附录

孔子传经表（从孔子弟子起至汉初止）

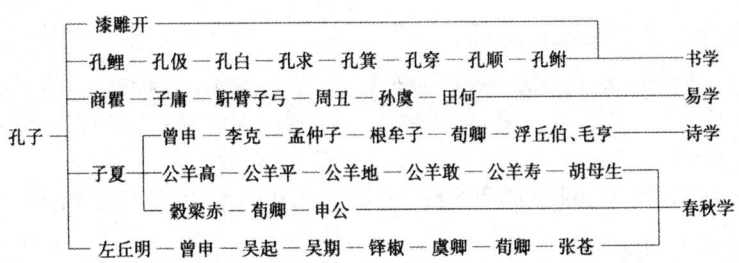

注：

①曾子（前505—前436）：指曾参，字子舆。春秋末鲁南武城（今山东平邑县）人。孔子晚年的著名弟子，以孝著称。相传他是子思、孟子学派的创始人和《孝经》《大学》的编撰者。著有《曾子》十八篇。事载《史记·仲尼弟子列传》。北宋时追封为"武城侯"，南宋时加封为"郕国公"，元代又加封为"宗圣公"，地位仅次子"复圣"颜渊。

②《六艺论》：书名。详见第一册第三课注③。

③子夏（前507—?）：即卜商，字子夏。春秋末晋国温（今河南温县西南）人。孔子弟子，与子游并列文学科。相传儒家经典的《诗》《春秋》等都由他传授下来。著有《诗序》《易传》等。事载《史记·仲尼弟子列传》。

④商瞿（前522—?）：字子木。春秋时鲁国（今山东）人。孔子弟子，孔子《易》学的第一代传人。并由他授《易》于楚人馯臂子弓（弘）。事载《史记·仲尼弟子列传》。

⑤子弓：一称馯臂。字子弘（弓），战国时楚人。子夏门人。《汉书·儒林传》："自鲁商瞿子木受《易》孔子，以授鲁桥庇子庸，子庸授江东馯臂子弓，子弓授燕周丑子家。"《经典释文序录》同。是子弓系孔子《易》学的第三代传人。这里，刘师培是取《史记》说。

⑥田何：字子庄，号杜田生。淄川（今山东淄博市）人。相传系孔子《易》学的第五代传人。其弟子王同、丁宽、服生都以《易》学显名当世。西汉初期今文《易》学的主要传播者。著有《田氏易传》，今佚。事载《汉书·儒林传》。

⑦漆雕开:"漆雕"是姓,"开"是名,字子开。春秋时鲁(今山东曲阜)人。孔子弟子,精于《尚书》之学。事载《史记·仲尼弟子列传》。

⑧孔鲋(约前264—前208):字甲。孔子八世孙,居于魏国,秦末儒生。传世的《孔丛子》即假托他所作,该书辑集并臆造了孔子以下子思、子上、子高、子顺等人的言论,以及孔鲋与孔臧的事迹、文章,汇编成书。其中《小尔雅》一篇,常为研究训诂学者所引用。

⑨荀卿(约前313—前230):名况,时人尊称为"卿"。因避汉宣帝讳,又称孙卿。赵国(今山西南部)人。战国末著名思想家。曾游学齐国,三次任稷下学宫(祭酒),后西游入秦。著有《荀子》(一名《孙卿子》)二十卷,全书共三十二篇,仿《论语》体例,在中国先秦思想史上占有重要的地位。通行本除杨倞《荀子注》外,尚有王先谦的《荀子集解》、梁启雄的《荀子简释》等。

⑩浮丘伯:又称包丘子。汉初齐(今山东淄博市临淄)人。《盐铁论·毁学》:"李斯与包丘子俱事荀卿。"楚元王及鲁穆生、白生、申公都师从他研究《诗经》。他传《诗》事,亦载《汉书·儒林传》。

⑪毛亨:世称大毛公。汉代另有毛苌(一作"长")者,世称小毛公,亦传《诗》。《汉书·儒林传》载赵人毛公传《诗》而为河间献王博士事,未详姓名。故后人对今传《毛诗故训传》究竟为谁作各执一说。王国维《书〈毛诗故训传〉后》则云:"盖《故训》者大毛公所作,而《传》则小毛公所增益也,汉初《诗》家,《故》与《传》皆别行。"

⑫左丘明:"左丘"是姓,"明"是名。鲁(今山东曲阜)人。与孔子同时,曾为鲁国太史。精研《春秋》,《左传》是他的代表作。

⑬张苍(?—前152):武阳(今河南原阳)人。秦时为御史。汉初任代、赵相,因平定燕王臧荼谋反有功,封为北平侯。《史记》《汉书》有传。著有《张苍》十六篇,今佚。

⑭刘向（约前77—前6）：本名更生，字子政。沛（今江苏沛县）人。汉皇族楚元王（刘交）四世孙。汉成帝时，任光禄大夫，终于中垒校尉。《汉书》有传。曾校阅群书，整理宫廷藏书，于每部书撰写叙录一篇，其子刘歆将其汇编成书，名《别录》，为中国目录学之祖。原书今佚，清代洪颐煊、马国翰、姚振宗等均有辑本。

⑮公羊高："公羊"是姓，"高"是名，即公羊子。战国时齐（今山东淄博市临淄）人。子夏弟子，相传是《春秋公羊经传》的作者。

⑯胡母生：一作胡毋生，字子都。西汉齐（今山东淄博市临淄）人。师从公羊高玄孙公羊寿治《公羊春秋》，并撰写成文字，著于竹帛。景帝时立为博士。何休著《公羊春秋经传解诂》多袭用其说。《史记·儒林列传》《汉书·儒林传》有传。今人陈直《史记新证》谓"《姓氏急就篇》：'齐宣王弟封毋卿，远本胡公，近取毋邑，故为胡毋氏。'十六金符斋印存，续百家姓谱十一页，有'胡毋通印'，正作胡毋，与王应麟之说合。但亦有作胡母者，王羲之十七帖文是也。"

⑰戴宏：原刊误作"戴弘"，今改正。字元襄，东汉刚（今山东宁阳县东南）人。官至酒泉太守。他为《公羊传》所作的序已佚，唐徐彦《公羊疏》中有引录（见《四库全书总目提要》）。另著有《解疑论》一卷，收入清马国翰《玉函山房辑佚书》中。

⑱穀梁赤："穀梁"是姓，"赤"是名，字元始。战国时鲁（今山东曲阜）人。子夏弟子，相传是《穀梁传》的作者。

⑲《风俗通》：一名《风俗通义》。东汉末应劭著。应劭，汝南南顿（今河南项城）人。灵帝初，为太山太守。献帝时，为袁绍军的校尉。《后汉书》有传。著有《风俗通》三十二卷，今存十卷。内容以考释议论名物、时俗为主。清人钱大昕、张澍等都辑有其中《姓氏篇》的佚文。吴树平撰有《风俗通义校释》，王利器撰有《风俗通义校注》，书后均附有佚文，可参考。

⑳申公：名培，鲁（今山东曲阜）人。西汉今文《鲁诗》的开创者。文帝时立为博士，汉武帝时官为大中大夫。以《诗》故训教授，传其《诗》学者唯江公一人。《史记·儒林列传》《汉书·儒林传》有传。《汉书·艺文志》六艺略《诗》类著录《鲁故》二十五卷，王先谦《汉书补注》云："即申公作。"今佚。清马国翰《玉函山房辑佚书》辑有《鲁诗故》三卷。

㉑汪中（1745—1794）：字容甫，江苏江都人。早年受雇于书商，贩书之余，浏览经史百家之书，博综典籍，谙究儒墨，卓然成家。《清史稿·儒林传》、江藩《汉学师承记》有传。所著《荀卿子通论》，认为荀子才是孔子学说的真正传人，荀学由此在清代中期得以复显。

㉒陈玉树（1853—1906）：字惕庵，更名玉澍。江苏盐城人。清光绪十四年（1888）举人，大桃教谕不赴，改授知县。治经通训诂兼及史学，以求经世之用。著有《毛诗异文笺》《卜子年谱》《尔雅释例》《后乐堂集》等。

第七课 孔子弟子之传经（下）

《礼》《乐》二经，孔门传其学者，尤不乏其人。如子夏、子贡①皆深于《乐》，《礼记·乐记》篇。曾子、子游②、孺悲③皆深于《礼》。见《礼记·檀弓》《杂记》④诸篇。六国之时，传《礼经》者，复有公孙尼子⑤、王史氏⑥诸人。本《汉书·艺文志》。而孔门弟子复为《礼经》作记，如子夏作《丧服记》⑦是。又杂采古代记礼之书以及孔子论礼之言，依类排例，荟萃成书。即今《大戴礼》《小戴礼》是。而子思⑧作《中庸》，七十子之徒作《大学》，用汪中说。咸附列其中。惟当世学者溺于墨子"非乐"之言，致战国之时，治《乐经》者遂鲜，此《礼》《乐》二经兴废之大略也。又子夏之徒赓续《尔雅》，张揖《上广雅表》。以释六艺之言。郑玄《驳五经异义》。邹人孟轲⑨，受业子思之门人，《史记·荀孟列传》。通《五经》之学，尤长于《诗》《书》，赵岐《孟子章句题词》⑩。作《孟子》七篇，列于儒家之一，《汉书·艺文志》。大抵皆孔门之绪言也。故邹、鲁之民，咸身习《六经》之文，彬彬向学，迄于周末弗衰。用《史记·儒林列传叙文》之说。自鲁置博士，《史记·公仪休传》。始以《六经》为官学。魏文侯⑪受业子夏，复为博士置弟子，《汉书·贾山传》。已开秦制之先。秦立博士。惟秦代之时，禁民间私习《六经》，故焚书坑儒舍《易》而外，惟《易经》未毁。咸出于灰烬屋壁之中，用《史记·儒林传》《汉书·艺文志》说。此则《六经》之大厄也。秦皇虽焚《六经》，然特禁民间之私学耳，未尝不以《六经》为官学也。命民以吏为师，吏即博士，所学者即《六经》之类也。如叔孙通⑫为博士，明于《礼》《乐》；张苍为秦柱下史，明于《左氏春秋》。是秦代有职之官，固未曾禁其习《六经》也。可不叹哉！

注：

①子贡（前520—?）：姓端木，名赐，字子贡。春秋时卫国人。孔子弟子，孔子学说的积极传播者。事载《史记·仲尼弟子列传》。唐代被追封为"黎侯"，北宋时改为"黎公"。

②子游（前506—?）：姓言，名偃，字子游；亦称"言游""叔氏"。春秋时吴国人。孔子弟子，与子夏、子张齐名。事载《史记·仲尼弟子列传》。唐代被追封为"吴侯"，宋代又封为"吴公"。

③孺悲：春秋鲁国（今山东曲阜）人。曾欲拜见孔子，孔子借病拒绝接待，并弹瑟唱歌，故意使孺悲听到。孺悲终未能见到孔子。事载《论语·阳货篇》。

④《檀弓》：《礼记》篇名，分上下两篇。檀弓，春秋时期鲁国人，姓檀，名弓。据郑玄《礼记目录》说，因为檀弓"善于礼"，所以用他的名字来做篇名。陆德明《经典释文》及孔《疏》皆用此说。内容主要记载孔子及其学生讨论丧礼的文字。今人任善铭《礼记目录后案》则认为"此篇盖当为汉儒辑七十子之门人所尝记闻者，又颇采逸礼经记之文"，可备一说。《杂记》：《礼记》篇名，分上下二篇。杂记诸侯及其士大夫等关于丧礼事宜，与《曲礼》《檀弓》相似。

⑤公孙尼子：孔子再传弟子，生平事迹不详。《汉书·艺文志》诸子略儒家类著录他的著作二十八篇。《隋书·音乐志》引沈约奏答、张守节《史记正义》均谓《礼记》中的《乐礼》系公孙尼子所撰。今人任铭善《礼记目录后案》云："《汉志》于《礼记》及尼子书无出入之文，则沈约、张守节所见者，或又后伪托。"其著作今佚。清马国翰《玉函山房辑佚书》录有一卷。

⑥王史氏：生平事迹不详。《汉书·艺文志》六艺略《礼》类著录他的著作二十一篇，云："七十子后学者。"唐颜师古引刘向《别录》谓：

"六国时人也。"其著作今佚。

⑦按：子夏作《丧服传》，非《丧服记》。今本《礼记》有《丧服小记》和《丧大记》两篇，均为杂记春秋时期丧服制度的文字。

⑧子思（前483—前402）：姓孔，名伋，孔子之孙。相传他曾师从曾参，唐宋学者认为他是上接曾参，下启孟子，在儒家道统传承上具有重要地位。北宋时追封为"沂水侯"，元代加封为"述圣公"。

⑨孟轲（约前372—前289）：字子舆。邹（今山东邹县东南）人。战国时期思想家、政治家和教育家。受业子思的门人。历游齐、晋、宋、薛、鲁、滕、梁、魏等国，宣传他的"王道"和"仁政"政治理想，对后世儒者产生过很大影响，被认为是孔子思想的真正继承者，世称孔孟之道。至元代，他又被推尊为"亚圣公"。参见《元史·祭祀志五》。

⑩赵岐（约108—201）：字邠卿，原名嘉，字台卿。京兆长陵（今陕西咸阳）人。古文经学家马融之婿。曾官并州刺史。《后汉书》有传。所著《孟子章句》分为上、下，凡十四卷，是完整留存至今的汉代章句著作。今本《十三经注疏》中《孟子》即用其注。

⑪魏文侯（？—前396）：名斯。战国时魏国的建立者，公元前445—前396年在位。曾师从子夏学经。任用李悝为相，吴起为将，西门豹为邺令，锐意改革，使魏成为当时强国。

⑫叔孙通：薛县（今山东滕县）人。曾为秦博士。汉初与儒生共立朝仪，被称为"汉家儒宗"。《史记》《汉书》有传。

第八课　尊崇《六经》之原因

《六经》本先王之旧典，特孔子另有编订之本耳。周末诸子，虽治《六经》，然咸无定本。致后世之儒，只见孔子编订之《六经》；而周室《六经》之旧本，咸失其传。班固作《艺文志》，以《六经》为"六艺"，列于诸子之前，诚以《六经》为古籍，非儒家所得私。然又列《论语》《孝经》于六艺之末，由是孔门自著之书，始与《六经》并崇。盖因尊孔子而并崇《六经》，因孔子编订之故。非因尊《六经》而始崇孔子也。且后世尊崇《六经》，亦自有故。盖后儒治经学，咸随世俗之好尚为转移。西汉侈言灾异①，则说经者亦著灾异之书。东汉崇尚谶纬②，则说经者亦杂谶纬之说。著灾异之书如董仲舒著《繁露》③，刘向著《洪范五行传》④，以及眭、孟、京房⑤、李寻⑥是也。杂纬书之说者，如何休以西狩获麟为汉室受命之符，及郑玄、宋均⑦等注纬书，皆是也。推之魏晋尚清谈，则注经者杂引玄言⑧。如王弼⑨、韩康伯⑩注《周易》，何晏⑪解《论语》是也。宋明尚道学⑫，则注经者空言义理。如程子⑬注《易》，朱子⑭注《易》、注《学》、《庸》、《论》、《孟》，杨时⑮注《中庸》是也。盖治经之儒，各随一代之好尚，故历代之君民咸便之，而《六经》之书遂炳若日星，为一国人民所共习矣。夫三代以前，书缺有间，惟《六经》之书确为三代之古籍，典章风俗即此可窥。即《论》《孟》各书，亦可窥儒家学术之大略，则尊崇经学亦固其宜。惟后儒误以《六经》为孔子之私书，不知《六经》为先王之旧籍，并不知孔门自著之书实与《六经》有别，此则疏于考古之弊也。

注：

①灾异：自然灾害和反常的自然现象。《史记·儒林列传》称董仲舒云："以《春秋》灾异之变推阴阳所以错行，故求雨闭诸阳，纵诸阴，其止雨反是。行之一国，未尝不得所欲。中废为中大夫，居舍，著灾异之记。"

②谶纬：图谶和纬书的合称，两者与汉代的经学发展有密切关系。可参见周予同《纬书与经今古文学》，收入《周予同经学史论著选集》，第40页，上海人民出版社1983年版。

③董仲舒（前179—前104）：广川（今河北枣强）人。汉景帝时立为博士。以治《春秋公羊传》闻名。因上"天人三策"，建议独尊儒术，为汉武帝采纳，开此后二千余年封建社会以儒学为正统的先声。《史记·儒林列传》《汉书》有传。所著《春秋繁露》十七卷，是汉代《公羊》学的代表性著作。按：关于董仲舒所上"天人三策"的时间，《史记》不载，《汉书》虽载有此说，但互相矛盾的地方甚多，由此引起了后世很大的争议。可参见吕思勉、徐复观、施丁、朱维铮等学者对此所作的考证。

④刘向：详见第一册第六课注⑭。《洪范五行传》：指《汉书·艺文志》六艺略《书》类著录刘向《五行传记》十一卷，今佚。但《汉书·五行志》基本依据该书成篇，其说大致可考。

⑤京房（前77—前37）：字君明，本姓李，推律自定为京氏。东郡顿丘（今河南清丰西南）人。汉代"京氏《易》学"的创始人。《汉书·儒林传》有传。著有《京氏易传》，今存。

⑥李寻：字子长，西汉平陵（今陕西咸阳西北）人。汉哀帝时为黄门待诏，拜骑都尉。专治《尚书》，独好《洪范》灾异。《汉书》有传。

⑦宋均：字叔庠，东汉南阳安众（今河南南阳）人。少好经书，通《诗》《礼》，善论辩，官至河南太守。他是东汉时期纬书的主要诠释者。《后汉书》有传。

⑧玄言：指兴起于曹魏正始年间的玄学，它以"祖述老庄"、综合儒道立论，把《周易》《老子》《庄子》称作"三玄"，并以此诠释儒家经典，代表人物有何晏、王弼、嵇康、阮籍、向秀、郭象等。可参见清赵翼《廿二史劄记》卷八"六朝清谈"条。

⑨王弼（226—249）：字辅嗣，山阳（今河南焦作）人。三国时著名《易》学家，魏晋玄学的代表人物之一。《三国志·魏书》有传。所著《周易略例》凡七篇，首黜象数而专言义理，对后世《易》学产生过重大影响。南北朝时，他和郑玄的《易》注并行，自唐人撰《五经正义》，《易》采王弼注，郑注遂废。

⑩韩康伯（322—380）：一名伯，字康伯。颍川长社（今河南长葛县）人。曾任西晋中书郎、散骑常侍等职。《晋书》有传。著有《系辞注》，王弼《易》注只注本经，唐人既采王注，《系辞》之注则取韩氏。魏晋时注《系辞》者有十几家，自韩注被采，诸家渐废。

⑪何晏（？—249）：字平叔，南阳宛县（今河南南阳）人。早年随母为曹操收养，以才秀知名，后为司马懿所杀。好老庄玄学，与夏侯玄、王弼等倡导玄学，创一代治经新风。《三国志》有传。著有《论语集解》。

⑫道学：儒家之学，称为孔孟之道。唐代韩愈认为从尧、舜、禹、汤、文、武、周公、孔子、孟子传授下来一套学说，这个道统不同于道家和佛教的道，是儒家所宣传的孔孟之道、仁义之道。北宋学者将关于这个道的学问称为道学。如朱熹曾说："夫以二先生唱明道学于孔孟既没千载不传之后，可谓盛矣。"参见《晦庵集》卷七十五《程氏遗书后序》。

⑬程子：指程颐（1033—1107），字正叔，号伊川。洛阳（今河南洛阳市）人。与其兄程颢并为北宋理学的奠基人，世称"二程"。后人将他与程颢的著作合编为《二程全书》。

⑭朱子：指朱熹（1130—1200），字元晦，又字仲晦，别号晦庵、晦翁、紫阳、云谷老人、沧州病叟等。祖籍徽州婺源（今属江西），出生于

南剑州尤溪（今福建尤溪县）。南宋著名哲学家、经学家，宋代理学的集大成者。绍兴十八年（1148）进士。《宋史·道学传》有传。著有《四书章句集注》《朱子家礼》等。

⑮杨时（1053—1135）：字中立，晚年隐居龟山，学者称龟山先生。南剑州将乐（今属福建）人。熙宁九年（1077）进士，官至国子祭酒、工部侍郎、龙图学士等。师从程颢、程颐，与游酢、吕大临、谢良佐并为程门四大弟子。《宋史·道学传》有传。著有《二程粹言》《龟山集》等。

第九课　两汉《易》学之传授

秦政焚经，以《易》为卜筮之书，传者不绝。汉兴以来，田何传商瞿之《易》，以授王同①、丁宽②、周王孙③，而杨何④诸人受业王同，复由杨何授司马谈⑤、京房⑥。别一京房也。丁宽治《田氏易》，复从周王孙问古义，以授砀人田王孙⑦，复由田王孙授孟喜⑧、施雠⑨，由是《易经》有施孟之学。梁丘贺⑩本从京房受《易》，后更事田王孙，参合丁宽、王同之说，由是《易经》有梁丘之学。京房别一京房。受《易》焦延寿⑪，延寿之学，亦出孟喜，说《易》长于灾异，由是《易经》有京氏之学。当西汉时，施、孟、梁丘、京氏四家成立学官，此《易》学之今文也，成为齐学⑫之别派。而民间所私传者，复有费氏⑬《易》、高氏⑭《易》。费氏《易》出于费直，为章句四卷，以《彖》《象》《系辞》《文言》说上下经，字皆古文。及刘向校书以诸家皆祖田何，惟京氏为异，惟费氏经与古文同。当东汉时，陈元⑮、马融⑯、荀爽⑰并传费氏《易》，郑玄亦由京《易》习费《易》，咸作《易注》，此殆《易》学之古文与。高氏《易》出于高相，与费直同时，渊源出于丁宽，盖亦齐学之别派也。又东汉之时，虞光⑱世传《孟氏易》，五传而至虞翻，由是《易经》有虞氏之注，亦为西汉《易》学之支流。以上用《汉书·儒林传》《汉书·艺文志》《后汉书·儒林传》及各列传，并《经典释文》及江藩《汉学师承记》⑲。比汉代《易经》传授之大略也。别有韩氏《易》始于韩婴⑳，白氏《易》始于白子支㉑，咸未能自成其学，故弗录。虞翻注为汉学㉒，故列入此课中。

注：

①王同：字子中，东武（今山东诸城）人。汉初《易》学家。曾受《易》于田何，传于淄川杨何、广川孟旦、鲁人周霸、齐人即墨成和临川主父偃。《汉书·艺文志》六艺略《易》类著录他所作的《易传》二篇，今佚。

②丁宽：字子襄，梁（今河南商丘）人。汉景帝时为梁孝王将军。为同郡项生从者，项生从田何受《易》，复从同门周王孙受《易》古义。《汉书·儒林传》有传。《汉书·艺文志》六艺略《易》类著录他所作的《易传》八篇，今佚。

③周王孙：洛阳（今河南洛阳东）人。受《易》于田何、蔡公、丁宽等人。《汉书·艺文志》六艺略《易》类著录他所作的《易传》二篇，今佚。

④杨何：字叔元，淄川（今山东益都）人。汉武帝时以明《易》征为大中大夫。授其学于京房、司马谈等人。著有《易传》二篇，今佚。

⑤司马谈（？—前110）：《史记》作者司马迁的父亲。所著《论六家之要指》，推崇汉初黄老之学，总结当时流行的阴阳、儒、墨、名、法、道等先秦各派学说。他受《易》于杨何之事，载《史记·太史公自序》。

⑥京房：他与著《京氏易传》的京君房不是同一个人，后人称前京房。少从淄川杨何受《易》，为汉代田氏易学派传人。曾为大中大夫、齐郡太守，梁丘贺是其弟子。其事迹略见于《汉书·儒林传·梁丘贺传》中，颜师古注云："自别为一京房，非焦延寿弟子为课吏法者。或书字误耳，不当为京房。"按：《隋书·经籍志》所著录京房《易》著甚多，但真伪难定。吴承仕《经典释文序录疏证》云："寻《隋志》所列卷帙夥颐，多非《汉志》之旧，盖弟子述师说，或称本师以名家，如《孟氏京房》《京氏段嘉》即其明此，后世不察，遂以为本师所自作，故有旧无其目而晚世始出者。"

⑦田王孙：砀（今河南商丘东南）人。曾受《易》于同郡人丁宽，为博士。施雠、孟喜、梁丘贺均为其亲炙弟子。

⑧孟喜（约前90—前40）：字长卿，东海兰陵（今山东苍山兰陵镇）人。田何《易》学的传人，以阴阳灾变说《易》，开汉代《易》今文学孟氏一派。《汉书·儒林传》有传。《汉书·艺文志》六艺略《易》类著录他所作《孟氏章句》二篇，今佚。清马国翰《玉函山房辑佚书》、黄奭《汉学堂丛书》、孙堂《汉魏二十一家易注》、王谟《汉魏遗书钞》等均有辑录。

⑨施雠：字长卿，沛（今江苏沛县）人。师从田王孙习《易》，后为博士。宣帝时参加石渠阁会议，与诸儒讨论五经异同，是汉代《易》今文学施氏一派的创始人。《汉书·儒林传》有传。《汉书·艺文志》六艺略《易》类著录他所作《施氏章句》二篇，今佚。清马国翰《玉函山房辑佚书》录有一卷。

⑩梁丘贺：字长翁，琅邪诸（今山东诸城）人。宣帝时为都司空令，官至太中大夫、给事中、少府。从京房受《易》，是汉代《易》今文学梁氏一派的创始人。《汉书·儒林传》有传。《汉书·艺文志》六艺略《易》类著录他所作《梁丘氏章句》二篇，今佚。清马国翰《玉函山房辑佚书》录有一卷。

⑪焦延寿：字赣，梁（今河南商丘）人。曾为郡吏察举，补小黄（今河南兰考附近）令。自称学《易》于孟喜。论《易》以卦气为主，是上承孟喜，下启京房的汉代象数《易》学的重要人物。事载《汉书·儒林传·京房传》。所著《易林变占》已佚，今存《易林》十六卷。

⑫齐学：秦汉之际经学派别之一，学风较为夸诞。如传《齐诗》的辕固生，作《春秋公羊传》的公羊寿，都是齐人（今山东省泰山以北黄河流域及胶东半岛），故名。该学主要经籍有《齐诗》《齐论》等。

⑬费氏：指费直，字长翁，东莱（今山东掖县）人。因治《易》为

郎，官至单父（今河南单父）令。是汉代《易》学费氏派创始人。《汉书·儒林传》有传。著有《周易注》，今佚。清马国翰《玉函山房辑佚书》录有一卷。

⑭高氏：指高相。沛（今江苏沛县）人。自言其学出自丁宽，但不重章句，专以阴阳灾异说《易》。是汉代《易》学高氏派的创始人。《汉书·儒林传》有传。

⑮陈元：字长孙，苍梧广信（今广西梧州）人。其父陈钦精于《左氏春秋》，他少时传父业，为之训诂。建武初，与桓谭、杜林、郑兴同为当时著名经学家。光武帝命太常选《左氏》经学博士四人，陈元为其首。《后汉书》有传。

⑯马融（79—166）：字季长，左扶风茂陵（今陕西兴平）人。东汉名将马援的从孙，古文经学家。安帝时，任校书郎，诣东观（朝廷藏书处）典校秘书。桓帝时，外任南郡太守。后拜议郎，重返东观，从事著述。教授弟子数千。《后汉书》有传。著有《春秋三传异同说》，遍注《孝经》《论语》《诗经》《三礼》《尚书》及《列女传》《老子》《淮南子》《离骚》等。晚年为外戚梁冀草奏李固，并作《大将西第颂》，颇为儒林所讥。

⑰荀爽（128—190）：字慈明，颍川颍阴（今河南许昌）人。年十二即通《春秋》《论语》。时人有"荀氏八龙，慈明无双"之誉。《后汉书》有传。著有《易传》《诗传》《礼传》《尚书正经》等，今均佚。清马国翰《玉函山房辑佚书》、孙堂《汉魏二十一家易注》均辑有佚文。

⑱虞光：会稽余姚（今浙江余姚）人。东汉《易》学家虞翻的高祖父。曾为零陵太守，专治《孟氏易》，以传其子虞成。后世缵述其业，至虞翻而五世。为东汉虞氏《易》学之始祖。事载《三国志·吴书·虞翻传》。

⑲江藩（1761—1830）：字子屏，号郑堂。江苏甘泉（今江苏扬州）人。少时师从吴派学者余萧客、江声，为惠栋再传弟子，与当时扬州学者

焦循（里堂）并称"二堂"。《汉学师承记》一名《国朝汉学师承记》，八卷，附《国朝经师经义目录》一卷，完整地勾勒出清代汉学发展的脉络和个人学术成就的概貌，具有重要的学术价值。

⑳韩婴：一称韩生，燕（今北京市）人。文帝时为博士。景帝时，为常山王刘舜太傅。汉代今文《韩诗》学的创始人。曾作《易传》以授人，有魏郡人盖宽饶传其《易》学。《汉书·儒林传》有传。《汉书·艺文志》六艺略《易》类著录他所作《易传》二篇，已佚。著有《韩诗内传》、《韩诗外传》。清赵怀玉辑有《韩诗内传》佚文。清马国翰《玉函山房辑佚书》有《韩诗诂》二卷、《韩诗内传》一卷、《韩诗说》一卷。

㉑白子支：当为"白子友"之讹。《汉书·儒林传》云："（孟）喜授同郡白光少子、沛翟牧子兄，皆为博士。由是有翟、孟、白之学。"《汉书·朱云传》曰："从博士白子友受《易》。"王先谦《汉书补注》引齐召南说云："白子友当即白光，但彼云字少子，此云子友，字不同耳。"

㉒汉学：泛指汉代的经学。它的初始意义，并不是清代学者所提倡的盛行于东汉的古文经学，而是专指汉代的象数《易》学。如宋代学者刘克庄就认为："京房、费直诸人，皆舍章句而谈阴阳灾异，往往揆之前圣而不合，推之当世而少验，至王辅嗣出，始研寻经旨，一扫汉学，然其弊流而为虚矣。"袁桷说："《易》学以辞象变占为主，得失可稽也。王辅嗣出，一切理喻，汉学几于绝息。"参见清朱彝尊《经义考》卷十。

第十课　两汉《尚书》学之传授

秦政焚经，唯济南伏生①传《尚书》。伏生传晁错②、张生③，张生授千乘欧阳生④，欧阳生授兒宽⑤，宽授欧阳生之子，世传其业至于曾孙欧阳高，是谓《尚书》欧阳氏之学。又有夏侯都尉⑥受业于张生，以授族子始昌⑦，始昌传族子胜⑧，是为《尚书》大夏侯之学。胜授从子建⑨，又别为小夏侯之学。西汉之世，三家咸立于学官。然所传之书，仅二十八篇，是为今文《尚书》，乃《尚书》中之齐学也。东汉之世，欧阳氏世为帝师，故欧阳氏之学于东京为最盛。孔安国⑩本从伏生授《书》，复得孔壁所藏古文十六篇，以授胶东庸生⑪，五传而至桑钦⑫，而刘歆亦崇信其书。及东汉时，贾逵⑬、孔僖⑭世传古文之学。尹咸⑮、周防⑯、周磐⑰、杨伦⑱、张楷⑲、孙期⑳亦习古文，是为古文《尚书》，乃《尚书》中之鲁学也。特古文十六篇绝无师说㉑，马融说。故传其学者咸无注释，非晋梅颐所称之孔氏古文也㉒。又有扶风杜林㉓得西州漆书古文，亦非伪书，以授卫弘㉔、徐巡㉕，而马融亦传其学。郑玄受《书》张恭祖㉖，传古文《尚书》，既又游马融之门，兼通杜林《漆书》。马传郑注皆以《漆书》解今文二十八篇。非为古文十六篇作注。此汉代《书经》传授之大略也。以上用《汉书·儒林传》、《艺文志》《后汉书·儒林传》及各列传、《经典释文》、阎若璩《古文尚书疏证》㉗、王鸣盛《尚书后案》㉘、江声《尚书古今文集注音疏》㉙及《汉学师承记》。又案：近世魏源诸人以杜林《漆书》为伪，并疑及马传郑注说，未可从，故不用其说㉚。

注：

①伏生：名胜，字子贱。济南（今山东章丘西）人。秦时为博士，治《尚书》。其弟子张生、欧阳生皆以《尚书》学名家。是汉代今文《尚书》学的创始人。《史记·儒林传列》《汉书·儒林传》有传。《汉书·艺文志》六艺略《书》类著录《书经》二十九卷，颜师古云："伏生传授者。"又《书传》四十一篇，"乃胜之遗说而张生、欧阳生等录之也"，今所见《尚书大传》即其残帙。

②晁错（前200—前154）：字号不详，颍川（今河南禹县）人。西汉政论家。初从张恢学申不害、商鞅的法家学说。文帝时，任太常掌故，曾奉命从秦博士伏生受《尚书》。后为景帝家令，得景帝信任，号称"智囊"。后因吴楚七国以诛晁错为名，发动武装叛乱，遂为袁盎等人所谮，被杀。《史记》《汉书》有传。所著政论有《论募民徙塞下书》《论贵粟疏》等。

③张生：济南（今山东章丘西）人。伏生弟子，习《尚书》，后为博士。事载《汉书·儒林传·伏生传》。

④欧阳生：字和伯。千乘（今山东高青县）人。伏生弟子，习《尚书》。后授兒宽，兒宽又授欧阳生之子。至曾孙欧阳高世传《尚书》，是汉代《尚书》学欧阳一派的创始人。《汉书·儒林传》有传。《汉书·艺文志》六艺略《书》类著录《欧阳章句》三十一卷（据《经典释文序录》，此书系欧阳生曾孙欧阳高所作）、《说义》二篇，今佚。

⑤兒宽（？—前103）：千乘（今山东高青县）人。师从欧阳生习《尚书》。以郡国选诣博士，受业孔安国。后因讲《尚书》，为汉武帝所重。《汉书·儒林传》有传。《汉书·艺文志》诸子略儒家类著录其书九篇，今佚。清马国翰《玉函山房辑佚书》有《兒宽书》一篇。

⑥夏侯都尉：鲁（今山东曲阜）人，张生弟子，西汉时传《尚书》。事载《后汉书·儒林传序》。

⑦始昌：指夏侯始昌。鲁（今山东曲阜）人。通《五经》，以《齐诗》《尚书》教授。自董仲舒、韩婴去世后，汉武帝特重夏侯始昌，是汉代《尚书》学大夏侯一派的创始人。《汉书》有传。

⑧夏侯胜：字长公。东平（今山东曲阜）人。少孤，勤奋好学，师从族父夏侯始昌习《尚书》及《洪范五行传》，是西汉《尚书》大夏侯学的开创人。《汉书》有传。《汉书·艺文志》六艺略《书》类著录《大夏侯章句》、《解诂》各二十九篇，今佚。

⑨夏侯建：字长卿，夏侯胜从兄子。东平（今山东曲阜）人。师从夏侯胜及欧阳高，又从五经诸儒问，自为一家。是西汉《尚书》小夏侯学的开创人。《汉书·儒林传》有传。《汉书·艺文志》六艺略《书》类著录《小夏侯章句》《解诂》各二十九篇，今佚。

⑩孔安国：字子国，孔子十二世孙。武帝时为谏议大夫。相传他曾得孔子住宅壁中所藏古文《尚书》，并以此传于都尉朝、司马迁、兄宽等，开创了西汉古文《尚书》学派。《汉书·儒林传》有传。他为《书》所撰的传今已佚。唐人《五经正义》所采《孔传》系后人假托的伪书。关于古文《尚书》的真伪问题，吴承仕《经典释文序录疏证》、马雍《〈尚书〉史话》所述简明扼要，可参见。

⑪庸生：名谭。胶东（山东平度东南）人。师从都尉朝习古文《尚书》，又授清河胡常。以明《穀梁春秋》为博士，官刺史。又传《左传》。事载《汉书·刘歆传》。

⑫桑钦：字君长。河南（今河南洛阳）人。从平陆涂恽受古文《尚书》《毛诗》。事载《汉书·儒林传·张山拊传》。所著《水经》经北魏郦道元（466—527）注释，成为中国古代记述全国水道的历史地理名著。

⑬贾逵（30—101）：字景伯。扶风平陵（今陕西咸阳）人。西汉名儒贾谊后裔，西汉经学家贾徽之子。以《大夏侯尚书》教授，兼通《穀梁》等今文经学。《后汉书》有传。史称其所撰经传义诂及论难达百余万言。

今均佚。清马国翰《玉函山房辑佚书》、黄奭《汉学堂丛书》均有辑录。

⑭孔僖：字仲和。鲁（今山东曲阜）人。孔安国后裔，世传古文《尚书》《毛诗》。汉章帝时拜兰台令史、郎中，校书东观。终于临晋令。《后汉书·儒林传》有传。

⑮尹咸：汝南（今湖北武汉市）人。治《左氏》，曾与刘歆共校经传籍，官至大司农、丞相。《汉书·儒林传》有传。

⑯周防：字伟公。汝南汝阳（今河南商水县）人。师事徐州刺史盖豫，受古文《尚书》。《后汉书·儒林传》有传。著有《尚书杂记》三十二篇，计四十万言。今佚。

⑰周磐（48—121）：字坚伯。汝南安城（今河南上蔡县）人。少游京师，学古文《尚书》《洪范五行》《左氏传》，教授门徒千余人，时誉为儒宗。《后汉书》有传。

⑱杨伦：字仲理。陈留东昏（今河南开封）人。少为诸生，师事司徒丁鸿，习古文《尚书》，为郡文学掾，讲学于大泽中，弟子千余人。后特征为博士。《后汉书·儒林传》有传。

⑲张楷：字公超。蜀郡成都（今四川）人。张霸之子。通《严氏春秋》、古文《尚书》，门徒常百人。《后汉书》有传。著有《尚书注》，今佚。

⑳孙期：字仲彧。济阴成武（今山东成武）人。不为诸生，习《京氏易》、古文《尚书》。《后汉书·儒林传》有传。

㉑按：关于古文《尚书》无师说问题，吴承仕《经典释文序录疏证》云："师说之绝何时始，今不可知。汉儒无无师之学，故马（融）、郑（玄）等不为逸《书》作注。"又引章太炎说，略云：孔氏传都尉朝、朝传庸生，师说固在，至后汉杜林辈不说逸《书》，则师说自亡。马融又后于杜林百年，故云"绝无师说"。

㉒按：从南北朝梁代开始，流行的伪孔传古文《尚书》，相传是东晋

初豫章内史梅颐（"梅"又作"枚"，"颐"又作"赜"，字仲真，汝南人）所献并立于学官。宋代吴棫、朱熹等对这一传说就产生怀疑，后经明代吴澄、梅鷟，清代阎若璩、惠栋等学者的相继考证，证明梅颐所献为伪书。近年由于湖北荆门郭店竹简的发掘，这一结论受到新的挑战。要彻底弄清这一桩经学史上的学术公案，还有待于今后的深入研究。

㉓杜林（？—47）：字伯山。扶风茂陵（今陕西兴平东北）人。少好学深思，家多藏书。博洽多闻，时称通儒。为学主古文《尚书》，曾在西州得漆书古文《尚书》一卷，引起学术界的争论。《后汉书》有传。著有《苍颉训纂》《苍颉故》各一卷，已佚。清马国翰《玉函山房辑佚书》辑录《苍颉训诂》一卷。

㉔卫弘：字敬仲。东海（今山东郯城西南）人。与郑兴俱好古学。师从谢曼卿学《毛诗》，复从杜林受古文《尚书》，作《训旨》一书。东汉光武帝时，官至议郎。《后汉书·儒林传》有传。著有《汉旧仪》四篇，以载西京杂事，今存。

㉕徐巡：济南（今山东章丘西）人。师从卫弘习经，又从杜林受古文《尚书》，当时亦以经学称名。《后汉书·儒林传》有传。

㉖张恭祖：东郡（今河南濮阳西南）人。精通《周官》《礼记》《左氏春秋》《韩诗》《古文尚书》，郑玄曾从其学。事载《后汉书·郑玄传》。

㉗阎若璩（1636—1704）：字百诗，号潜邱。山西太原人。世代业盐，侨居江苏淮安。晚年应召入京，得到清雍正的隆遇。《清史稿·儒林传》、江藩《汉学师承记》有传。所著《尚古文书疏证》是清初辨伪名作，经其"引经据典，一一陈其矛盾之故"，基本上解决了经学史上历千余年的《尚书》真伪悬案。梁启超《中国近三百年学术史》对其人其著有详细介绍，可参阅。

㉘王鸣盛（1722—1797）：字凤喈，又字礼堂，别字西庄，晚号西沚。江苏嘉定（今属上海市）人。清乾隆十九年（1754）进士，历任编修、侍

读学士、乡试正考官、内阁学士兼礼部侍郎、光禄寺卿等。《清史稿·儒林传》、江藩《汉学师承记》有传。所著《尚书后案》以郑玄、马融经说为主，考证虽博，却无甚新意。另著有《周礼军赋说》《十七史商榷》《蛾术编》等。

㉙江声（1721—1778）：字鳣涛，一字叔澐。晚年自号艮庭，学者称艮庭先生。江苏吴县人。师从惠栋，以研究《尚书》著称。《清史稿·儒林传》、江藩《汉学师承记》有传。所著《尚书集注音疏》，精研故训，刊正经文，疏明古注，自述其书可与惠栋《周易述》相媲美。由于该书使用古代篆文书写，所以一般人难以识读。一说王鸣盛自知其所撰《尚书后案》不及江书，故劝江氏改用篆文，使致不传。另著有《尚书逸文》《论语质》《六书说》等。

㉚按：魏源曾认为："自汉杜林复称得漆书古文《尚书》，传之卫弘，贾逵为之作训，马融作传，郑玄注解，由是古文遂显于世，判然与今文为二，动辄诋今文欧阳、夏侯为俗儒，今文遂为所压。及东晋伪古文晚出，而马、郑亦废。国朝诸儒，知攻东晋晚出之伪，遂以马、郑本为真孔安国本，以马、郑说为真孔安国说，而不知如同马牛之不可相及。"参见《古微书·序》。

第十一课　两汉《诗》学之传授

西汉之初，《诗》有齐、鲁、韩、毛四家。自浮丘伯受业荀卿，而申培①、白生、穆生、楚元王②咸受业浮丘伯，号为《鲁诗》。复由申培授江公③、许生、孔安国，而韦贤④受业江公，传子元成，王式⑤受业许生，以传张长安⑥、薛广德⑦。长安之学，再传而为许晏⑧、王扶⑨。广德之学，一传而为龚舍⑩。又刘向、《列女传》⑪亦多《鲁诗》说。卓茂⑫、包咸⑬、李峻⑭咸治《鲁诗》。是为《鲁诗》之学。自齐人辕固⑮以《诗》教授作为《诗传》，号曰《齐诗》。固授夏侯始昌，始昌传后苍⑯，苍传翼奉⑰、萧望之⑱、匡衡⑲、师丹⑳、满昌㉑、匡伯㉒，咸传匡衡之学。张邯、皮容、马援㉓复传满昌之学，徒众尤盛。而景鸾㉔、伏湛㉕、伏恭㉖、陈纪㉗诸人咸治《齐诗》。是为《齐诗》之学。自燕人韩婴作《诗》内外传数万言，号为《韩诗》㉘。贲生㉙及赵子㉚受之，赵传蔡谊㉛，谊传食子公㉜、王吉㉝。子公传栗丰㉞，丰传张就㉟；吉传长孙顺㊱，顺传发福㊲。而薛汉㊳、杜抚㊴、张恭祖、侯包㊵并治《韩诗》，薛氏兼作《韩诗章句》，是谓《韩诗》之学。西汉之时，三家咸立学官。自河间毛亨受《诗》荀卿，以传毛苌，号为《毛诗》。苌授贯长卿㊶，四传而为谢曼卿㊷，曼卿授卫弘、贾徽㊸。而郑众㊹、贾逵、马融、郑玄咸治《毛诗》，马融作传，郑玄复为毛公《诗传》作笺，或杂采三家之说。是为《毛诗》之学㊺。以上用《汉书·儒林传》《艺文志》《后汉书·儒林传》及各列传，并《经典释文》《汉学师承记》、陈奂《诗疏序》㊻。此汉代《诗经》传授之大略也。

注：

①申培：详见第一册第六课注⑳。

②楚元王：指刘交。字游，汉高祖刘邦同父兄弟。少时与白生、穆生、申公俱受《诗》浮丘伯。后因参与吴王谋反事败，自杀。《汉书》有传。

③江公：又称瑕丘江公、大江公。瑕丘（今山东滋阳）人。从申公受《鲁诗》与《穀梁春秋》。汉武帝时，与董仲舒齐名。宣帝时，江公之孙立为博士，《春秋》"穀梁学"乃传。《汉书·林儒传》有传。

④韦贤（前148—前60）：字长孺。鲁邹（今山东邹县）人。为人质朴少欲，笃志于学，以《诗》教授，兼通《礼》《尚书》，号称邹鲁大儒。《史记》《汉书》有传。

⑤王式：字翁思。东平新桃（今山东东平）人。师事徐公、许生，治《鲁诗》。《汉书·儒林传》有传。著有《孝经说》，今佚。

⑥张长安：字幼君。山阳（今山东金乡）人。王式弟子，官至淮阳中尉。与东平唐长宾、褚少孙皆以《鲁诗》为博士，曾参加著名的"石渠阁会议"，讨论五经异同。《汉书》有传。

⑦薛广德：字长卿。沛郡相（今安徽濉溪县）人。王式弟子，以《鲁诗》教授楚国。汉宣帝时，为经学博士，参加著名的"石渠阁会议"，讨论《五经》异同。《汉书》有传。

⑧许晏：陈留（今河南开封）人。按：许晏应是王扶的弟子，《汉书·儒林传》云："（张长安）兄子游卿为谏大夫，以《诗》授元帝，其门人琅邪王扶为泗水中尉，陈留许晏为博士。"宋祁曰："'尉'字下当有'授'字。"陆德明《经典释文序录》正作"扶授许晏"。原刊"晏"误作"宴"，今改正。

⑨王扶：琅邪（今山东诸城）人。从王式受《鲁诗》。《汉书·儒林

传》有传。

⑩龚舍：字君倩。楚（今湖北江陵）人。与同里龚胜相友，皆少好《诗经》，并著名节，世谓"楚两龚"。通《五经》，以《鲁诗》教授。《汉书》有传。

⑪《列女传》：刘向著。书分母仪、贤明、仁智、贞顺、节义、辨通、孽嬖等七门，共计一百零五名妇女事迹。此书屡经传抄，今本中陈婴母及东汉以来凡六十事均为后人所增。

⑫卓茂：字子康。南阳宛（今河南南阳）人。曾师事江公，习《诗》《礼》及历算，讲究师法，称为通儒。东汉初，光武帝访贤求茂，尊为太傅，封褒德侯。《后汉书》有传。

⑬包咸（前6—65）：字子良。会稽曲阿（今江苏丹阳）人。少为诸生，受业长安，师事博士右师细君，习《鲁诗》《论语》。西汉末，在东海设学馆教授。东汉初，举孝廉，为郎中。建武中，入授皇太子《论语》，又为其章句。《后汉书·儒林列传》有传。

⑭李峻：生平事迹不详。

⑮辕固：齐（今山东淄博市临淄）人。汉景帝时，以传《齐诗》立为博士。汉武帝时，以"贤良"征召时年已九十余。其弟子公孙弘、夏侯始昌都以《齐诗》显名当世，是西汉今文《诗》学中"齐诗学"的创始人。《史记·儒林列传》《汉书·儒林传》有传。

⑯后苍：字近君。东海郯（今山东郯城）人。西汉经学家。夏侯始昌的弟子，通《诗》《礼》，为博士，官少府。西汉名臣、名相、名将如翼奉、萧望之、匡衡、师丹皆传其学，是西汉"齐诗学"的传播者。《汉书·儒林传》有传。《汉书·艺文志》六艺略《诗》类著录齐《后氏故》二十卷、《后氏传》三十九卷，今佚。

⑰翼奉：字少君。东海下邳（今江苏睢宁县西北）人。师后苍，治《齐诗》。今《汉书》中录有他上疏元帝的有关《齐诗》学派理论的奏文，

颇具文献价值。《汉书》有传。

⑱萧望之（？—前47）：字长倩。东海兰陵（今山东苍山）人。家贫，好学，先后师事后苍、白奇，又从夏侯胜问《论语》《礼服》，曾参加著名的"石渠阁会议"，讨论《五经》异同。《汉书》有传。

⑲匡衡：字稚圭，一字鼎。东海承（今河南济源东南）人。世为农夫。师事后苍，时有"无说《诗》，匡鼎来；匡说《诗》，解人颐"之语。《汉书》有传。

⑳师丹：字仲公。琅邪东武（今山东诸城）人。匡衡弟子，治《齐诗》，元帝时为博士。哀帝时为左将，代王莽为大司马，封高乐侯，官至大司空。因反对傅太后上尊号，被免职。平帝时封为义阳侯。《汉书》有传。

㉑满昌：字君都。颖川（今河南禹县）人。匡衡弟子，治《齐诗》，官至詹事。张邯、皮容均为其弟子，传《齐诗》。《汉书·儒林传》有传。

㉒匡伯：疑即"班伯"。扶风安陵（今陕西咸阳）人。班彪的伯父，官拜中常侍。受《诗》于师丹，受《尚书》、《论语》于郑宽中、张禹。事载《汉书·叙传上》。清陈乔枞《齐诗遗说考叙》云："班伯少受《诗》于师丹，故彪、固世传家学，《地理志》所引并据《齐诗》之文。"参见《左海续集·齐诗遗说考》。

㉓马援（前14—49）：字文渊。扶风茂陵（今陕西兴平北）人。东汉名将。年十二而孤，师事满昌，受《齐诗》，不能守章句。后投刘秀从戎，为伏波将军，封新息侯。《后汉书》有传。

㉔景鸾：字汉伯。广汉梓潼（今四川梓潼）人。不随师学经，涉七州之地。能理《齐诗》《施氏易》，兼受《河》《洛》图纬。《后汉书·儒林列传》有传。所著《易说》及《诗解》，兼取《河》《洛》，名《交集》。又撰《礼内外记》，名《礼略》。又抄风角杂书，列其占验，作《兴道》一篇。又作《月令章句》。凡所著五十余万言。今佚。

㉕伏湛（？—13）：字惠公。伏生九世孙。父伏埋（字游君）受经于匡衡，并以《诗》授成帝，其家世传其学。《后汉书》有传。

㉖伏恭（前6—84）：字叔齐，伏湛之兄子。伏湛弟黯以明《齐诗》著称。曾改定伏黯章句，删除繁浮，定为二十万言。今佚。《后汉书·儒林列传》有传。

㉗陈纪：字元方。颍川许（今河南许昌）人。《后汉书》有传。按：陈纪传《齐诗》事不见本传，仅见陆德明《经典释文序录》记载，吴承仕《经典释文序录疏证》云："《序录》盖别有所据也。"

㉘按：《汉书·艺文志》六艺略《诗》类著录《韩诗内传》四卷、《外传》六卷，今仅《韩诗外传》存。

㉙贲生：淮南（今安徽六安）人。传《韩诗》事，载《汉书·儒林传·韩婴传》。

㉚赵子：河内（今河南武陟）人。传《韩诗》。《汉书·儒林传》有传。

㉛蔡谊：河内（今河南武陟）人。传《韩诗》，授昭帝，官至丞相，封侯。《汉书》有传。

㉜食子公：河内（今河南武陟）人。从蔡谊受《韩诗》，为博士。《汉书·儒林传》有传。

㉝王吉：字子阳。琅邪皋虞（今山东诸城）人。少好学，明经，官益州刺史、谏大夫。《汉书》有传。通《五经》，以《诗》《论语》教授，善梁丘贺《易》说。

㉞栗丰：太山（今山东泰安）人。部刺史，食子公弟子。《汉书·儒林传》有传。原刊"栗"误作"粟"，今改正。

㉟张就：山阳（今山东金乡）人。栗丰弟子。《汉书·儒林传》有传。

㊱长孙顺：淄川（今山东淄博市）人。博士，王吉弟子。《汉书·儒林传》有传。

㊲发福：一作段福。东海（今山东临沂）人。长孙顺弟子。《汉书·儒林传》有传。

㊳薛汉：字公子。淮阳（今河南淮阳）人。世习《韩诗》，尤以灾异、谶纬说经，教授常数百人。建武初，为博士，曾受诏校定图谶。永平中，官至千乘太守。《后汉书·儒林列传》有传。清马国翰《玉函山房辑佚书》辑有《薛君韩诗章句》二卷。

㊴杜抚：字叔和。犍为武阳（今四川彭山）人。受业薛汉，定《韩诗章句》。后归乡里教授，弟子千人。《后汉书·儒林列传》有传。著有《诗题约义通》，学者称之《杜君法》。

㊵侯包：亦作侯苞。生平事迹不详。《隋书·经籍志》著录其所著《韩诗翼要》十卷。今佚。

㊶贾长卿：毛苌（小毛公）弟子，贾公之子，治《诗》，授解延年。《汉书·儒林传》有传。

㊷谢曼卿：九江（今安徽寿县）人。按：《汉书·儒林传》述《毛诗》传授，自贾长卿、解延年、徐敖至汉末九江陈侠。《后汉书·儒林列传》云："九江谢曼卿善《毛诗》，乃为其训，（卫）弘从曼卿受学。"陆德明《经典释文序录》云："或云陈侠传谢曼卿。"

㊸贾徽：扶风平陵（今陕西咸阳）人。贾逵之父。从刘歆受《左氏春秋》、《国语》、《周礼》，从徐恽受古文《尚书》，从谢曼卿受《毛诗》。著有《左氏条例》二十一篇。事载《后汉书·贾逵传》。

㊹郑众（？—83）：字仲师。河南开封人。从父郑兴受《左氏春秋》，明《三统历》，兼通《易》《诗》。作《春秋杂记条例》，知名于世。《后汉书》有传。著有《春秋删》十九篇。清王仁俊《玉函山房辑佚书续编》辑录《易郑司农注》一卷。

㊺按：郑玄为《毛诗》所作之笺，南北朝时独尊。至唐人撰《五经正义》，于《诗》取《毛传》《郑笺》，遂流传至今。关于郑玄采用齐、鲁、

韩三家《诗》,可参见清陈奂《郑氏笺考徵》一书(《诗毛氏传疏》后附)。

㊻陈奂(1786—1863):字倬云,一字硕甫,号师竹。晚年因居苏州南园,自号南园老人。江苏长洲(今江苏吴县)人。清咸丰元年(1851),举孝廉方正。受学于段玉裁。同治二年(1863),应曾国藩之聘入幕,不久病逝。《清史稿·儒林传》有传。所著《诗毛氏传疏》,以考据详明、引证赅博著称。

第十二课　两汉《春秋》学之传授

西汉之初，传《春秋》者，有《左氏》《公羊》《穀梁》《邹氏》《夹氏》五家。《邹氏》无师，《夹氏》有录无书①。惟贾谊受②《左氏》学于张苍，世传其学至于贾嘉③，谊之孙。嘉传贯公④，而贯公之子长卿能修其学，以传张敞⑤、张禹⑥，禹传尹更始⑦，更始传胡常⑧、翟方进⑨及子尹咸，常传贾护⑩，方进传刘歆，歆又从尹咸受业，以其学授贾徽，徽子逵修其学，作《左氏解诂》。又陈钦⑪受业尹咸，传至子元，元作《左氏同异》，以授延笃⑫。又郑兴⑬亦受业刘歆，传至子众，众作《左氏条例章句》。而马融、颍容⑭皆为《左氏》学。郑玄初治《公羊》，后治《左氏》，以所注授服虔⑮，虔作《左氏章句》，而《左氏》之说大行。是为《左氏》之学。自胡母生治《公羊》，与董仲舒同师，仲舒传褚大⑯、嬴公⑰、吕步舒⑱，嬴公授孟卿⑲及眭弘，弘授严彭祖⑳、颜安乐㉑，由是有《严氏春秋》，复有《颜氏春秋》，两家并立于学官。后汉何休墨守《公羊》之谊，复依胡母生条例作《公羊解诂》。是为《公羊》之学。自江公受《穀梁》于申公，以授荣广㉒、浩星公㉓，而蔡兴公㉔受业荣广，复更事浩星公，以授尹更始，更始作《章句》十五卷，以授翟方进、房凤㉕。及宣帝时，江公之孙为博士，以其学授胡常，而韦贤、夏侯胜、萧望之、刘向并右《穀梁》，其学渐盛。是为《穀梁》之学。以上用《汉书·儒林传》《艺文志》《后汉书·儒林列传》及各传，并《经典释文》。盖《公羊》属今文学，《左氏》《穀梁》属古文学；《公羊》为齐学，而《穀梁》则为鲁学。此汉代《春秋经》传授之大略也。

注：

①邹氏、夹氏：生平事迹均不详。《汉书·艺文志》云："《邹氏传》十一卷，《夹氏传》十一卷，有录无书。"

②贾谊（前200—前168）：字号不详。洛阳（今河南洛阳东）人。西汉政论家、文学家。少有博学能文之誉，曾从张苍习《左传》，文帝初召为博士。后迁太中大夫，好议论国家大事，为周勃、灌婴等排挤，贬为长沙王太傅。后为梁怀王太傅。曾作《鵩鸟赋》，自伤不遇。所作《陈政事疏》《过秦论》，均为西汉政论名篇。《史记》《汉书》有传。著有《新书》十卷，今人辑为《贾谊集》。

③贾嘉：贾谊之孙，能传乃祖之学。陆德明《经典释文序录》云："谊传至其孙嘉。"《史记·贾生列传》云："孙嘉最好学，世其家。"

④贯公：赵（今山西太原市）人。为河间献王博士，他从贾谊受《左氏传》事，载《汉书·刘歆传》。

⑤张敞：字子高。河东平阳（今山西临汾西南）人。出自官宦世家，官至太守、光禄大夫。张敞与萧望之、于定国相善。为人敏捷，治《春秋》，以经术自辅。《汉书》有传。

⑥张禹（？—前5）：字子文。河内轵（今河南济源东南）人。通经学，为博士。专治《论语》，从施雠受《易》。曾改编今本《论语》，合《齐论》《鲁论》为《论语章句》，史称《张侯论》。《汉书》有传。

⑦尹更始：字翁君。汝南（今河南汝南）人。尹咸父。汉宣帝时，他治《穀梁春秋》，为《穀梁》议郎事，载《汉书·儒林传》。

⑧胡常：清河（今山东清河）人。青州刺史。他治《春秋左传》事，载《汉书·儒林传》。

⑨翟方进（？—7）：字子威。汝南上蔡（今河南上蔡西南）人。少时

失父孤学，至京师博士受《春秋》，兼及《穀梁》《左传》二传。《汉书》有传。

⑩贾护：字季君。黎阳（今河南浚县）人。汉哀帝时待诏。他是汉代与刘歆同为倡言《左传》的学者，事载《汉书·儒林传》。

⑪陈钦：字子佚。苍梧（今广西梧州市）人。他以《左氏春秋》授王莽，又自名《陈氏春秋》，事载《后汉书·陈元传》。

⑫延笃：字叔坚。南阳（今河南南阳）人。少从颍川唐溪典受《左氏传》，又从古文经学家马融受业，博通经传及百家之言，以文章称名于世。《后汉书》有传。

⑬郑兴：字少赣。河南开封人。郑众之父。少习《公羊春秋》。晚年从博士金子严习《左氏春秋》。曾为《左传》编撰条例、章句、传诂，并校刘歆《三统历》。《后汉书》有传。著作今佚，清马国翰《玉函山房辑佚书》辑有《周礼郑大夫（兴）解诂》一卷。

⑭颍容：字子严。陈国长平（今河南西华）人。博学多通，好《春秋左氏》。《后汉书·儒林列传》有传。著有《春秋左氏条例》五万余言，今佚。

⑮服虔：初名重，又名祇，字子慎。河南荥阳人。不以清苦建志，入太学受业。曾以《左传》驳何休所驳汉事六十条。官拜九江太守。《后汉书·儒林列传》有传。著有《春秋左氏解诂》。今存。

⑯褚大：兰陵（今山东兰陵）人。从董仲舒受《公羊春秋》，官至梁相，事载《汉书·儒林传·胡母生传》。

⑰嬴公：东平（今山东东平）人。昭帝时，为谏夫。他从董仲舒受《公羊春秋》事，载《汉书·儒林传·胡母生传》。

⑱吕步舒：广川（今河北景县）人。官至丞相长史。他从董仲舒受《公羊春秋》事，载《汉书·儒林传·胡母生传》。

⑲孟卿：东海（今山东临沂）人。从嬴公受《公羊春秋》，其弟子有

后苍、间丘卿。《汉书·儒林传》有传。

⑳严彭祖：字公子。东海下邳（今江苏睢宁）人。与颜安乐同事《公羊》大师眭孟。其后，各自名家。治《公羊春秋》，以太傅终。《汉书·儒林传》有传。

㉑颜安乐：字公孙。鲁国薛（今山东滕县）人。家贫，致力于学，官至齐郡太守丞，后被仇家所杀。《汉书·儒林传》有传。

㉒荣广：字王孙。鲁（今山东曲阜）人。通《诗》《穀梁春秋》。曾与眭孟论辩《公羊》之学，数难眭孟，学者都从其习《穀梁》。事载《汉书·儒林传·瑕丘江公传》。

㉓浩星公：《汉书·儒林传》为"皓星公"。鲁（今山东曲阜）人。他从荣广受《穀梁春秋》。

㉔蔡兴公：疑即"蔡千秋"。荣广、皓星公弟子。传《穀梁春秋》。《汉书·儒林传·瑕丘江公传》云："沛蔡千秋少君、梁周庆幼君、丁姓子孙皆从广受。千秋又事皓星公，为学最笃。"

㉕房凤：字子元。琅邪不其（今山东崂山县西北）人。以射策乙科为太史掌故。后以明经通达，擢光禄大夫，迁五字中郎将。《汉书·儒林传》有传。

第十三课　两汉《礼》学之传授

秦政焚书，《礼经》缺坏。西汉之初，高堂生①传《士礼》十七篇，即今《仪礼》。而鲁徐生②善为容。景帝之时，河间献王③得《古礼》，计《古文礼》五十六篇，《记》百三十一篇，其七十篇与高堂生同而文字多异。传《士礼》者，自萧奋④授孟卿，卿授后苍，然所传仅十七篇，所余三十余篇名为《佚礼》。苍说《礼》作《曲台记》，以授闻人通汉⑤，并授戴德⑥、戴圣⑦、庆普⑧，由是《礼》有大、小戴、庆氏之学。普授夏侯敬⑨，数传而至曹充⑩，充传子褒，而庆氏之学行。戴德授徐良⑪，戴圣授桥仁⑫、杨荣⑬。又戴德删《古礼记》二百四篇，即孔门弟子所编者，亦有汉初增益之书。为八十五篇，名《大戴礼》。戴圣复删为四十六篇，名《小戴礼》。马融复增益三篇，合为四十九篇。郑玄治《小戴礼》，为四十九篇作注，复注《士礼》十七篇，即《礼经》。并为《周官经》作注。《周官经》者，当河间献王时，李氏⑭上《周官》五篇，缺《冬官》一卷，以《考工记》补之。刘歆为王莽⑮国师，始立《周官经》于学官，名为《周礼》，以授杜子春⑯。郑兴受业子春，传至子众，而贾徽、贾逵并作《周礼解诂》，卫弘、马融、卢植⑰、张恭祖皆治之，惟郑玄注集其大成。此汉代《礼经》传授之大略也。以上用《汉书·儒林传》《艺文志》《后汉书·儒林列传》及各传、《经典释文》、《汉学师承记》、胡培翚⑱《仪礼正义》诸书。案：东汉以前，本无"三礼"之名，《周官经》《小戴礼》本不得称之为经，不过与《礼经》相辅之书耳。自郑玄作《三礼注》，而"三礼"之名遂一定而不可易。至后代以《小戴礼》为本经，则文歧中之歧矣。非不正名之故欤！

注：

①高堂生：字伯。《史记·索隐》引谢承云："秦氏季代有高堂伯。"鲁（今山东曲阜）人。传《士礼》十七篇。《汉书·艺文志》云："汉兴，鲁高堂生传《士礼》十七篇。迄孝宣世，后仓最明。戴德、戴圣、庆普皆有弟子，三家立于学官。"

②徐生：鲁（今山东曲阜）人。汉文帝时，曾为礼官大夫。事载《汉书·儒林传·韩婴传》。

③河间献王（？—前130）：指刘德。西汉景帝第三子。封为河间王，谥曰献王。好儒学，史家称其"修学好古，实事求是"，多罗致山东儒生。相传曾得《周官》《尚书》《礼》《礼记》《孟子》《老子》等先秦古文，并立《毛诗》、《左氏春秋》为博士。《史记》《汉书》有传。

④萧奋：瑕丘（今山东兖州）人。以通礼官至淮阳太守。事载《汉书·儒林传·韩婴传》。

⑤闻人通汉：姓闻人，名通汉。字子方。沛（今江苏沛县）人。以太子舍人参加"石渠阁会议"，讨论《五经》异同。他从后苍学《礼》事，载《汉书·儒林传·孟卿传》。

⑥戴德：字延君。梁（今山东莒县）人。高堂生五传弟子，号"大戴"。曾删古《礼》二百四篇为八十五篇，谓之《大戴礼》。详见第一册第五课注⑦。

⑦戴圣：字次君。梁（今山东莒县）人。戴德从兄子，高堂生五传弟子，号"小戴"。以博士参加"石渠阁会议"，讨论《五经》异同，官至九江太守。删戴德《大戴礼》为四十九篇，谓之《小戴礼》。

⑧庆普：沛（今江苏沛县）人。高堂生五传弟子，官至东平太傅。事载《汉书·儒林传·孟卿传》。

⑨夏侯敬：鲁（今山东曲阜）人。庆普弟子。官至豫章太守。事载《汉书·儒林传·孟卿传》。

⑩曹充：薛（今山东滕县）人。建武中为博士，传"庆普之学"，曾作《章句辨难》。其子曹褒，字叔通，精研叔孙通礼仪之学，作《通义》十二篇，演经杂论百二十篇，又传《礼记》四十九篇，为东汉一代礼学宗师，东汉"庆普之学"的传播者。《后汉书》有传。按：吴承仕《经典释文序录疏证》云："庆《礼》衰歇之时不可审知，《序录》言庆氏久亡，或别有文据。"

⑪徐良：琅邪（今山东诸城）人。经学博士，官至郡守、太守。戴德弟子，世传《大戴礼记》。事载《汉书·儒林传·孟卿传》。

⑫桥仁：字季卿。梁（今山东莒县）人。官大鸿胪。戴圣弟子，世传《小戴礼记》。事载《汉书·儒林传·孟卿传》。

⑬杨荣：字子孙。梁（今山东莒县）人。官琅邪太守。戴圣弟子，传《小戴礼记》。事载《汉书·儒林传·孟卿传》。

⑭李氏：生平事迹不详。陆德明《经典释文序录》云："上《周官》五篇，失《事官》一篇，乃购千金不得，取《考工记》以补之。"吴承仕《经典释文序录疏证》谓："见行《汉书》实无此文，竟不审其何据？"

⑮王莽（前45—23）：新王朝的建立者。公元8—23年在位。字巨君，魏郡元城（今河北大名东）人，原籍东平陵（今山东章丘西北）人。汉元帝皇后侄。西汉末，以外戚掌握政权，成帝时封为新都侯。元始五年（5）毒死平帝，自称假皇帝。次年立年仅二岁的刘婴为太子，号"孺子"。初始元年（8）称帝，改国号为新，年号为始建国。公元23年为绿林军所杀。《汉书》有传。

⑯杜子春（约前30—58）：河南缑氏（今河南偃师南）人。官太中大夫。初治《公羊》，后从刘歆治《左传》。曾传《周礼》，以授郑众、贾逵。事载唐贾公彦《周礼正义序·序周礼兴废》。所注《周礼》，曾被郑玄采纳。今佚。清马国翰《玉函山房辑佚书》录有《周礼杜氏注》二卷。

⑰卢植（？—192）：字子幹。涿郡涿县（今河北涿州市）人。少时与

郑玄同师马融，不守章句之学，兼通今文经学与古文经学。曾与马日䃅、蔡邕、杨彪、韩说一起校书东观，校中秘五经传，补续《汉纪》。《后汉书》有传。著有《尚书章句》《三礼解诂》等。

⑱胡培翚（1782—1849）：字载屏，一字竹村。安徽绩溪人。清嘉庆二年（1819）进士。曾任内阁中书、户部主事。传祖父匡衷之学，与堂叔胡秉虔有"绩溪三胡"之名。《清史稿·儒林传》有传。他认为唐贾公彦疏解《仪礼》多有误，乃积四十余年撰写《仪礼正义》，惜书未成而卒，由其弟子杨大培续成，为清人十二种新疏之一。

第十四课　两汉《论语》之传授
附《孟子》《学》《庸》

西汉之初，传《论语》者有三家。鲁人所传者为《鲁论》，即今所行篇目是也。龚奋①、夏侯建、夏侯胜、韦贤、萧望之并传之。齐人所传者为《齐论》，别有《问王》《知道》二篇章句，颇多于《鲁论》。王吉、宋畸②、贡禹③、五鹿充宗④、庸谭⑤并传之，惟王阳⑥以之名家。《古论语》出孔壁中，有两《子张》篇，篇次不与《齐》《鲁》同。孔安国为之传，马融为之注。张禹受《鲁论》于夏侯建，又从王吉等受《齐论》，删《问王》、《知道》二篇，而所作章句最盛行。至后汉时，包咸、周氏并为章句，列于学官。郑玄亦授《鲁论》，复参考《齐论》《古论》为之作注。本《汉书·儒林传》《艺文志》《后汉书·儒林列传》《经典释文序录》及《汉学师承记》。而何休亦注《论语》，多用《齐论》之说。戴望⑦《论语注序》。此汉代《论语》传授之大略也。

《孟子》当文帝时，曾立博士之官。后废⑧。注《孟子》者，始自扬雄⑨。后汉之时，程曾⑩、高诱⑪、刘熙俱注《孟子》，惟赵岐作《孟子章句》并作《题词》，至今仍存。用《经典释文序录》及焦循《孟子正义·赵岐序》⑫疏中。然未尝尊《孟子》为一经也。赵岐等注《孟子》，犹严君平⑬注《老子》，高诱注《淮南子》耳。

《中庸》《大学》，戴圣删《古礼记》并列于四十六篇中，为《小戴礼记》之一，郑玄诸儒咸注之，郑氏以《中庸》为赞圣，论定为子思所作。未尝单行而别为一书也。惟西汉时,有《中庸说》二篇,不晰为何人所作,见《汉书·艺文志》中⑭,大抵亦解析《中庸》之书也。董仲舒《春秋繁露》亦多引《中庸》,唯汉儒解释《大学》及援引《大学》者甚少。

注:

①龚奋:官常山都尉。他传《鲁论语》事,载《汉书·艺文志》。

②宋畸:子翁壹。东海(今山东郯城)人。官少府,他传《齐论语》事,载《汉书·艺文志》。

③贡禹(前124—前44):字少翁。琅邪(今山东诸城)人。以明经洁行征为博士,为凉州刺史,迁河南令。汉元帝时,征为谏议大夫、光禄大夫,官至御史大夫。《汉书》有传。

④五鹿充宗:字君孟。代郡(今河北蔚县东北)人。元帝时,官少府,与石显、牢梁等人结为党友,显贵一时。汉代"梁丘易学"的重要传人。受《梁丘易》于梁丘临。曾与诸《易》家辩论,折服于朱云。事载《汉书·朱云传》。《汉书·艺文志》六艺略《易》类著录有《周易略说》三卷,今佚。

⑤庸谭:即庸生。详见第一册第十课注⑥。

⑥王阳:即王吉。详见第一册第十一课注㉝。

⑦戴望(1837—1873):字子高,又字仲顾,号永苍。祖籍浙江德清,自曾祖起始居湖州。少时"好为辞章"之学。因读清初学者颜元的著作,积极提倡"颜李之学"。后至苏州谒见陈奂,通知声音训诂经师家法。又师从今文经学家宋翔凤受《公羊春秋》,以墨守师法著称。《清史稿·儒林传》有传。著有《颜氏学记》《论语注》《管子校正》《谪磨堂遗集》等。

⑧按:《孟子》一经立为博士,时间较为短暂。《史记》《汉书》不载,仅见于赵岐《孟子章句·题辞》云:"汉兴,除秦虐禁,开延道德。孝文皇帝欲广游学之路,《论语》《孝经》《孟子》《尔雅》皆置博士。后罢传记博士,独立《五经》而已。"

⑨扬雄(前53—18):一作"杨雄",字子云。蜀郡成都(今四川成

都郫县）人。早年师从严君平，后入京师，由杨庄推荐为成帝时黄门郎，待诏。王莽新朝时，官大夫，校书天禄阁。以擅长作赋，驰名于世。《汉书》有传。曾仿《周易》而著《太玄》，又模仿《论语》的体式而著《法言》，两书今皆存。

⑩程曾：字秀升。豫章南昌（今江西南昌）人。受业长安，习《严氏春秋》，积十余年，还家教授，常数百人从学。《后汉书·儒林列传》有传。著有《孟子章句》，今佚。

⑪高诱：涿郡（河北涿州市）人。少时受学于卢植。建安十五年（205）任司空掾，后迁濮阳令。著有《孟子章句》、《孝经注》（今佚）、《淮南子注》、《吕氏春秋注》等。

⑫焦循（1763—1820）：字理堂，一字里堂，晚号里堂老人。江苏江都人。清嘉庆六年（1801）举人。后会试不第，从此无意仕途。《清史稿·儒林传》有传。所著《孟子正义》三十卷，采录清代六十余家研究《孟子》的成果，推阐赵岐之注，是清代诠释《孟子》最为详备的一种，为清代十二种新疏之一。另著有《易章句》《易通释》《易图略》《论语通释》《书义丛抄》《毛诗郑笺补疏》等多种。后均收入于《焦氏丛书》。

⑬严君平：名尊，一作遵。蜀（今四川成都）人。西汉隐士。成帝时，卜筮于成都市，日得百钱则闭门讲授《老子》，著书十万余言。一生不仕，为扬雄所推重。事载《汉书·王吉传》。著有《道德真经指归》（一名《老子指归》），今存。

⑭按：《汉书·艺文志》六艺略《礼》类著录《中庸说》二篇，颜师古注："今《礼记》中有《中庸》一篇，亦本非礼经，盖此之流。"今人任善铭《札记目录后案》："以二篇抄合一篇，盖因孔子中庸之言而益广其义，故曰'说'。"

第十五课　两汉《孝经》之传授附《尔雅》

《孝经》当战国时，由子夏授魏文侯，文侯为之作传，而荀卿诸儒皆传之。本汪宗沂①《孝经十八章辑传序》。西汉之初，《孝经》有今文、古文之别。传今文《孝经》者，始于颜芝②，芝子颜贞传其学，而长孙氏③、江翁④、后苍、翼奉、张禹并传今文，各自名家。以上齐学。若古文《孝经》则出孔子庙壁，较今文不同，见桓谭《新论》⑤。孔安国得之。及明帝时，鲁国三老献之朝。自刘向校定其篇章，而许冲⑥撰其说，马融注其书，惜皆失传。以上采《汉书·儒林传》、《艺文志》、《后汉书·儒林列传》、许冲《上说文表》、《经典释文序录》及阮福⑦《疏》。郑玄亦注古文《孝经》，《六艺论》。其书未成，其孙小同⑧为之作注，陆澄⑨、王伯厚⑩说。今所传郑注是也。以上鲁学。此汉代《孝经》学传授之大略也。

《尔雅》当西汉时，叔孙通、梁文⑪咸有赓续，张揖《上广雅表》。毛公等注经多本之。文帝之时，与《孟子》同立博士。赵岐《孟子题词》。武帝之时，有犍为人舍人⑫舍人系人名，非官名，予别有考。作《尔雅注》，后扬雄亦崇《尔雅》。刘歆问业扬雄，亦为《尔雅》作注。东汉之时，注《尔雅》者，有樊光⑬、李巡⑭、孙炎⑮，咸并作音义。以上用《隋书·经籍志》⑯及胡元玉⑰《雅学考》。郑玄亦注《尔雅》。见《周礼·疏》所引。惜均失传。此汉代《尔雅》学传授之大略也。与《尔雅》相辅之书，舍《三仓》李斯⑱《苍颉》篇、扬雄《训纂》

篇、贾舫⑲《滂喜》篇合为《三仓》。而外，复有孔鲋《小尔雅》、扬雄《方言》⑳、许慎《说文》、刘熙《释名》、吕忱《字林》㉑，皆小学之津梁也。《班志》列《尔雅》于《孝经》后，盖《尔雅》《孝经》皆学童必读之书。一为伦理之基，一为国文之基也。

注：

①汪宗沂（1837—1906）：字仲伊，号韬庐处士。安徽歙县（今安徽歙县）人。清光绪六年（1880）进士，授山西即用知县，加五品衔。曾师李联琇习汉学，又师方宗诚受百家之学。李鸿章为直隶总督，入幕参议兵农诸政。后辞归，主讲安庆敬敷书院、芜湖中江书院、本郡紫阳书院等。事载《清史稿·宣统皇帝本纪》。著有《周易学统》《尚书考订》《孟子释疑》《龙经校注》等。

②颜芝，字号年龄不详，河间（今河北献县）人。秦汉之际学者。秦始皇焚书，曾手藏今文《孝经》，后传其子颜贞。事载《汉书·艺文志》。

③长孙氏：即长孙顺。详见第一册第十一课注㊱。

④江翁：即江公。详见第一册第十一课注③。

⑤桓谭（约前20—56）：字君山。沛国相（今安徽濉溪县西北）人。官至议郎给事中。《后汉书》有传。所著《新论》二十九篇，已佚。现传《新论·形神》一篇，收入《弘明集》内；清人严可均《全汉文》有辑本。按，《隋书·经籍志》云："古文《孝经》……孔安国为之传，……亡于梁乱。至隋，秘书监王邵于京师访得《孔传》，送至河间刘炫。炫因序其得丧，述其议疏，讲于人间，渐闻朝廷，后遂著令与郑氏并立。儒者谊谊，皆云炫自作之，非孔旧本。"清代学者盛大士、丁晏则认为古文《孝经》系王肃伪作。参见《孝经徵文序》。

⑥许冲（？—274）：字文和。荥阳（今河南开封）人。三国时为曹丕文学椽，出任魏陈留太守，官至三公，曾选编当时训注《论语》精善者为《论语集注》。《晋书》有传。

⑦阮福（1802—？）：字赐卿，号喜斋。清江苏仪征人。阮元之子，著有《孝经义疏补注》。

⑧郑小同：郑玄之孙。传郑玄经学，生前曾编定郑玄论著十一卷，已佚。今存《郑志》《补遗》等。

⑨陆澄：字彦渊。吴（今江苏苏州）人。少好学博览，时称"书橱"。永明初，为度支尚书，领国子监祭酒。隆昌初，为光禄大夫。《南齐书》有传。

⑩王伯厚：王应麟（1223—1296），字伯厚，号深宁居士。祖籍浚仪（今河南开封），曾祖始定居庆元府鄞县（今浙江宁波）。年少即通《六经》，吕祖谦弟子。宋理宗淳祐元年（1241）进士，宝祐占四年（1256）中博学鸿辞科。累官至礼部尚书兼给事中。南宋亡后隐居。《宋史》有传。所著《诗考》，最先采撷齐、鲁、韩三家诗佚文，但所采《鲁诗》疏漏较多。《困学纪闻》则说经考史，博记群书，开考据学先河。另著有《诗地理考》《通鉴地理考》《汉制考》《六经天文编》及其编纂大型类书《玉海》等。

⑪梁文：沛（今江苏沛县）人。西汉学者。曾为《尔雅》作补。

⑫舍人：犍为（今贵州遵义）人。汉武帝时为待诏。著有《尔雅注》三卷，今佚。陆德明《经典释文序录》为"犍为文学"。按：吴承仕《经典释文序录疏证》云："诸书多引作'犍为舍人'，或以为即《东方朔传》中之'郭舍人'也。然《左传正义》中'舍人'、'文学'并见，则又似二人矣。"

⑬樊光：京兆（今陕西西安）人。官至中散大夫。《后汉书》有传。著有《尔雅注》六卷，今佚。按：陆德明《经典释文序录》云："沈旋疑非樊光。"清人邵晋涵、臧庸等认为即《诗疏》《左传疏》所引樊光与"某氏注"为同一人。吴承仕《经典释文序录疏证》云："沈旋疑之是也。"

⑭李巡：汝南（今河南平舆）人。汉灵帝时为黄门侍郎。当时博士试甲乙科，争第高下，甚至行赂定兰台漆书经字，李巡建议诸儒共刻《五

经》文字于石。后有蔡邕等人正其文字，《五经》始有官方定本。事载《后汉书·吕强传》。著有《尔雅注》，今佚。

⑮孙炎：字叔然。乐安（今山东博兴）人。受学于郑玄再传弟子，被称为东州大儒。曾征为秘书监，不就。相传他是中国古代首先发明反切的注音方法。《三国志·魏书》有传。著有《周易春秋例》《毛诗注》《礼记注》《春秋三传注》《国语注》《尔雅注》《驳圣证论》等。按：吴承仕《经典释文序录疏证》引邢《序》称："'为义疏者，俗间有孙炎、高琏，皆浅近俗儒，不经师匠。'此别一孙炎，非东州大儒之叔然也。"

⑯《隋书·经籍志》：简称《隋志》。《隋书》"十志"之一，唐李延寿等编，魏征删定。是继《汉书·艺文志》之后，又一部重要的中国史志书目。全书分经、史、子、集四部四十类，著录存书三千一百二十七部，共三万六千七百零八卷。其中佚书一千零六十四部，计一万二千七百五十九卷，后附佛、道二录。有总序和小序，扼要介绍各家学术源流及其演变。每分类下著录书名和卷数，并附简明的注释，指明作者、爵衔、内容真伪及存亡残缺等情况。清代学者章宗源、姚振宗、张鹏一等对此书均有研究和补充。

⑰胡元玉：字子瑞。清湖南湘潭人。著有《雅学考》《春秋名字解诂驳》。

⑱李斯（？—前208）：楚上蔡（今河南上蔡）人。初为郡小吏，后从荀卿学。战国末入秦，为吕不韦舍人，并被秦始皇任为客卿。秦始皇死后，与宦官赵高合谋伪造遗诏，迫令秦始皇长子扶苏自杀，立少子胡亥为二世皇帝，即秦二世。后为赵高所忌，被杀。工书，相传泰山、琅邪石刻均为他手书。另著有《谏逐客书》和《仓颉篇》。《史记》《汉书》有传。

⑲贾鲂：东汉郎中。所著《滂喜篇》，即取扬雄《训纂》"滂喜"二字为书名，与李斯《仓颉》、扬雄《训纂》合称《三苍》。

⑳《方言》：全称《輶轩使者绝代语释别国方言》，西汉扬雄撰。是一

部汇辑汉代方言的专著。原书十五卷，收入方言九千余字，今本《方言》十三卷。注本有晋代郭璞的《方言注》，后经过清代戴震的疏证，《方言》才有善本。

㉑吕忱：字伯雍。《魏书·江式传》云："晋世义阳王典祠令任城吕忱表上《字林》六卷，寻其况趣，附托许慎《说文》，而案偶章句，隐别古籀奇惑之字，文得正隶，不差篆意也。"所著《字林》部目依据《说文解字》，分五百四十部，收字一万二千八百二十四。唐以前与《说文》并重，后亡佚。清代任大椿、陶方琦辑有《字林考逸》《字林补逸》二种，可参考。

第十六课　三国南北朝隋唐之《易》学

东汉之末，说《易》者，咸宗郑注。自魏王弼作《易注》，舍象数而言义理①，复作《易略例》《周易系词》，韩康伯补其缺，间杂老庄之旨，与郑《易》殊。而王朗②所撰《易传》，亦立学官。蜀人李譔③亦作古文《易》以攻郑注。至晋永嘉之乱，而施、孟、梁丘之《易》亡。京房之《易》尚存，故晋董景道④治《京氏易》。当南北朝时，郑《易》盛行于河北。徐遵明⑤以《周易》教授，以传卢景裕⑥、崔瑾⑦。景裕传权会⑧，权会传郭茂⑨，自是言《易》者皆出郭茂之门。而李铉⑩亦作《周易义例》。惟河南清、徐之间，间行王弼之注。以上北学。若江左所行，则以王注为主，立于学官。及南齐从陆澄之言，始郑、王并置，后复黜郑崇王⑪。梁、陈二朝间，亦王、郑并崇⑫。说《易》之儒，有伏曼容⑬、《周易义》。梁武帝⑭、《周易讲疏》。朱异⑮、《周易集注》。孔子祛⑯、《续周易集注》。何允⑰、张讥⑱，皆《周易义》。以褚仲都⑲、周弘正⑳《义疏》集其大成，大抵以王注为宗，惟严植之㉑治《周易》力崇郑注。以上南学。至于隋代，王注盛行。唐孔颖达㉒亦崇王氏《易》，故所作义疏用王遗郑，而汉《易》遂亡。惟李鼎祚㉓《周易集解》采汉儒注《易》之说，得三十五家，崇郑黜王，发明汉学。史徵《周易口诀义》㉔亦与鼎祚之书相同。而僧人一行亦主孟喜卦气之说㉕，乃汉《易》之别派也。若邢璹㉖《注易略例》、郭京㉗《周易举正》，皆引申王弼之言。盖斯时玄学㉘盛昌，故说《易》多采道家之旨。以上用《三国志》注、《晋书》、《南史》、

《北史》各列传,《北齐书》及《隋书·经籍志》、《经典释文》、王鸣盛《蛾术编》㉙及《四库全书提要》㉚诸书。此三国、六朝、隋、唐之《易》学也。

注:

①象数:《易》学术语。汉代运用卦变、互体、五行、八宫、纳甲、爻辰、卦气、飞伏、世应、旁通等方法研究《周易》的象数《易》学。义理,是指王弼、韩康伯等魏晋学者屏弃汉代的象数《易》学,而以儒道思想重新诠释《周易》的义理《易》学。象数和义理是中国《易》学史上的两个重要流派。

②王朗(?—228):字景兴。东海郡(今山东临沂)人。通经拜郎中,为菑丘长。后迁会稽太守,曹操征为谏议大夫。曹丕即位,为御史大夫,改司空。明帝时,封为兰令侯,为司徒。《三国志·魏书》有传。著有《易传》,今佚。

③李譔:字钦仲。梓潼郡涪县(今四川绵阳)人。师从司马徽、宋忠,俱传其学。《三国志·蜀书》有传。所著古文《易》《尚书》《左氏传》《毛诗》《三礼》《太玄指归》等,一依贾逵、马融之说,与郑玄相异趣。其《易》学近于《费氏易》。

④董景道:字文博。弘农(今河南灵宝)人。少好学,千里从师,精研群经。永嘉之乱,隐居商洛山,穿木叶,食树果,弹琴歌笑以自娱。后刘曜征为太子少傅,散骑常侍,固辞,以寿终。《晋书·儒林传》有传。

⑤徐遵明(475—529):字子判。华阴(今陕西渭南)人。南北朝时期"北学"的代表人物。师事屯留王聪受《诗》《书》《礼》,又师从张吾贵、孙买德、唐迁等经师,终身不仕。《魏书·儒林传》有传。著有《春秋义章》,今佚。

⑥卢景裕:字仲孺,小字白头。范阳涿(今河北涿县)人。徐遵明弟子。少敏而专经学。所注《周易》,为李鼎祚《周易集解》收入唐以前的三十五家《易》之一。《魏书·儒林传》有传。

⑦崔瑾:清河(山东临清东北)人。徐遵明弟子。著有《周易注》

《周易统例》，为李鼎祚《周易集解》收入唐以前的三十五家《易》之一。事载《北史·儒林传》。清马国翰《玉函山房辑佚书》中辑有一卷。

⑧权会（501—576）：字正理。河间（今河北雄县）人。少受郑玄《易》学，兼通《诗经》、《尚书》、《三礼》之学。魏武定初贡孝廉，策居上策，为四门博士。曾注《易》一部，今佚。《北齐书·儒林传》有传。

⑨郭茂：与权会同为卢景裕弟子，此言权会传郭茂，误。以研究《周易》称名于时。事载《北史·儒林传》。

⑩李铉：字宝鼎。渤海南皮（今河北南皮北）人。早年从李周仁受《毛诗》、《尚书》，从刘子猛受《礼记》，从房虬受《周官》、《仪礼》，从鲜于灵馥受《左氏春秋》。又师事徐遵明五年，称为高弟。《北齐书·儒林传》有传。著有《周易义理》，今佚。

⑪按：《周易》博士立郑玄注、王弼注两家。颜延之为博士，始黜郑而主王。《南齐书·陆澄传》云："元嘉建学之初，玄、弼两立。逮颜延之为祭酒，黜郑置王，意在贵玄，事成败儒。"按《宋史·礼志》，元嘉二十年（443）立《易》学博士，旋即于二十七年（450）又废，黜郑尊王之举因在这六七年间。

⑫按：有关南学及其与北学的经学特征，《隋书·儒林传序》云："南北所治章句，好尚互有不同。江左《周易》则王辅嗣，《尚书》则孔安国，《左传》则杜元凯；河洛《左传》则服子慎，《尚书》、《周易》则郑康成。《诗》则并主毛公，《礼》则同遵于郑氏。大抵南人约简，得其英华；北学深芜，穷其枝叶。"（据中华书局标点本1973年版）清赵翼云："（北学）其所以多务实学者，固由于士习之古，亦上之人有以作兴之。……'南朝经学本不如北，兼以上之人不以此为重，故习业益少，统计数朝，惟萧齐之初，及梁武四十余年间，儒学稍盛。"参见《廿二史劄记》卷十五"北朝经学""南朝经学"条。

⑬伏曼容（421—502）：字公仪。平昌安丘（今山东安丘西南）人。

好《周易》、《老子》，学宗玄远之旨。《梁书·儒林传》有传。著有《周易集解》、《周易集注》，今佚。

⑭梁武帝（464—549）：指萧衍。字叔达，小字练儿。南兰陵（今江苏常州西北）人。《梁书》有传。在位期间，修饰国学，增广生员，立五馆，置《五经》博士。《南史》有传。著有《周易大义》《周易讲疏》《周易系辞义疏》三种，今佚。

⑮朱异（483—549）：字彦和。吴郡钱唐（今浙江杭州）人。少即遍览《五经》，兼通杂艺，博弈书算。《梁书》有传。著有《集注周易》，今佚。

⑯孔子祛（496—546）：会稽山阴（今浙江绍兴）人。少勤苦自励，专明《尚书》，官至步兵校尉。《梁书·儒林传》有传。著有《尚书义》《集注尚书》，又续朱异《集注周易》、何承天《集礼论》百余卷，今均佚。

⑰何允：疑即何胤，详见第一册第十八课注⑬。

⑱张讥（513—589）：字直言。清河武城（今山东武城东北）人。年十四通《孝经》《论语》，笃好玄言，受学于周弘。曾参与梁武帝在文德殿解释乾、坤《文言》。《陈书·儒林传》云："梁武帝尝于文德殿释乾、坤《文言》，讥与陈郡袁宪等预焉。敕令议论，诸儒莫敢先出，讥乃整容而进，咨审循环，辞令温雅，梁武帝甚异之。"按：此事《梁书·武帝纪》不载，张讥本传不详年月，《袁宪传》云在大同八年（542）。著有《周易讲疏》，今佚。清马国翰《玉函山房辑佚书》录有《周易张氏讲疏》一卷。

⑲褚仲都：吴郡钱唐（今浙江杭州）人。南朝梁天监中为《五经》博士。著有《周易讲疏》，今佚。事载《梁书·孝行传》。清马国翰《玉函山房辑佚书》录有《周易褚氏讲疏》一卷。

⑳周弘正（496—574）：字思行。汝南安城（今河南正阳东北）人。

少时通《老子》《周易》，史称周氏"善清谈，梁末为玄宗之冠"。《陈书》有传。生前著述颇多，已佚。清马国翰《玉函山房辑佚书》录有《周易周氏义疏》一卷，黄奭《汉学堂丛书》录有《易注》一卷。

㉑严植之：字孝源。建平秭归（今湖北秭归）人。少时好老庄，精玄学，长于《三礼》，专精《丧服》《孝经》《论语》等。《梁书·儒林传》有传。著有《凶礼仪注》，今佚。清马国翰《玉函山房辑佚书》辑有《孝经严氏注》一卷。

㉒孔颖达（574—648）：字冲远、仲达。冀州衡水（今河北衡水市）人。师从当时名儒刘焯。隋炀帝大业初年，举明经高第，授河内郡博士。入唐后，受聘李世民秦王府文学馆学士。历任国子博士、国子司业、国子祭酒等职。《旧唐书》有传。贞观年间曾与颜师古、贾公彦等人融合汉魏以来南北经学的特征，撰定《五经正义》，即今《十三经注疏》本中的五经疏。又著有《孝经义疏》。

㉓李鼎祚：资州盘石（今四川资中西北）人。唐代初授著作郎，后任秘阁学士。所著《周易集解》，又名《李氏周易集解》、《李氏易传》，仿《毛诗》分冠《小序》之例，以《序卦》散缀六十四卦之首。采汉魏以来共三十五家《易》说。是继《周易正义》后的又一部整理两汉至唐的《易》学研究成果的《易》学名著。原刊十七卷，附王弼《略例》一卷。今《津逮秘书》《四库全书》《雅雨堂丛书》等丛书均有收录。1990 年上海古籍出版社影印《四库易学丛刊》中也有收录。

㉔史徵：又名史证、史文徽、史之证。河南（今河南洛阳）人。著有《周易口诀义》，今存。

㉕一行（673—727）：高僧，俗姓张，名遂。巨鹿（今河北平乡）人。唐初郑国公张公瑾之孙。博学多才艺，精于历象、阴阳、五行之学。从荆州景禅师出家，隐居嵩山。唐开元五年（717），应唐玄宗之召至京师。曾翻译《大日经》，制造黄道游仪。著有《大日经疏》《开元大衍历》《易

传》等,已佚。现仅存"卦议"一篇,收录于《新唐书》卷二十七上。清马国翰《玉函山房辑佚书》辑有《易纂》一卷。

㉖邢璹:唐代经学家。著有《周易正义补阙》七卷,今佚。今存《补阙周易正义略例疏》三卷,王弼《周易略例注》一卷。

㉗郭京:生平事迹不详。所著《周易举正》,举正《周易》传本错讹一百零三处,二百七十三字。《宋书·艺文志》著录三卷,《四库全书总目提要》因其书不载于新《旧唐书·经籍志》和《新唐书·艺文志》,故怀疑其书出自宋人伪托。

㉘玄学:即"玄远之学",它以"祖述老庄"、综合儒道立论,把《周易》《老子》《庄子》称作"三玄"。玄学之"玄",出自《老子》"玄之又玄,众妙之门"。以玄学诠释儒家经典,始于曹魏的正始(241—249)年间。(参见第一册第八课"玄言"注)如南梁伏曼容解释《周易·蛊》说:"蛊,惑也。万事从惑而起,故以蛊为事也。案《尚书大传》云:'乃命五史,以书五帝之蛊事'。然为训者,正以太古之事无为无事也。今言蛊者,是卦之惑乱。时既渐浇,物情惑乱,故事业因之以起惑矣。故《左传》云:'女惑男,风落山,谓之蛊'。是其文也。"这正是从佛家无明缘起的角度来诠释《周易》之一例。参见唐李鼎祚《周易集解》卷五"蛊"卦所引。

㉙《蛾术编》:清王鸣盛晚年的考证名著。全书八十二卷,内容丰富,以论经义、史地、小学为主,旁及制度、名物、人物、文学、诗文、碑刻等均有考证。议论渊博,考核精确,与宋代洪迈的《容斋随笔》和王应麟的《困学纪闻》齐名。

㉚《四库全书提要》:一称《四库全书总目提要》。清代官修书目。二百卷,纪昀等编撰。乾隆十七年(1782),《四库全书》修成,纪昀等根据乾隆旨意,将编纂《四库全书》中所撰古籍提要汇编成书。全书按经、史、子、集四部分为四十四类编排,所收古籍三千四百六十一种,每部有

部总叙，各类有小序。间附学术源流、作者生平、版本文字、考证评论等简介。1965年中华书局据浙江翻刻本影印，书后附有《四库撤毁书提要》《四库未收书提要》及《四角号码书名及著者姓名索引》，颇便检索。今人余嘉锡撰有《四库提要辨证》亦可参考。

第十七课　三国南北朝隋唐之《书》学

东汉之末，说《书》者，咸宗郑注。自魏王肃①作《尚书解》，又伪作《圣证论》以攻郑注，而蜀儒李撰作《尚书传》，亦攻郑注。虞翻在吴亦攻郑注之失。时孔氏古文《尚书》已亡，王肃、皇甫谧②之徒，乃伪造古文《尚书》二十五篇，复伪作《孔安国书传》，然不为当世所崇。至晋永嘉之乱，而欧阳、大小夏侯之义亡。当南北朝时，郑氏《书》注行于河北。徐遵明以郑学授李周仁③，自是言《尚书》者咸宗郑学，惟刘芳④作《尚书音》则用王肃之注。以上北学。江左之间，当晋元帝时，梅赜奏伪古文《尚书》⑤，自谓得郑冲、苏愉之传，自言郑冲⑥授苏愉⑦，愉授梁柳⑧，柳授臧曹⑨，曹授梅赜。晋代君臣信伪为真，由是治《尚书》者，咸以伪《孔传》为主，立于学官。惟梁、陈二朝，郑、孔并立。说《书》之儒，有孔子袪、《尚书义》《尚书集注》。梁武帝、《尚书答问》。张讥、《尚书义》。惟范宁⑩笃信今文，而费甝⑪复为古文《尚书》作疏。姚方兴并伪造《舜典孔传》一篇，自云得之大航头⑫。于经文妄有增益。以上南学。隋刘炫⑬得南朝费甝疏，并崇信姚方兴之书，复增益《舜典》十六字，而北方之士，始治古文黜今文。唐孔颖达本崇郑注，及为《尚书》作义疏，一以《孔传》为宗，排斥郑注而郑义遂亡，惟刘子玄⑭稍疑《孔传》。玄宗⑮之时，复用卫包⑯之义，改《尚书》古本之文，使之悉从今字⑰，而《尚书》古本复亡。此三国、六朝、隋、唐之《尚书》学也。以上用《三国志》、《南史》、《北史》各列传、《经典释文》、阎氏《古文尚书疏证》、惠氏《古文尚书考》⑱、王氏《尚书后案》及《蛾术编》。

注：

①王肃（195—256）：字子雍。东海郯（今山东郯城西南）人。好贾逵、马融之学。曹明帝时总领《五经》博士。王肃治经不分今文、古文，兼采异同，在魏晋时期被称作"王学"。曾伪造孔安国的《尚书传》《论语》《孝经注》《孔子家语》《孔丛子》等书为文献依据，作《圣证论》三十卷，专驳郑玄经说。《三国志·魏书》有传。另著有《马王易义》《周易注》《尚书王氏注》《毛诗王氏注》《毛诗问难》《礼记王氏注》等。

②皇甫谧（215—282）：幼名静，字士安，自号玄晏先生。安定朝那（今甘肃平凉西北）人。汉太尉皇甫嵩曾孙。家贫，躬自稼穑，带经而农，于是博综典籍百家之言。终身未仕。《晋书》有传。著有《易传》，今佚。

③李周仁：徐遵明与刘献之的亲炙弟子，他传《毛诗》事，载《北史·儒林传》。

④刘芳：字伯文，号石经，人称"刘石经"。彭城丛亭（今江苏徐州市）人。《魏书》有传。著有《毛诗笺音义证》十卷、《礼记义证》十卷等，清马国翰《玉函山房辑佚书》中有辑本。

⑤按：梅赜所献伪古文《尚书》二十五篇为：《大禹谟》、《五子之歌》、《胤征》、《仲虺之诰》、《汤诰》、《伊训》、《太甲》（上中下）、《咸有一德》、《说命》（上中下）、《泰誓》（上中下）、《武成》、《旅獒》、《微子之命》、《蔡仲之命》、《周官》、《君陈》、《毕命》、《君牙》、《冏命》。

⑥郑冲（？—274）：字文和。荥阳开封（今河南开封）人。三国魏陈留太守，累官太保。西晋时为太傅，晋爵为公。以儒雅著称，博究儒术与百家之言。《晋书》有传。著有《论语集解》，今佚。

⑦苏愉：字休豫，一作休预。武功（今陕西咸阳西）人。三国魏金城太守苏则之子，郑冲弟子，传古文《尚书》。咸熙中为尚书，历位太常、光禄大夫。

⑧梁柳：字洪季。天水（今天水市）人。苏愉弟子，曾任城门校尉，

颇有政绩，后被马瞻等人所杀。传古文《尚书》。按，《晋书·皇甫谧传》云："姑子外弟梁柳边曾得古文《尚书》，故作《帝王世纪》，往往载《孔传》五十八篇之《书》。"

⑨臧曹：字彦始。城阳（今山东鄄城县）人。苏愉弟子，传古文《尚书》，并授梅赜。

⑩范宁（339—401）：字武子。南阳顺阳（今河南淅川）人。少年笃学，遍览经籍。《晋书》有传。治经反对何晏、王弼等的玄学化，以《春秋穀梁传》未为善解，遂沉思积年著《春秋穀梁传集解》，其义精审，为世所重。

⑪费甝：江夏（今湖北武昌）人。曾为国子助教。著有《尚书义疏》，孔颖达作《尚书正义》多采费《疏》。吴承仕《经典释文序录疏证》云："孔《疏》本于二刘，而二刘又因费、巢之等。《北史·儒林传》称刘焯、刘炫始得费《疏》，明费氏最为老师也。"

⑫姚方兴：生平事迹不详。陆德明《经典释文序录》："齐明建武中，吴兴姚方兴采马、王之注，造《孔传·舜典》一篇，云于大航头买得，上之。梁武帝时为博士，议曰：'孔序称伏生误合五篇，皆文相承接，所以致误。《舜典》首有曰若稽古，伏生虽昏耄，何容合之。'遂不行。"清阎若璩《尚书古文疏证》与惠栋《古文尚书考》对此均有考证，可参考。

⑬刘炫（约546—约613）：字光伯。河间景城（今河北献县）人。少时以聪颖见称。伪造《连山易》《鲁史记》等百余卷。后奉敕与刘焯等人考定洛阳"石经"。《隋书》有传。著有《论语述义》《孝经述义》《春秋述义》《尚书述义》《毛诗述义》等，今皆不传。清马国翰《玉函山房辑佚书》中存有部分辑录。

⑭刘子玄：刘知几（661—721），字子玄。彭城（今江苏徐州）人。唐代史学家。永隆进士。武周时历任著作佐郎，兼修国史。唐中宗时参与编修《则天皇后实录》。唐玄宗时官至左散骑常侍，后贬为安州别驾。平

生专攻史学，所著《史通》，对历代史书及其体例作了详细诠释，是中国第一部史学评论的专著。《旧唐书》《新唐书》有传。

⑮玄宗（685—762）：指唐明皇李隆基，公元712—756年在位。初封临淄王，后奉父李旦之诏即位。旋受禅，以姚崇、宋璟为相，整顿积弊，开"开元""天宝"盛世。后因宠信李林甫、杨国忠，耽于声色，导致安史之乱，仓皇奔蜀，太子李亨即位于灵武，尊其为太上皇，不久，抑郁而死。《旧唐书》《新唐书》均有传。著有《周易大衍论》《孝经注》等。

⑯卫包：唐玄宗时为集贤学士。曾受诏改古文《尚书》从今文。按：唐代的"古文"概念，是指汉代的隶书经文，即汉代的今文。而汉代的古文一般是指以小篆字体为特征的经书，所以卫包改古文为今文，实际上是将汉代隶体改为唐代通用的楷书字体。事载《新唐书·艺文志》。

⑰今字：即唐代通用的楷书字体。如《隋书·经籍志》即载有"《今字尚书》十四卷"。

⑱《古文尚书考》：清惠栋撰。全书二卷，上卷专驳《正义》，下卷专举伪古文窃剽的来源。《清史稿》称其为"辨郑康成所传之二十四篇为孔壁真古文，东晋晚出之二十五篇为伪"。该书被视为与阎若璩《尚书古文疏证》同享盛名的清代考证伪古文《尚书》的名作。

第十八课　三国南北朝隋唐之《诗》学

东汉之末，说《诗》者，咸宗毛、郑。自魏王肃作《诗解》，述《毛传》以攻《郑笺》，蜀儒李撰作《毛诗传》亦与《郑笺》立异。惟吴人陆玑①作《毛诗草木鸟兽虫鱼疏》详于名物，有考古之功。及晋永嘉之乱，《齐诗》沦亡，惟韩、鲁之说仅在。<small>晋董景道兼治《韩诗》</small>。当南北朝时，《毛传》《郑笺》之学行于河北。通《毛诗》者，始于刘献之②，献之作《毛诗序义》，以授李周仁、程归则③，归则传刘轨思④，周仁传李铉，铉作《毛诗义疏》。又刘焯⑤、刘炫咸从轨思受《诗》，炫作《毛诗述义》。而河北治《毛诗》者，复有刘芳、沈重⑥、《毛诗义》、《毛诗音》。乐逊⑦、《毛诗序论》。鲁世达⑧、《毛诗章句义疏》。大抵兼崇毛、郑。以上北学。江左亦崇《毛诗》，晋王基⑨驳王申郑；孙毓⑩作《诗评》评论毛、郑、王三家得失，多屈郑祖王；而陈统⑪复难孙申郑，王、郑两家互相掊击，然咸宗《毛传》。若伏曼容、《毛诗义》。崔灵恩⑫、《毛诗集注》。何胤⑬、《毛诗总集》、《毛诗隐义》。张讥、《毛诗义》。顾越⑭《毛诗傍通义》。亦治《毛诗》，于郑、王二家亦间有出入。惟周续之⑮作《诗序义》，最得毛、郑之旨。以上南学。及唐孔颖达作《诗义疏》，亦兼崇毛、郑，引申两家之说，不复以己意为进退，守疏不破注之例，故《毛诗》古义赖以仅存，而鲁、韩遗说不可复考矣。又唐人治《诗》者，有成伯玙⑯《毛诗指说》，间以己见说经，以《诗序》⑰为毛公所续，<small>北朝沈重已有此说</small>。遂开宋儒疑《序》之先。此三国、六朝、隋、唐之

《诗经》学也。以上用《三国志》、《晋书》、《南史》、《北史》各列传、《经典释文》、《四库全书提要》、《经义考》⑱及《蛾术编》。

注：

①陆玑：字元恪。吴郡华亭（今上海松江）人。官太子中庶子、乌程令。著有《毛诗草木鸟兽虫鱼疏》二卷，专释《诗经》中动物、植物名称，后附毛、鲁、齐、韩四家《诗》源流四篇，特详《毛诗》。另著有《毛诗陆疏广要》等。

②刘献之：博陵饶阳（今河北饶阳）人。雅好《诗传》，博览典籍，通《五经》。《魏书·儒林传》有传。著有《三礼大义》《三传略例》《毛诗序义注》等，注《涅槃经》，未终而卒。

③程归则：渤海（今河北）人。天统（565—566）中任国子博士，以《诗》著称。事载《北齐书·儒林传》。

④刘轨思：渤海（今河北）人。天统（565—566）中任国子博士，以《诗》著称。《北齐书·儒林传》有传。

⑤刘焯（544—610）：字士元。信都郡昌亭（今河北冀县）人。刘献之三传弟子，传其《毛诗》。又学《礼》于熊安生，学《左传》于郭懋。与刘炫相友善，时称"二刘"。《北史·儒林传》有传。著有《五经述义》《历书》《稽极》等，今佚。清马国翰《玉函山房辑佚书》录有《尚书刘氏义疏》一卷。

⑥沈重（500—583）：字德厚。吴兴武康（今浙江德清）人。时为《五经》博士，后被周武帝礼聘京师，诏令讨论《五经》。《周书·儒林传》有传。著有《周礼义》《仪礼义》《礼记义》《毛诗义》等，今佚。

⑦乐逊（？—581）：字遵贤。猗氏（今山西临县）人。少从徐遵明学习经书。《周书·儒林传》有传。著有《孝经序论》《论语序论》《毛诗序论》《左氏春秋序论》《春秋序义》等，今佚。

⑧鲁世达：余杭（今浙江杭州）人。大业元年（605）由许善心推荐入学官，任国子助教，后为秘书学士。精于《毛诗》。《隋书·儒林传》

有传。著有《毛诗章句义疏》《毛诗注并音》，今佚。

⑨王基：字伯舆。曲城（今山东掖县）人。受业郑玄，举孝廉，迁中书侍郎、荆州刺史。后因平定文钦之乱，转镇东将军，都督扬州诸军事，进封东武侯。《三国志·魏书》有传。

⑩孙毓：字休明。北海平昌（今山东潍坊一带）人。官豫州刺史，迁长沙太守。著有《毛诗异同评》、《春秋左氏传义注》，今佚。

⑪陈统：字元方。晋徐州从事。著有《难孙毓申郑毛诗评》，今佚。

⑫崔灵恩：清河东武城（今山东淄博市）人。魏时为太常博士。南北朝时，研究《毛诗》的集大成者。《梁书·儒林传》有传。著有《毛诗集注》《周礼集注》《三礼义宗》《左传经传义》《公羊穀梁文句义》等，今佚。清马国翰《玉函山房辑佚书》辑有《集注毛诗》一卷、《毛诗集注》一卷、《三礼义宗》四卷。

⑬何胤（446—531）：字子季。庐江潜（今安徽霍山东北）人。少好学，师事沛国刘瓛，受《易》《礼记》及《毛诗》。入梁，隐居不仕。《梁书》有传。著述百余卷，今不传。清马国翰《玉函山房辑佚书》录有《毛诗隐义》一卷、《礼记隐义》一卷。

⑭顾越（493—569）：字允南。《陈书·儒林传》《册府元龟》作"思南"。吴郡盐官（今浙江海宁县）人。少明慧，通群经，曾为《丧服》《毛诗》《老子》《孝经》《论语》等作义疏四十余卷，今不传。《南史·儒林传》有传。

⑮周续之：字道祖。雁门广武（今山西代县）人。年十二，从范宁受业，通五经五纬，号为"十经"。后入庐山，师事沙门慧远，与刘遗人、陶渊明俱不应征，时称"寻阳三隐"。《宋书·隐逸传》有传。著有《毛诗周氏注》《毛诗序义》《周氏丧服注》等，今佚。清马国翰《玉函山房辑佚书》中均有辑录。

⑯成伯玙：一作成伯瑜，生平事迹不详。唐代学者。著有《尚书断

章》《毛诗断章》,今佚;今存《毛诗指说》一卷四章,指出《大序》非子夏所作。此论虽未引起唐代学者的重视,但是到了宋代却成为学界关于《诗序》讨论的热点。清人范家相《诗渖》说:"疑《序》者,始于韩昌黎,发于成伯玙,而宋儒从而力排之。"传世的还有《礼记外传》。

⑰按:《诗序》的作者,是经学史上聚讼纷纭的问题。代表性的有二说:一为《后汉书·儒林列传》以《诗序》作于卫宏说。一为作于子夏说。《诗·常棣》疏引《郑志》云:"《序》子夏所为,亲受圣言。"《关雎》首句下又引沈重云:"案郑《诗谱》意,《大序》是子夏作,《小序》是子夏、毛公合作。卜商意有不尽,毛更足成之。"《隋书·经籍志》则云:"《诗序》子夏所创,毛公及敬仲(卫宏)又加润饰。"沈重所说《大序》、《小序》的序列,与现在流行的《小序》解释诗题在前、《大序》概论书旨在后的传统说法相反,而是序之首句者为《大序》,首句以次者为《小序》。

⑱《经义考》:清朱彝尊(1629—1709)著。原名《经义存亡考》,列存、亡两例。后分存、阙、佚、未见四例,改为今名,是研究中国古代经学流派与经义的重要参考书。清翁方纲《经义考补正》和罗振玉《经义考目录八卷校记》,有所补充订正。彝尊字锡鬯,号竹垞,又号金风亭长、小长芦钓鱼师。浙江秀水人(今嘉兴)人。康熙十八年(1679),以布衣举博学鸿词,授翰林院检讨,与李因笃、潘耒、严绳孙号称"四布衣",预修《明史》,为康熙间文坛领袖。《清史稿·文苑传》有传。

第十九课　三国南北朝隋唐之《春秋》学

　　三国之时，治《春秋》者，有魏王肃《左氏解》，蜀李譔《左氏传》，而尹默①、来敏②咸治《左氏》，《公》《穀》之学渐衰。晋杜预作《左传注》，干没贾、服之说，复作《春秋释例》，亦多忤误。又有京相璠③作《春秋土地名》。当南北朝时，服虔《左氏注》行于河北。徐遵明传服注作《春秋章义》，传其业者有张买奴④诸人；杜注得预玄孙杜垣之传行于齐地，故服、杜二家互相排击。李铉、刘焯咸宗服注，卫翼隆⑤亦申服难杜，姚文安⑥则排斥服注，李献之⑦复申服义以难之，周乐逊作《左氏序义》，亦申贾、服排杜注。若夫刘炫作《春秋述异》《春秋攻昧》，并作《春秋规过》，而张仲⑧亦作《春秋义例略》，咸与杜注立异。以上北学。江左偏崇杜注，间用服注。惟梁崔灵恩作《左氏经传义》申服难杜，虞僧诞⑨复申杜难服以答之。以上南学。唐孔颖达作义疏专用杜注，而汉学尽亡。三国以后，《公羊》学盛行河北，徐遵明兼通之。江左则《公》《穀》未立学官，惟贺循⑩请立三传，沈文阿⑪作《三传义疏》，并及《公羊》。说《穀梁》者，有唐固⑫、糜信⑬、孔衍⑭、江熙⑮、程阐⑯、徐先民⑰、徐乾⑱、刘瑶⑲、胡讷⑳十数家，范宁集众家之说成《穀梁集解》㉑。及唐徐彦㉒作《公羊疏》以何休《解诂》为主，杨士勋㉓作《穀梁疏》以范宁《集解》为主，而赵匡㉔、啖助㉕、陆淳㉖作《春秋集传纂例》《春秋微旨》。掊击三传，以己意说经，别成一派。

此三国、六朝、隋、唐之《春秋》学也。以上用《三国志》、《晋书》、《南史》㉒、《北史》各传、《经典释文》、《经义考》、《蛾术编》。

注：

①尹默：字思潜。梓潼涪（今四川绵阳东北）人。早年游荆州，从司马德操、宋仲子等受古学。通诸经史，专精《左氏春秋》，曾授后主刘禅《左氏传》。后官谏议大夫、太中大夫，卒于成都。《三国志·蜀书》有传。

②来敏（约164—约260）：字敬达。义野新阳（今河南信阳西北）人。东汉末年因避战乱居荆州，好《左氏春秋》，尤精《苍》《雅》训诂之学。《三国志·蜀书》有传。

③京相璠：生平事迹不详。著有《春秋土地名》，今存。

④张买奴：平原（今山东平原）人。历官太学博士、国子助教。经义该博，门徒千余人。《北齐书·儒林传》有传。

⑤卫翼隆：即卫凯。齐国子博士，传服氏学，曾上书难杜预注《左氏春秋》。钱大昕《廿二史考异》："卫凯，盖卫翼隆也。国子博士，精服氏学，上书难杜氏《春秋》六十一事。"

⑥姚文安：生平事迹不详。传服氏之学，事载《北史·儒林传》。

⑦李献之：生平事迹不详。

⑧张冲：原刊误作"张仲"，今改正。字叔玄。吴郡（今江苏苏州）人。《隋书·儒林传》有传。著有《春秋义略》（原刊作《春秋义例略》）、《丧服义》《孝经义》《论语义》等，今佚。

⑨虞僧诞：余姚（今浙江余姚）人。南朝梁国子助教。《梁书·儒林传》有传。注《左传》，著有《申杜难服》，今佚。

⑩贺循（260—319）：字彦先。会稽山阴（今浙江绍兴）人。博通经学，尤精礼学。初任阳羡、武康令，后官丹阳内史等。《晋书》有传。著有《丧服要记》《葬礼》《会稽记》等。清马国翰《玉函山房辑佚书》均有辑本。

⑪沈文阿（503—563）：字国卫。吴兴武康（今浙江德清）人。按：

《经典释文序录》作"沈文何"。吴承仕《经典释文序录疏证》云:"'阿'、'衡'名字相应,《序录》《正义》并作'文何',误。"少从沈峻习三礼之学。《陈书·儒林传》有传。著有《春秋义记》《经大义》等,今佚。清马国翰《玉函山房辑佚书》辑有《春秋左氏经传义略》一卷。

⑫唐固:字子正。丹阳(今江苏丹阳)人。官拜议郎及尚书仆射。精《春秋》,《三国志·吴书》有传。著有《春秋公羊传注》、《春秋穀梁传注》等,今佚。清马国翰《玉函山房辑佚书》辑有《春秋外传国语唐氏注》一卷。

⑬麋信:字南山。东海(今山东临沂)人。魏乐平太守。《三国志·吴书》有传。吴承仕《经典释文序录疏证》云:"姚振宗曰:'麋信不见于史,似即麋竺、麋芳之同族,东海朐人也。"著有《春秋说要》《春秋穀梁传注》《春秋汉义》等,今佚。清马国翰《玉函山房辑佚书》辑有《春秋穀梁传麋氏注》一卷。

⑭孔衍:字舒元。鲁国(今山东曲阜)人。孔子后裔,以精《春秋穀梁传》著称。《晋书·儒林传》有传。著有《春秋公羊传集解》《春秋穀梁传集解》等,今佚。

⑮江熙:字太和。济阳(今山东定陶县西北)人。东晋兖州别驾。著有《论语集解》《毛诗注》,今佚。

⑯程阐:生平事迹不详。著有《春秋穀梁集传》,今佚。

⑰徐先民:范宁《春秋穀梁传序考证》作"徐仙民",生平事迹不详。

⑱徐乾:字文祚,东莞(今山东沂水)人。东晋时官给事中。著有《春秋公羊传注》,今佚。

⑲刘瑶:曾任南朝齐武帝太乐令。生平事迹略见于《旧唐书·志·音乐》。

⑳胡讷:字子言,南朝梁尚书左侍郎。生平事迹略见于《晋书·志·礼》。著有《春秋三传评》《三传经解》《春秋穀梁集解》等,今佚。

㉑《穀梁集解》：全名《春秋穀梁传集解》。其序云："《穀梁》传者虽近十家，皆肤浅末学，不经师匠，辞理典据，既无可观，又引《左氏》《公羊》，以解此传，文义违反，斯害也已。于是乃商略名例，敷陈疑滞，示诸儒同异之说。"

㉒徐彦：生平事迹不详。相传今本《十三经注疏》中的《春秋公羊传疏》即出其手。

㉓杨士勋：原刊误作"梁士勋"，今改正。唐代经学家。孔颖达称他为四门博士。所著《春秋穀梁传疏》被收入今本《十三经注疏》。

㉔赵匡：字伯循。河东（今山西永济蒲州镇）人。官至洋州刺史。曾补充啖助所撰《春秋集传》和《春秋统例》，自撰《春秋阐微纂类义疏》，今佚。事载《新唐书·儒学传》。清马国翰《玉函山房辑佚书》辑有《春秋阐微纂类义疏》一卷。

㉕啖助（724—770）：字叔佐。赵州（今河北赵县）人，后家徙关中。博通经学，唐玄宗天宝（742—756）年间，曾为临清尉和丹阳主簿。后隐居不仕，专治《春秋》。主张治经不必严守"家法"和"师法"，提倡《春秋》专门之学为通学。《新唐书·儒学传》有传。著有《春秋集传》与《春秋统例》二书，并由其弟子赵匡、陆淳加以补充完善。今原书已佚，清马国翰《玉函山房辑佚书》辑有《春秋集传》一卷。

㉖陆淳（？—806）：一名陆质（避唐宪宗名讳）。字伯冲，号文通。吴郡（今江苏吴县）人。与柳宗元、吕温等相友。曾师事啖助和赵匡学《春秋》学，并分析三传异同，"多异先儒"，开宋代疑经之风。《旧唐书·儒学传》有传。著有《春秋集传纂例》《春秋集传辩疑》《春秋微旨》，均收入清《古经解汇函》中。另有《类礼》《君臣图翼》，今佚。

㉗按：原刊"南"字后脱"史"字，今补上。

第二十课　三国南北朝隋唐之《礼》学

东汉之末，说《礼》者，皆崇郑注。自魏王肃作《三礼解》，复作《仪礼丧服传》，专与郑玄立异。蜀李譔《三礼传》亦然。晋代说《礼》多宗王肃。当南北朝时，郑玄《三礼注》盛行于河北，徐遵明以郑学教授。同时治《礼》者，有刘献之、《三礼大义》。沈重、《三礼义》。《三礼音》。刘芳。《周官仪礼音》。从遵明受业者，有李铉、祖隽①、熊安生②。李铉又从刘子猛③受《礼记》，从房虬④受《周官仪礼》，虬作《礼义疏》，作《三礼义疏》。安生作《周礼》、《礼记》义疏，尤为北朝所崇。杨汪⑤问《礼》于沈重，刘炫、刘焯并受《礼》熊安生，咸治郑学。以上北学。江左治"三礼"者，有何佟之⑥、《礼议》。王俭⑦、《礼论抄》。何承天⑧、《集礼论》。何胤、《礼答问》《礼记隐义》。沈不害⑨，《五礼仪》。以崔灵恩《三礼义宗》为最精。然杂采郑、王之说，与北朝崇信郑学者稍殊。惟严植之治"三礼"笃好郑学，沈文阿亦治《三礼义疏》，戚衮⑩受"三礼"于刘文绍⑪，复从北人宗怀芳⑫受《仪礼》、《礼记疏》，作《三礼义记》，盖皆崇尚郑注者也。又南朝治《周礼》者，有干宝⑬、《周礼注》。沈峻⑭、精《周礼》。崔灵恩。《周礼集注》。治《仪礼》者，多偏治《丧服》。如雷次宗⑮、《礼服》。庾蔚之⑯、《丧服要记》。严植之、《凶礼仪注》。顾越《丧服义疏》。是也。以上南学。至于唐代孔颖达作《礼记正义》，贾公彦⑰作《周礼》《仪礼》义疏，悉宗郑注，故汉学未沦。若夫唐玄宗改《礼记》旧本，以《月令》⑱为首篇，则近于无知妄作。

此三国、六朝、隋、唐之"三礼"学也。以上用《三国志》《晋书》《南史》《北史》各列传,《经典释文》及《四库全书提要》《礼书通故》⑲。

注：

①祖隽：一作"沮隽"。他传徐遵明"三礼"之学事，载《北史·儒林传》。

②熊安生（？—578）：字植之。长乐阜城（今山东交河东南）人。曾师事陈达、徐遵明、房虬、李宝鼎学《春秋》《周礼》《仪礼》，北齐时为国子博士。人北周后专以《三礼》教授，弟子达千余人，知名学者刘炫、刘焯均出其门下。《周书·儒林传》有传。著有《周礼》《礼记》《孝经》等义疏，均已失。清马国翰《玉函山房辑佚书》辑有《礼记熊氏义疏》四卷。

③刘子猛：北齐章武（今河北大城）人。他受李周仁《礼记》之事，载《北史·儒林传》。

④房虬：生平事迹不详。北齐常山（今河北正定南）人。他受李周仁《周官》《仪礼》之事，载《北史·儒林传》。

⑤杨汪：字元度。华阴（今陕西华阴县）人。北周时为周翼王侍读。人隋，历官荆、洛二州长史，隋炀帝时为国子祭酒。暇时延生讲学，精《左传》。后因依附王世充，以逆党被诛。《隋书》有传。

⑥何佟之（449—503）：字士威。庐江（今安徽霍山东北）人。南朝宋时为扬州从事、总明馆学士。齐为国子助教，入梁为尚书左丞。博通经学，精"三礼"，时称"醇儒"。《梁书·儒林传》有传。

⑦王俭（452—489）：字仲宝。琅邪临沂（今山东临沂）人。幼孤，为叔父王僧虔所养。后辅助齐高帝即位，历官侍中、尚书令、镇军将军等职。好读书，校勘古籍，依刘歆《七略》例作《七志》，又作《宋元徽元年四部书目》，今均佚。《南齐书》有传。按：《封氏闻见录·典籍》云："元徽初，秘书丞王俭又造《目录》万五千七十四卷。俭又别撰《七志》，有《经典志》《诸子志》《文翰志》《军书志》《阴阳志》《术艺志》《图谱

志》。"《宋书·后废帝纪》："元徽元年八月辛亥……秘书王俭表上所撰《七志》三十卷。"《南齐书》与《宋书》所记卷数不同。明人辑有《王文宪集》。清马国翰《玉函山房辑佚书》辑有《丧服古今集记》《礼义答问》各一卷。

⑧何承天（370—447）：东海郯（今山东郯城西南）人。南朝宋时历官衡阳内史、御史中丞等。精历算音律，曾考定"元嘉历"，订正旧历所制定的冬至时刻和冬至时日所在位置。发明近似十二平均律的"新律"。《宋书》有传。著有《报应问》《达性论》等。清马国翰《玉函山房辑佚书》辑有《礼论》一卷。

⑨沈不害：字孝和。吴兴武康（今浙江德清）人。博通经史。南朝陈天嘉初，为嘉德殿学士。曾上书请建儒官。官至终通直散骑常侍。《陈书·儒林传》有传。

⑩戚衮：字公文。吴郡盐官（今江苏苏州）人。曾从刘文绍受"三礼"之学。梁武帝时任扬州祭酒从事，官至江州刺史。入陈后，官王府录事参军。《陈书·儒林传》有传。著有《礼记义》，今佚。清马国翰《玉函山房辑佚书》辑有《周礼戚氏音》一卷。

⑪刘文绍：曾任陈国子助教，精于"三礼"之学。事载《陈书·儒林传·戚衮传》。

⑫宗怀芳：生平事迹不详。

⑬干宝（？—336）：字令升。新蔡（今河南新蔡）人。勤学博览，好阴阳术数之学。晋元帝时以佐著作郎领修国史，著《晋纪》，时称良史，今佚。又编集神怪灵异故事为《搜神记》。《晋书》有传。著有《周易注》《周官注》等，今佚。清马国翰《玉函山房辑佚书题曰《周易干氏注》《周官礼干氏注》，孙堂《汉魏二十一家易注题曰《干宝周易注》，黄奭《汉学堂丛书》题曰《周官干宝注》。

⑭沈峻：字士嵩。吴兴武康（今浙江德清）人。少好学，师从宗人沈

麟士,遂博通《五经》,尤精"三礼"之学。南朝梁时仕国子助教,官至武康令。《梁书·儒林传》有传。

⑮雷次宗(386—448):字仲伦。豫章南昌(今江西南昌)人。少入庐山,从释慧远习《丧服》。南朝宋时与何尚之玄学、何承天史学、谢元文学并称"四学"。以善讲《丧服》著称。《宋书·隐逸传》有传。所著经学著作今佚。清马国翰《玉函山房辑佚书》辑有《丧服经传略注》《略注丧服经传》《仪礼丧服经传略注》《五经要义》各一卷。

⑯庾蔚之:字季随。颍川(今河南许昌)人。南朝宋员外常侍。事载《宋书·隐逸传》。著有《礼论钞》,今佚。清马国翰《玉函山房辑佚书》辑录一卷。

⑰贾公彦:洺州永年(今河北邯郸市东北)人。唐高宗永徽(650—655)年间,官太常博士。受学于瀛洲张士衡,精通"三礼"之学,曾参与由孔颖达主持编撰《五经正义》。《旧唐书·儒学传》有传。所著《周礼义疏》,选用郑玄注本,汇综各家经说,广为扩充,义疏体例仿《五经正义》。二书均收入今本《十三经注疏》。

⑱《月令》:《礼记》篇名。相传由周公所作,实由秦汉间人将《吕氏春秋》十二纪的首章汇集而成。今人任善铭《礼记目录后案》引马叙伦《读书续记》引明张萱《疑耀》云:"《马经》:'马性畏灰,马驹过之辄死。秦之禁弃灰,其为畜马计也。'据此知《月令》禁烧灰正商鞅刑弃灰之律,重马政而后黻冕,吕氏所著为秦人月令无疑。其客或侈张其法,复加之以文藻,参以阴阳,固亦不必秦所尽行也。然则又焉可归之周公乎?"该篇记述每年夏历十二个时令及其相关事物,并将其统纳于五行相生的系统中。是研究战国、秦汉时期农业生产和时令的重要参考书。

⑲《礼书通故》:清黄以周(1828—1899)著。全书一百卷。融通"三礼",分礼制、学制、封国、职官、田赋、名物、乐律、刑法、占卜等四十九类,博采汉唐至清各家之说,详加解释,考辨精详,是清代学者研

究"三礼"的重要经学著作。以周字元同,号儆季,晚号哉生。定海(今浙江定海)人。同治九年(1870)举人,官分水训导、处州府教授,赠内阁中书衔。《清史稿·儒林传》有传。

第二十一课 三国南北朝隋唐之《论语》学附《孟子》《学》《庸》

东汉之末，说《论语》者，多宗郑注。至魏王肃作《论语解》，始与郑注立异，而陈群①、周生烈②、王弼咸注《论语》。何晏诸人，采摭汉魏经师之说，采孔安国、包咸、周氏、马融、郑康成、陈群、王肃、周生烈八家之说。成《论语集解》。其篇目一依《鲁论》，虽去取多乖，然汉儒遗说赖此仅存。晋代注《论语》者，有栾肇③、蔡谟④、卫瓘⑤、范宁⑥，而江熙复作《论语集解》，所列者十三家。大旨与何晏相同。当南北朝时，郑玄《论语注》行于河北。治《论语》者，有李铉、《论语义疏疏》。乐逊、《论语序论》。张冲，《论语义疏》。悉以郑注为宗。以上北学。江左治《论语者》，有伏曼容《论语义》、皇侃《论语义疏》，以皇侃⑦之书为最精。皇侃《论语疏》久亡，唯日本有藏本耳。近复由日本传入中国，然真伪参半。然仍以何氏《集注》为主，与北方墨守郑注者不同。以上南学。隋唐以降，《论语》之学式微。惟唐韩愈⑧、李翱⑨作《论语笔解》，附会穿凿，缘词生训，遂开北宋说经之先。此三国、六朝、隋、唐之《论语》学也。以上用《三国志》⑩《晋书》《南史》《北史》各列传、《经义考》、刘宝楠《论语正义》⑪。

三国以后，治《孟子》者，有晋人綦毋邃《孟子注》⑫。至于唐代有陆善经⑬《孟子注》删节赵岐章句，于赵注亦有去取，今皆不存。作《孟子》音义者，复有张镒⑭《孟子音义》，丁公著⑮《孟子手音》，然分析章句，漏略实多。自韩愈、皮袭美⑯诸儒尊崇《孟子》，遂开宋儒尊孟之先。以上本焦循《孟子正义》《经义考》。

三国以后，说《大学》《中庸》者，皆附《礼记》解释。唐孔颖达作《礼记正义》，亦并疏《大学》《中庸》二篇。唯梁武帝《中庸讲疏》裁篇别出，已开宋儒之先。以上用《经义考》及方东树《汉学商兑》⑰、汪中《文学评议》。

注：

①陈群：字长文。许（今河南许昌）人。与孔融相友，由此显名。《三国志·魏书》有传。著有《论语陈氏义说》，今佚。清马国翰《玉函山房辑佚书》辑有一卷。

②周生烈：字文逸。敦煌（今甘肃敦煌县西）人。魏初官郎中。明帝时注经传，颇专于世。事载《三国志·魏书·王朗传》。著有《论语周生氏义说》一卷、《周生烈子》一卷、《周生子要论》一卷等，今佚。清马国翰《玉函山房辑佚书》均有辑本。

③栾肇：字弘茂。晋代尚书郎。事载《晋书·栾广传》。著有《论语释疑》，今佚。清马国翰《玉函山房辑佚书》辑有一卷。

④蔡谟（281—356）：字道明。陈留考城（今河南兰考县）人。晋代历官侍中、太傅、太尉、司空、司徒等职。《晋书》有传。著有《蔡氏丧服谱》《论语蔡氏注》《礼记音》《晋七庙记》等。

⑤卫瓘：字伯玉。晋河东（今山西永济）人。《晋书》有传。著有《易义》《丧服仪》《集注论语》，今佚。

⑥范华：生平事迹不详。

⑦皇侃（488—545）：一作"皇偘"。吴郡（今江苏苏州）人。少从会稽贺杨问学。曾任南朝梁国子助教、员外散骑郎。擅长以老庄玄学治诸经。《梁书·儒林传》有传。著有《论语义疏》，略于名物制度，今收入清人钟钧《古经解汇函》。另著《礼记讲疏》《礼记义疏》《孝经义疏》，均佚。清马国翰《玉函山房辑佚书》有辑本。

⑧韩愈（768—824）：字退之。河南河阳（今河南孟县西）人。唐贞

元八年（792）进士。历任监察御史、阳山令、国子博士。刑部侍郎、潮州刺史、袁州刺史、国子祭酒、兵部侍郎、吏部侍郎等职。是中国最先提出"道统论"的学者。在中国文学史上，他倡导古文运动，排斥科举时文，为"唐宋八大家"之一。《旧唐书》有传。著有《昌黎先生集》。

⑨李翱（772—841）：字习之。陇西成纪（今甘肃秦安东）人。唐贞元时进士，历任国子博士、史馆修撰、考功员外郎、礼部郎中、中书舍人、桂州刺史、山南东道节度使等职。他与柳宗元、韩愈都是唐代古文运动的积极推进者。因与韩愈交谊极深，学术见解相同，被人并称"韩李"。《旧唐书》有传。著有《易诠》《孟子注》《论语笔》等。

⑩按：原刊"三国"后脱"志"字，今补上。

⑪刘宝楠（1791—1833）：字楚桢，号念楼。江苏宝应人。清道光二十年（1840）进士。曾任知县。幼从叔父刘台拱问学，与仪征刘文淇齐名。初治《毛诗》和郑（玄）《礼》，后与刘文淇、柳兴恩、陈立等相约各治一经，于是仿照焦循《孟子正义》的体例，编撰《论语正义》二十四卷，书未成而卒，由其子刘恭冕续成。为清代十二种新疏之一。《清史稿·儒林传》有传。另著有《释谷》《汉石例》《宝应图经》《念楼集》等。

⑫綦毋邃：原刊作"綦母遽"，今改正。生平事迹不详。按：《隋书·经籍志》云："梁有《孟子》九卷，綦毋邃撰，亡。"《旧唐书·经籍志》则谓"《孟子》又七卷，綦毋邃注"。

⑬陆善经：唐代学者。曾参加编撰《唐六典》《大唐仪礼》。事载《新唐书·艺文志》。著有《注孟子》七卷。清马国翰《玉函山房辑佚书》辑录《孟子陆氏注》一卷、《汉学堂丛书》收入《新字林》一卷、《函海丛书》录有《古今同姓名录续》二卷。

⑭张镒：字季权，一字公度。江苏苏州人。张后胤五世孙。唐代由大理评事迁中侍御史、抚州司户参军。建中初拜中侍郎、同平章事，官至凤

翔陇右节度使。《旧唐书》有传。著有《张氏三礼图》《孟子张氏音义》，今佚。清马国翰《玉函山房辑佚书》均有辑录。

⑮丁公著：字平子。唐代吴（今江苏苏州）人。初为右补阙，充太子诸王侍读，后迁太常卿。著有《太子诸王训》十篇。《旧唐书·孝友传》有传。

⑯皮袭美（约838—约883）：即皮日休，字袭美，一字逸少。襄阳（今湖北襄樊）人。唐代文学家。性格怪诞，善文章。与陆龟蒙为友，时称"皮陆"。咸通中进士，官太常博士。曾向朝廷建议将《孟子》升格为专经。参见《皮氏文薮》卷九。

⑰方东树（1772—1851）：字植之，晚号仪卫主人，清桐城人。师从姚鼐。先后入阮元、邓廷桢幕府。曾主持廉州海门书院、韶州书院，安徽庐州、亳州书院，后回籍安徽，主持祁门书院。为学多变，初好陆王之学，后改宗朱熹，晚年醉心禅学。尤以诋毁汉学，卫护程朱道统见称。《清史稿·文苑传》有传。所著《汉学商兑》三卷，抨击汉学不遗余力，被梁启超赞为"清代一极有价值之书"。

第二十二课　三国南北朝隋唐之《孝经》学附《尔雅》

东汉以后，说《孝经》者，亦多宗郑注。当南北朝时，郑氏《孝经注》盛行于河北。治《孝经》者，有李铉《孝经义》，乐逊《孝经叙论》，樊深①《孝经丧服问答》，皆崇郑学。故北齐以降，皆立《孝经》于学官。以上北学。南方之儒，治《孝经》者，有王元规②、《孝经义记》。张讥、《孝经义》。顾越。《孝经义疏》。自荀昶③作《孝经集解》以郑为优，范蔚宗④、王俭亦信之，唯陆澄力辨其非，梁载言⑤定为郑小同⑥所作。其说最确。宋齐以降，亦立于学官。以上南学。《孔传》则自汉以后，真本久亡。隋王逸⑦托言得之长安，复由王邵⑧示刘炫，炫信为真，复率意删改，作《孝经述义》，分为二十二章。唐刘子玄力辨郑注之非，欲废郑行孔，司马贞⑨黜其妄，故玄宗御注仍以十八章为定本。此三国、六朝、隋、唐之《孝经》学也。以上用《南史》《北史》各传，《经义考》、《蛾术编》、阮福《孝经疏》⑩。

三国以降，注《尔雅》者，有王肃、谢氏、顾氏，惟晋郭璞⑪《尔雅注》集众说之大成，并作《尔雅音义》《尔雅图谱》。当南北朝时，雅学盛行于江左。北方鲜治《尔雅》者。为《尔雅》作注者，有沈旋⑫、陶弘景⑬。为《尔雅》作音者，有沈旋、施乾⑭、谢峤⑮、顾野王⑯、江灌⑰。灌并作《尔雅图赞》。为《尔雅》作疏者，有孙炎、此别一孙炎，非汉末之孙炎也。高琏⑱。隋唐以降，说《尔雅》者⑲，有曹宪⑳《尔雅音义》，裴瑜㉑《尔雅注》，刘邵②亦有《尔雅注》。咸足补郭注之遗。若夫魏张揖作《广雅》，梁顾野王作《玉篇》，隋曹宪作《博雅》，唐陆德明作《经典释文》，咸精于声音训诂之学，亦小学之参考书也。以上用《经义考》及胡元玉《雅学考》。

注：

①樊深：字文深，猗氏（今山西临猗南）人。北魏永安（528—530）中，以军功迁中散大夫。后为国子博士，加开府仪同三司。精天文历算之学，《北史·儒林传》有传。著有《孝经丧服问疑》等，今佚。传世的有《七经义纲》一卷。

②王元规：字正范。晋阳（今山西太原）人。从沈文阿受业，通群经。南朝梁时以《春秋》高第。入陈为尚书祠部郎。陈亡，为隋秦王府东阁祭酒。《陈书·儒林传》有传。著有《续经典大义》《春秋笺记》，今佚。清马国翰《玉函山房辑佚书》辑有《续春秋左氏传义略》一卷。

③荀昶：字茂祖。颍川（今河南禹县）人。以文义官至南朝宋中书郎。事载《宋书·荀伯子传》。

④范蔚宗（396—445）：范晔，字蔚宗。顺阳（今湖北光化）人。出自官宦世家，祖父范宁为豫章太守，父亲范泰为车骑将军。史称他"少好学，博涉经史，善为文章，能隶书，晓音律"。所著《后汉书》一百二十卷，唐初把它列为正史中前四史之一。《南史》有传。

⑤梁载言：唐代聊城（今山东聊城）人。历官凤阁舍人、怀州刺史等。《旧唐书·文苑传》有传。著有《十道志》。

⑥郑小同：详见第十五课注⑧。

⑦按：此王逸，非汉安帝时为校书郎、顺帝时官侍中的王逸，生平事迹不详。清代毛奇龄《经问》卷三"立学官故曰《孝经》者宜书而不宜经者也"条云："隋开皇间秘书学生王逸，忽得古文本上之秘书监王劭，劭从示河间刘炫。"王鸣盛《蛾术编》卷八"《孝经》古今文"条也云："隋开皇十四年，秘书学生王逸于京市买得一本，送著作王劭，以示刘

炫。"这里,刘师培取王氏说。

⑧王邵:生平事迹不详。曾批证当时经学弃汉代章句之学,崇尚浮华。他说:"魏、晋浮华,古道湮替,历载三百,士大夫耻为章句,唯草野生专经自许,不能博究,择从其善,徒欲父康成,兄子慎,宁道孔圣误,讳言郑、服非。然则郑、服之外,皆雠矣。"参见《新唐书·儒学下》。

⑨司马贞:字子正,自号小司马。河内(今河南沁阳)人。唐代学者。历官朝散大夫、弘文馆学士。著有《史记索引》及补《三皇纪》。

⑩按:《孝经疏》,即《孝经义疏补注》。详见第一册第十五课注⑦。

⑪郭璞(276—324):字景纯。河东闻喜(今山西闻喜)人。博学有高才,好经术,又喜阴阳卜筮之学。东晋初为著作郎、尚书郎,后为王敦所杀。《晋书》有传。所著《尔雅注》《尔雅音》《尔雅图》《尔雅图赞》,集《尔雅》学之大成。今存《尔雅注》,刊入《十三经注疏》中。清马国翰《玉函山房辑佚书》中有辑录。另著有《周易髓》《周易林》《周易洞林》《易新林》《毛诗拾遗》,均佚。又有《山海经注》《穆天子注》《子虚赋注》等多种传世。

⑫沈旋:字士规,沈约之子。曾为太子仆,历官南朝梁招远将军、南康内史等职。《南史》《梁书》有传。著有《迩言》十卷。吴承仕《经典释文序录疏证》云:"《南史》'迩言'二字当为'尔雅'之伪。"按:《隋书·经籍志》著录为《集注尔雅》十卷,吴说是。

⑬陶弘景(456—536):字通明,自号华阳隐士。丹阳秣陵(今江苏南京)人。《梁书》有传。曾搜集整理道经,创"茅山派"。又整理古代的《神农本草经》,并增收魏晋间名医所用新药,著成《本草经集注》。另注《尔雅》等,今佚。

⑭施乾:南朝陈博士。著有《尔雅音》,今佚。

⑮谢峤:南朝陈国子祭酒。著有《丧服义》,今佚。

⑯顾野王（519—581）：字希冯。吴郡吴（今江苏苏州市）人。初仕南朝梁，后为陈撰史学士、黄门侍郎，官至光禄卿。《陈书》有传。曾搜辑和考证古今文字形体与训诂，仿《说文解字》著《玉篇》三十卷，收字一万六千九百十七，注重篆隶的历史变迁与考察古籀之原。传世的仅是残本，清黎庶昌有影印本。

⑰江灌：济阳考城（今河南兰考）人，隋为秘书学士。著有《尔雅音》八卷，今佚。事载《陈书·江总传》。

⑱高琏：生平事迹不详。

⑲按：在唐代，《尔雅》是学馆生徒的必修科目。开成二年（837）镌刻石经，《尔雅》被正式列入十二经中。

⑳曹宪：江都（今江苏扬州）人。隋为秘书学士。唐贞观时召为弘文馆学士。《旧唐书·文学传》有传。著有《桂苑珠丛》《文字指归》《广雅音释》《博雅音》等。

㉑裴瑜：字稚璜，河东（今属山西）人。东汉光和（178—181）中官至尚书。事载《后汉书·史弼传》。

㉒刘邵：字孔才。广平邯郸（今河北邯郸）人，东汉建安（196—209）中为太子舍人，迁秘书郎。三国魏黄初（220—223）中，受诏集《五经》群书，以类相从，著《皇览》。又制礼作乐，以移风俗。《三国志·魏书》有传。著《乐论》十四篇。另著有《人物志》《法论》等。

第二十三课　宋元明之《易》学

宋儒治《易经》者，始于刘牧①。牧学出于陈抟②，抟作"先天""后天"图③，牧作《易数钩隐图》④。邵雍⑤亦传陈抟《易》学，其子邵伯温作《易学辨惑》。及弟子陈瓘⑥《了翁易说》。咸以数推理。倪天隐⑦受业胡瑗⑧，治《易》主明义理。作《周易口说》。司马光⑨、张载⑩《易说》，亦以空言说《易》。苏轼⑪《易传》，多言人事。程颐《易传》亦黜数言理。自是以后，说《易》之书，如张根⑫、《吴园易解》。耿南仲⑬、《易新讲义》。李光⑭、《读易详说》。郭雍⑮、传家《易》说。张栻⑯《南轩易说》。皆以说理为宗，或引人事证经义。张浚⑰、《紫严易传》。朱震⑱、《汉上易集传》。程大昌⑲、《易原》。程迥⑳《周易古占法》。皆以推数为宗。然间有理、数兼崇者。如郑刚中㉑《周易窥余》及吴沈㉒《易璇玑》是。自吕大防㉓、晁说之㉔、吕祖谦㉕主复古本，朱子本之，作《周易本义》㉖，经二卷，十翼十卷，后多淆乱。亦理、数兼崇，复作《易学启蒙》，朱鉴㉗又辑《文公易说》。唯林栗㉘说《易》《周易经传集解》与朱子殊。宋元以来，言《易》者，或宗程子，如项安世㉙《周易玩辞》、杨万里㉚《诚斋易传》、方闻一㉛《大易粹言》、郑汝谐㉜《易翼传》、许衡㉝《读易私言》、赵汸㉞《周易文诠》是。或宗朱子，如蔡渊㉟《经传训解》、税与权㊱《启蒙小传》、胡方平㊲《启蒙通释》、俞琰㊳《读易举要》、胡一桂㊴《本义附录纂注》、蔡清㊵《易蒙引》是。或参合程朱之说。如董楷㊶《传义附录》、赵采㊷《程朱传义折衷》是。自是以外，有以心学释《易》者，如杨简㊸、王宗传㊹《易传》、高攀龙㊺《易简说》是。有据图象说《易》者，如林至㊻《易稗传》、朱元升㊼《三易备遗》、雷思齐㊽

《易图通变》、张理⁴⁹《象数钩深图》、黄道周⁵⁰《三易洞机》是。而冯椅⁵¹、《厚斋易学》。李过⁵²、《西溪易说》。吴澄⁵³、《易纂言》。复改纂经文。至明代辑《大全》，胡广⁵⁴等选。而汉《易》尽亡。唯王夫之⁵⁵《周易稗传》，尚为征实。此宋、元、明三朝之《易》学也。以上用《四库全书提要》、《经义考》、焦循《易广记》。

注：

①刘牧（1011—1064）：字先之，号长民。衢州（今浙江衢县）人。宋进士出身，官州军事推官，后由范仲淹的推荐，历任兖州观察推官、大理寺丞等职。传陈抟、种放、邵雍等先天之学。《宋史翼》有传。著有《新注周易》《卦德通论》《易数钩隐图》《易解》等。

②陈抟：字图南，自号扶摇子，宋太祖赐号希夷先生。亳州真源（今安徽亳州）人。隐居武当山及华山十余年，人称"华山道士"。好读《周易》，曾以图式解《易》，是北宋图书《易》学的开创者。《宋史·隐逸传》有传。著有《易龙图》，今佚。另有《三峰寓言》《高阳集》《指玄篇》等。

③"先天""后天"图：易学术语，即流行于宋代的图书易学。先天图是指《先天八卦方位图》，又称《伏羲八卦方位图》。后天图是指《文王八卦方位图》。因伏羲在前，文王在后，故有"先天""后天"之称。相传两图均为陈抟所传，现在一般认为是由邵雍拟制的，今载朱熹《周易本义》卷首。现示图如下，以资比较：

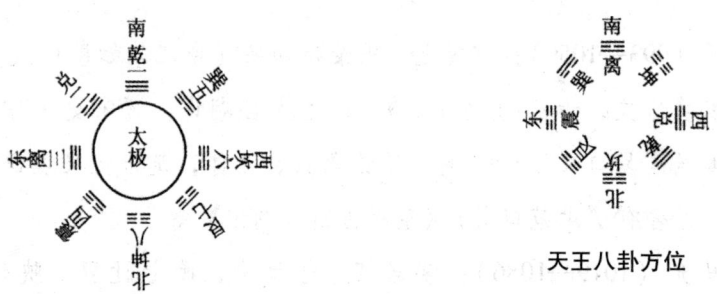

伏羲八卦方位　　　　　　　　天王八卦方位

④《易数钩隐图》：原刊误作《易学钩隐论》，今改正。《古今图书集成》《宋史·艺文志》《直斋书录解题》《读书志》《绍兴书目》所载卷数不一。现据《四库全书》本，内容由"太极""太极生两仪""天五""天地数十有五""天一下生地""地二上生天七""天三左生地八"等五十五幅图式与诠释文字所组成，是宋人以数论《易》的代表性著作。

⑤邵雍（1011—1077）：字尧夫，一字康节，自号安乐先生。曾隐居苏门山百源之上，后人称其为"百源先生"。共城（今河南辉县）人。与周敦颐、程颢、程颐、张载并称"北宋五子"。好《易》，曾从李之才受《河图》《洛书》及象数之学，创立北宋象数"先天之学"。《宋史·道学传》有传。著有《古周易》《皇极经世》《伊川击壤集》《渔樵问答》等，后人编为《邵子全书》。

⑥陈瓘（1060—1124）：字莹中，自号了翁，学者称其为了翁先生。南剑州沙县（今福建沙县）人。少好读书，笃学有见识。宋元丰二年（1079）进士。历官湖州掌书记、签书越州判官等职。《宋史》有传。著有《了翁易说》《四明尊尧集》等。

⑦倪天隐：字茅冈，号千乘。宋桐庐（今浙江桐庐县）人。因范仲淹的推荐，以布衣超拜校书郎，官至太常博士。博学能文，师从胡瑗习《易》。《宋史翼》有传。著有《周易口义》，注释《系辞传》《说卦传》等。

⑧胡瑗（993—1059）：字翼之。宋泰州如皋（今江苏如皋）人。自幼勤学，七岁善作文，十三通《五经》，以圣人自期许。《宋史·儒林传》有传。所著《周易口义》十二卷，不论象数、互体，是宋代义理说《易》的开创者。另著有《洪范口义》《皇事占新乐图记》等。

⑨司马光（1019—1086）：字君实，号迂夫，晚号迂叟。陕州夏县（今山西夏县）人。宋宝元元年（1038）进士，官至宰相。以史学见长。朱熹曾将其与周敦颐、邵雍、程颢、程颐、张载合称为北宋"道学六先

生"。《宋史》有传。著有《易说》《注系辞》《注古文孝经》《注老子道德经》《集注太玄经》《书仪》《家范》等三十余种。

⑩张载（1020—1077）：字子厚，号横渠，学者称其为横渠先生。凤翔郿县（今陕西眉县）人。宋嘉祐（1056—1063）年间进士，历任祁州司法参军、丹州云岩县令等职。曾与程颢、程颐兄弟探讨经学要旨。《宋史·道学传》有传。著有《横渠易说》三卷、《经学理窟》等，后人汇集其著作为《张子全书》。

⑪苏轼（1037—1101）：字子瞻，号东坡居士。眉州眉山（今四川眉县）人。宋嘉祐（1056—1063）年间进士，历任凤翔签书判官、开封府推官、中书舍人等职。晚年时，因"新党"秉政，被贬惠州、儋州等地。工诗词。又善书法，与蔡襄、黄庭坚、米芾并称"宋四家"。《宋史》有传。著有《东坡易传》《东坡书传》等。

⑫张根（1061—1120）：字知常，号吴园。饶州德兴（今江西德兴）人。宋元丰五年（1082）进士。大观（1107—1110）年间，官至淮南转运史，以朝散大夫终于家。为官以敢于直谏著称。《宋史》有传。著有《吴园易解》《春秋指南》等。

⑬耿南仲：字希道。开封（今河南开封）人。宋元丰间进士。靖康（1126—1127）年间，官至资政殿大学士，签书枢密院事。金人南下，力主割地议和。徽、钦二帝被俘，首先劝进，为史传所讥。《宋史》有传。著有《周易新讲义》。

⑭李光（1078—1144）：字泰发，一字泰定，号转物居士，自号读易老人。越州上虞（今浙江上虞）人。宋崇宁五年（1106）进士。历官开化令、太常博士、吏部尚书、参知政事等职。后因忤秦桧被谪。《宋史》有传。著有《读易详说》。

⑮郭雍（1091—1187）：字子和，号白云，学者称其为白云先生。洛阳（今河南洛阳）人。宋乾道（1165—1173）年间，隐居陕州，旌召不

赴，赐号冲晦先生，淳熙时封为颐正先生。《宋史·隐逸传》有传。著有《郭氏家传易说》《卦辞要旨》《蓍卦辨疑》等。

⑯张栻（1133—1180）：字敬夫，后避讳改钦夫，一字乐斋，号南轩，学者称其为南轩先生。张浚之子。早年师从胡宏，习二程理学。《宋史·道学传》有传。著有《南轩易说》《论语解》《孟子说》《南轩文集》等。

⑰张浚（1097—1164）：字德远，自号紫岩。绵竹（今四川绵竹）人。张栻之父。宋徽宗时进士，历任太常主簿、宰相等职。《宋史》有传。著有《紫岩易传》《中庸解》《论语解》《春秋解》《诗书礼解》等。

⑱朱震（1072—1137）：字子发。荆门军（今湖北荆门）人。宋政和中进士。南宋时，以《易》、《春秋》著称。受业谢良佐，为二程再传弟子，宋代《易》学象数派的重要代表人物。《宋史·儒林传》有传。著有《汉上易集传》《卦图》《丛说》等。

⑲程大昌（1123—1195）：字泰之。休宁（今安徽休宁）人。宋绍兴二十一年（1151）进士。历官著作佐郎、秘书少监等职。《宋史·儒林传》有传。所著《诗论》，好以己意改动《毛诗序》文字。另著有《易原》《禹贡论》《演繁露》《易老通言》等多种。

⑳程迥：字可久，号沙随，学者称沙随先生。应天府宁陵（今河南宁陵）人。后徙居余姚（今浙江余姚），宋隆兴元年（1163）进士，曾受经于嘉兴学者茂德、严陵、喻樗等，为"龟山"学派的传人。《宋史·儒林传》有传。著有《古易考》《易章句》《孟子章句》《周易古占法》《经史说》等。

㉑郑刚中（1089—1154）：原刊误作"郑朔中"，今改正。字亨仲，一字汉章，号北山。婺州（今浙江金华）人。宋绍兴二年（1132）进士。历秘书少监、监察御史等职。后为秦桧陷害而死。《宋史》有传。所著《周易窥余》十五卷，颇具新意，为后世所重。另有《经史传音》《北山集》等。

㉒吴沈：字濬仲。兰溪（今浙江兰溪）人。早年以学问名世。明初，被朱元璋召沈讲经史，后命为县学训导。洪武初为东阁大学士，国子博士，以老致仕。《明史》有传。编有《存心录》《精诚录》《易璇玑》等。

㉓吕大防（1027—1097）：字微仲。京兆蓝田（今陕西蓝田）人。吕大临之兄。历经宋代仁宗、英宗、神宗、哲宗四朝，历任知县、监察御史、右永兴军等职，官至宰相。《宋史》有传。著有《周易古经》十二篇。

㉔晁说之（1059—1129）：字以道，一字伯以，自号景迂，学者称景迂先生。澶州（今河南濮阳）人。宋元丰五年（1082）进士，元祐中，以党籍被逐。官至中奉大夫。《宋史》有传。著有《古周易》八卷、《易规》一卷、《京氏易式》、《中庸传》、《景迂生集》等。

㉕吕祖谦（1137—1181）：字伯恭，学者称东莱先生。婺州（今浙江金华）人。宋隆兴元年（1163）进士，中博学鸿辞科，累官著作郎兼国史院编修官。与朱熹、张栻相友，人称"东南三贤"，"鹅湖之会"的召集人。《宋史·儒林传》有传。著有《东莱春秋左氏传说》《春秋左氏续说》《详注东莱左氏博议》《东莱易说》《书说》等多种。

㉖《周易本义》：朱熹撰。原著经传不分，共十二卷，上下经为二卷，十翼为十卷。现行《周易本义》四卷，为后人所更改。陈振孙《直斋书录解题》云："晦庵初为《易传》，用王弼本，复以吕氏（祖谦）《古易经》为本义。其大略同，而加详焉。首列九图，末著揲蓍法。兼义理与占象而言。"此书为宋元明理学家说《易》所本。

㉗朱鉴（1190—1258）：字子明，婺源（今江西婺源）人。朱熹之孙。以荫补迪功郎，官至奉直大夫。辑有《朱文公易说》《诗传遗说》。

㉘林栗：字黄中，一字宽夫。福清（今福建福清）人。宋绍兴十二年（1142）进士。官任兵部侍郎、出知泉州。论学与朱熹异趣。《宋元学案》有传。著有《周易经传集解》三十六卷，流传不广。

㉙项安世（？—1208）：字平甫，号平庵。松阳（今浙江遂昌县）人。

宋淳熙二年（1175）同进士出身。历官秘书正字、校书郎等职。《宋史》有传。著有《周易玩辞》《项氏家说》《平庵悔稿》等。

㉚杨万里（1127—1206）：字廷秀，号诚斋。吉水（今江西吉水）人。宋绍兴二十四年（1154）进士，历任永州零陵丞、太常博士等职。与尤袤、范成大、陆游并称"南宋四大家"。《宋史·儒林传》有传。著有《诚斋易传》《诚斋集》。

㉛方闻一：舒州（今安徽潜山）人。宋淳熙中，任舒州博士，奉郡守曾种之命，编著《大易粹言》。

㉜郑汝谐：字舜举，自号东谷居士。宋青田（今浙江青田）人。中教官科，迁知信州，召为考功郎，官至徽猷阁侍御。《宋史翼》有传。著有《东谷易翼传》《论语意源》等。

㉝许衡（1209—1281）：字仲平，号鲁斋，学者称鲁斋先生。河内（今河南沁阳）人。曾参与元代官制、朝仪及修订《授时历》等，与吴澄齐名，并积极传播和推广程朱理学。《元史》有传。著有《读易私言》《孟子标题》《四箴说》《中庸说》等，后人辑为《鲁斋遗书》。

㉞赵汸（1319—1369）：原刊误作"赵沂"，今改正。字子常，号东山，学者称东山先生。休宁（今安徽休宁）人。早年师从黄泽，不事科举。明洪武二年（1369）召修《元史》。后隐居东山，《明史·儒林传》有传。著有《周易文诠》《春秋集传》《春秋左传补注》《春秋师说》等。另有《东山存稿》。

㉟蔡渊（1156—1236）：字伯静，号节斋。建州建阳（今福建建阳）人。蔡元定之子，从学于朱熹。躬耕不仕，秉承家学。著有《周易经传训释》《易象意言》。

㊱税与权：字巽甫。临邛（今四川邛崃）人。传魏了翁《易》学，事载《宋元学案·鹤山学案》。著有《易学启蒙小传》附《古经传》《校正周易古经》《周礼折衷》等。

㉟胡方平：字师鲁，号玉斋，学者称玉斋先生。婺源（今江西婺源）人。初受《易》于董梦程，后师从沈贵宝。《宋史翼》有传。著有《易学启蒙通释》《外易》《易余闲记》等。

㊳俞琰（1253—1316）：一名琬，字玉吾，号石涧，自号林屋山人。学者称石涧先生。吴县（今江苏苏州）人。宋宝祐（1253—1258）年间以辞赋称名一时。入元授温州学录，不仕，隐居研《易》三十余年。《宋史翼》有传。著有《周易集说》《读易举要》《易图纂要》《大易会要》《周易合璧连珠》《经史考证》《阴符经注》等多种。

㊴胡一桂（1247—?）：原刊误作"胡元桂"，今改正。字庭芳，号双湖。婺源（今江西婺源）人。南宋景定（1260—1264）年间举人，试礼部不第，退而讲学，学者称双湖先生。传朱熹《易》学。《元史·儒林传》有传。著有《周易本义附录纂疏》（原刊作《本义附录纂注》）、《易学启蒙翼传》、《朱子诗传附录纂疏》、《十七史纂古今通要》等。

㊵蔡清（1453—1508）：字介夫，号虚斋。晋江（今福建泉州）人。明成化二十年（1484）进士，授礼部主事，改吏部，正德三年（1508）被任命为志京国子监祭酒，未赴卒。《明史·儒林传》有传。著有《易经蒙引》《四书蒙引》《性理要解》《虚斋集》等。

㊶董楷（1226—?）：字正翁，一作正叔，号克斋。台州临海（今浙江临海）人。宋宝祐四年（1256）进士。初为绩溪簿，后知洪州，官至吏部郎中。曾师从朱熹门人陈器之。《宋史翼》有传。著有《周易传义附录》《程朱易解》等。

㊷赵采：字德亮。号隆斋，潼川（今四川三台）人。元代学者。治《易》宗程子《易传》和朱熹《易本义》。著有《周易程朱传义折衷》《家人衍义》等。

㊸杨简（1141—1225）：字敬仲，号慈湖，学者称慈湖先生。慈溪（今属浙江）人。宋乾道五年（1169）进士，累官至谟阁学士，大中大夫。

师从陆九渊，论学主"心学"。《宋史》有传。著有《杨氏易传》。

㊹王宗传：字景孟。宁德（今福建宁德）人。宋淳熙八年（1181）进士。官韶州教授。治《易》崇汉孟喜、梁丘贺之学，又宗王弼心悟。著有《童溪易传》。

㊺高攀龙（1562—1626）：字云从、存之，号景逸。南直隶无锡（今江苏无锡）人。明万历十七年（1589）进士，官至左都御史。与顾宪成等人重建东林书院，著书讲学。后遭阉党的迫害，投池而死。《明史》有传。著有《周易易简说》《周易孔义》《毛诗集注》《春秋集注》《四子要书》《古本大学》《张子正蒙注》等，后由门人陈龙正汇编为《高子遗书》。

㊻林至：字德久。秀州华亭（今上海松江）人。宋淳熙中进士，官秘书省正字。朱熹门人。《宋元学案》有传。著有《易裨传》。

㊼朱元升：字日华，号水檐。桂阳军平阳（今湖南桂阳）人。曾官松溪政和巡检。宋代邵雍易学的传人。《宋史翼》有传。著有《三易备遗》《邵易略例》，今佚。

㊽雷思齐（1230—1301）：字齐贤。抚州临川（今江西抚州）人。南宋学者。宋亡后，弃儒从道，居乌石观，讲学论道，人称"空山先生"。著有《易图通变》《易筮通变》《老子本义》《庄子旨义》等。

㊾张理：字仲纯。清江（今江西清江）人。元代《易》学家。早年从杜本学《易》于武夷山，传图书之学。曾任泰宁教谕，勉斋书院山长。事载《宋元学案·草庐学案》。著有《易象图说》《大易象数钩深图》《周易图》等。

㊿黄道周（1585—1646）：字幼平，号螭若，一号石斋，学者称石斋先生。漳浦（今福建漳浦县）人。明天启二年（1622）进士。崇祯初右中允，进少詹事兼翰林院侍读学士。南明政权时，官礼部尚书。明亡，督师抗清，兵败被俘，不屈被杀。《明史》有传。著有《周易正》《三易洞玑》《洪范明义》《月令明义》《孝经集传》《缁衣集传》《春秋揆》等多种。

(51)冯椅：字仪之，一字奇之，号厚斋。南康军都昌（今江西都昌）人。宋绍兴四年（1134）进士，官至尚书。曾师从汉上朱震。《宋史》有传。著有《厚斋易学》《周易辑说明解》《续史记》《诗文志录》等。

(52)李过：字季辨，号西溪。兴化（今福建古邑）人。南宋学者。历时二十年撰成《西溪易说》。

(53)吴澄（1249—1333）：字幼清。抚州崇仁（今属江西）人。因所居草屋，程钜夫题曰“草庐”，学者称草庐先生。入元，曾任翰林仕郎、编修、集贤直学士等职。著有《诸经纂言》，其中《书纂言》发挥宋代吴棫、朱熹疑古文《尚书》和《孔安国传》为伪书的观点；《札记纂言》则重排《小戴礼》四十九篇序列。颇遭后人的诟病。《元史》有传。另著有《草庐文集》《草庐诗集》等多种。

(54)胡广（1370—1418）：字光大，号晃庵。吉水（江西吉水市）人。明建文二年（1400）进士第一，授翰林院修撰，赐名靖。明成祖朱棣时，奉命主持编撰《五经四书性理大全》，其中《周易大全》就出自胡广之手，成为明代科举考试的标准用书。《明史》有传。

(55)王夫之（1619—1692）：字而农，号姜斋。湖南衡阳人。明代学者。晚年因隐居湖南衡阳石船山，学者称船山先生。明亡后，曾举兵抗清。晚年隐居衡阳石船山麓，著书立说以终一生。《清史稿·儒林传》有传。著有《周易内传》《周易内传发例》《周易外传》《周易大象解》《张子正蒙注》《尚书引义》《诗广传》《读四书大全说》等。这些著作均被收录于《船山遗书》中。

第二十四课　宋元明之《书》学

宋儒治《尚书》者，始于苏轼《书传》①，废弃古注，惟长于论议。林之奇②作《尚书全解》，郑伯熊③作《书说》，皆以史事说《尚书》。吕祖谦受业之奇，亦作《书说》，大旨与《全解》相同。而史浩④、作《尚书讲义》。黄度⑤作《尚书说》。亦治《尚书》，皆随文演释，近于讲章。惟夏僎⑥、《尚书解》。黄伦⑦、《尚书精义》。魏了翁⑧、《尚书要义》。胡士行⑨《尚书详说》。之书，间存古训，然糅杂汉、宋，悉凭臆见为从违。朱陆门人亦治《尚书》，杨简、作《五诰解》。袁燮⑩、《絜斋家塾书钞》。陈经⑪、《尚书详解》。陈大猷⑫《集注或问》。咸沿陆氏学派，间以心学释《书》。而蔡沈⑬述朱子之义，作《书集注》。元代之儒，若金履祥⑭、《尚书表注》。陈栎⑮、《尚书集传纂疏》。董鼎⑯、《尚书辑录纂注》。陈师凯⑰、《蔡传旁通》。朱祖义⑱《尚书句注》。说《书》，咸宗蔡《传》，亦间有出入，然不复考求古义。明代辑《书传大全》胡广等选。亦以蔡《传》为主，颁为功令。惟马明衡⑲、《尚书疑义》。王樵⑳、《尚书日记》。袁仁㉑《尚书砭蔡编》。稍纠蔡《传》之讹，以王夫之《书经稗疏》㉒为最精。夫之作《尚书引义》，亦多精语。又朱子、吴澄㉓、作《书纂言》。梅鷟㉔明人，作《尚书考异》。渐疑古文之伪，而张铗㉕则并疑今文。宋人王柏㉖复作《书疑》，妄疑《大诰》《洛诰》不足信，移易本经，牵合附会，而明人陈第㉗作《尚书疏衍》。则又笃信伪古文，咸师心自用。若夫毛晃㉘、《禹贡指南》。程大昌《禹贡论》。之说《禹贡》，胡瑗、《洪范口义》。黄道周《洪范明义》。之说《洪范》，虽疏于考古，亦足为参考之资。此宋、元、明三朝之《尚书》学也。惟疑古文《尚书》一事，启清儒阎、惠、孙、江之先㉙。

注：

①《书传》：一称《东坡书传》，专驳王安石《新经尚书义》。晁公武《郡斋读书志》云："熙宁以后专用王氏之说进退之士，此书驳异其说为多。今《新经尚书义》不传，不能尽考其异同。"

②林之奇（1112—1176）：字少颖，号拙斋。侯官（今福建闽侯）人。宋绍兴二十一年（1151）进士，为秘书省校书郎，官至宗正丞。因反对朝廷参用王安石《三经义说》，被免去官职。《宋史·儒林传》有传。著有《尚书全解》四十卷、《春秋讲义》《周礼讲义》《孟子讲义》等。另有《拙斋集》《观澜集》二种。

③郑伯熊（1127—1181）：字景望。永嘉（今浙江永嘉县）人。宋绍兴十五年（1145）进士，历官吏部郎兼太子侍读、国子司业、宗正少卿，以直图龙阁出知宁国府。提倡事功之学。《宋史翼》有传。著有《郑敷文书说》一卷和《郑景望集》。

④史浩（1106—1194）：原刊误作"史洁"，今改正。字直翁。鄞县（今浙江宁波市）人。宋绍兴十四年（1144）进士。历高宗、孝宗、光宗三朝，官至太师。《宋史》有传。著有《尚书讲义》《鄮峰真隐漫录》等。

⑤黄度（1136—1213）：字文叔，号遂初。绍兴新昌（今浙江新昌）人。宋隆兴元年（1163）进士。历任温州瑞安尉、处州教授、嘉兴知县，礼部尚书、龙图阁学士等职。《宋史》有传。著有《书说》《诗说》《周礼说》，已佚。今存《尚书说》。

⑥夏僎：字元肃，号柯山。宋龙游（今属浙江）人。《两浙名贤录》有传。著有《尚书详解》。

⑦黄伦：字彝卿。闽县（今福建福州市）人。宋乾道四年（1168）进士，授太学录。历任秘书丞、著作郎、军器少监等职。事载《南宋馆阁续录》。著有《尚书精义》。

⑧魏了翁（1178—1237）：字华父，因筑屋白鹤山下，学者称其为"鹤山先生"。邛州蒲江（今属四川）人。宋庆元五年（1199）进士及第。历任知州、大学士等职。与真德秀齐名，有"西山鹤山"之称。治学主张穷经学古，反对门户之争。《宋史·儒林传》有传。著有《九经要义》《经外杂钞》《古今考》《鹤山全集》等。

⑨胡士行：宋庐陵（今江西吉安）人。官临江军军学教授。著有《尚书一详解》。焦竑《国史经籍志》作《书集解》。

⑩袁燮（1144—1224）：字和叔，号絜斋，一号洁斋。鄞县（今浙江宁波）人。宋淳熙八年（1181）进士，授江阴尉。后历任国子祭酒、礼部侍郎、显谟阁学士等职。师从陆九渊，传其学。《宋史》有传。著有《絜斋家塾书钞》《絜斋毛诗》《经筵讲义》《絜斋集》等。

⑪陈经：字显之，一字正甫。吉州安福（今属江西）人。宋庆元（1196—1200）年间进士，历官奉议郎、泉州泊干等职。著有《尚书详解》《诗讲义》《存斋语录》等。

⑫陈大猷：字文献，号东斋。都昌（今属江西）人。宋绍定二年（1229）进士，任从政郎。后官黄州、军州判官。饶双峰弟子，精于《尚书》。《宋元学案》有传。著有《尚书集传或问》《尚书集传会通》等。

⑬蔡沈（1167—1230）：字仲默，号九峰，学者称"九峰先生"。宋建州建阳（今福建建阳）人。蔡元定之子，蔡沆之弟。屡荐不赴，师事朱熹，曾受嘱研究《尚书》。《宋史》有传。著有《书经集传》《洪范皇极》等。

⑭金履祥（1232—1303）：字吉父，号仁山。婺州兰溪（今浙江南溪）人。师从于王柏、何基，朱熹再传弟子。宋德祐（1275—1276）年间召为迪功郎、史馆编修。入元，隐居江山。讲学于丽泽书院。《元史·儒林传》有传。著有《尚书表注》《论语集注考证》《孟子集注考证》《大学章句疏义》等。

⑮陈栎（1252—1334）：字寿翁，因所居之堂曰"定宇"，学者称其为"定宇先生"。休宁（今安徽休宁）人。幼时由祖母吴氏口授《孝经》《论语》。五岁即通经史，学崇朱熹。南宋亡，隐居著述。《元史·儒林传》有传。著有《尚书集传纂疏》《礼记集义》《四书发明》等。

⑯董鼎：字季亨，号深山。鄱阳德兴（今江西德兴）人。朱熹再传弟子，董梦程族弟。《宋史翼》有传。著有《尚书辑录纂注》。

⑰陈师凯：字道勇。南康（今属江西）人。元代学者。隐居不仕，元至治元年（1321），在董鼎《尚书辑录纂注》基础上，为羽翼蔡沈《书集传》，著有《尚书蔡传旁通》。

⑱朱祖义：字子由。庐陵（今江西吉安市）人。元代学者。著有《尚书句解》。

⑲马明衡：字子莘。莆田（今属福建）人。明正德九年（1514）进士。官监察御史。曾受业王阳明，是福建王学的传播者。《明史》有传。著有《尚书疑义》。

⑳王樵（1521—1955）：原刊误作"王椎"，今改正。字明逸，号方麓。金坛（今江苏金坛）人。明嘉靖二十六年（1547）进士，官刑部员外郎、山东佥事、浙江佥事，擢尚宝卿，迁右都御史。《明史》有传。著有《周易私录》《尚书日记》《书帷别记》《春秋辑传》及《方麓集》。

㉑袁仁：字良贵，号蓑波。江苏苏州人。曾为陈友定参政，明洪武元年（1368）归顺朱元璋，事载《明史·汤和传》。著有《尚书砭蔡编》《毛诗或问》《春秋胡传考误》等。

㉒《书经稗疏》：清王夫之撰。《四库全书总目提要》称："是编诠释经文，亦多出新意……驳苏轼《传》及蔡《传》之失，则大抵辞有根据，不同游谈。虽醇疵互见，而可取者较多。"

㉓吴澄：原刊误作"吴登"，今改正。详见第二十三课注㊼。

㉔梅鷟：字致斋。旌德（今属安徽）人。明正德八年（1513）举人。

历官南京国子监助教、盐课司提举。曾根据宋代吴棫、朱熹和元代吴澄对《尚书》的考证,撰《尚书考异》和《尚书谱》,疑孔壁古文和伪古文《尚书》为孔安国和皇甫谧伪作。另著有《古易考原》《春秋指要》《仪礼翼经》《太玄图注》等。

㉕张铖,生平事迹不详。

㉖王柏(1197—1274):字会之,一字柏会,号长啸,又号鲁斋,学者称"鲁斋先生"。婺州(今浙江金华)人,原刊误作"元人",当为宋人,今改正。从学于朱熹门人何基,后为丽泽、上蔡两书院师,与当时何基、金履祥、许谦并称"金华四先生"。是南宋金华朱学的传人。《宋史·儒林传》有传。所著《书疑》删改《尚书》原文,《诗疑》则删去《诗经》内所谓淫诗三十二篇,既疑今文,又疑古文,喜随意改动经文。另著有《读易记》《涵古易说》《大象衍义》《读书记》《鲁斋集》等。

㉗陈第(1541—1617):字季立,号一斋。连江(今福建晋江)人。明万历诸生,曾应召入俞大猷幕,学习兵法,后任蓟镇游击将军。退役后,悉心研究经学。《明史》有传。所著《尚书疏衍》四卷,笃信伪古文《尚书》。另著有《毛诗古音考》四卷,被认为是中国古音学的奠基性著作。

㉘毛晃:学者称"铁砚先生"。衢州(今浙江衢县)人。宋绍兴(1131—1149)年间进士,后闭门著述,著有《禹贡指南》《增注礼部韵略》等。

㉙按:阎,指阎若璩,详见第一册第十课注㉗。惠,指惠栋,详见第一册第四课注②。孙,指孙星衍(1753—1818),字渊如,又字伯渊,号季逑。阳湖(今江苏武进)人。与洪亮吉、杨芳灿、黄承吉齐名。清乾隆五十二年(1787)一甲进士,授翰林院编修,历官刑部主事、山东按察使、权布政使等。后应阮元之聘主持杭州诂经精舍。精校勘。刻有《岱南阁丛书》十六种、《平津馆丛书》四十二种,世称善本。《清史稿·儒林

传》有传。所著《尚书今古文注疏》三十卷，采辑汉、魏、隋、唐、清代诸家有关注释与研究成果而成。不取宋、元、明诸儒之说。是清代诠释《尚书》较为完备的一种。收入《皇清经解》。江，指江声，详见第一册第十课注㉙。

第二十五课　宋元明之《诗》学

宋儒治《诗经》者，始于欧阳修①《毛诗本义》与郑立异，不主一家。苏辙广其义作《诗经说》，立说专务新奇。而南宋之儒，若王质②、郑樵③专攻《小序》，程大昌兼攻《大序》。朱子作《诗集传》亦弃《序》不用，惟杂采毛、郑，亦间取三家《诗》，而《诗》义以淆。陆氏门人若杨简、《慈湖诗传》。袁燮《絜斋毛诗》《经筵议义》。咸治《诗经》，或排斥传注，惟以义理擅长。若范处义④、《诗补传》。吕祖谦、《吕氏家塾读诗记》。严粲⑤《诗辑》。则宗《小序》以说《诗》，长于考证。朱子既殁，辅广⑥、《诗童子问》。朱鉴《诗传遗说》。咸宗《集传》。元代之儒，若许谦⑦、《诗集传名物抄》。刘瑾⑧、《诗传通释》。梁益⑨、《诗传旁通》。朱公迁⑩、《诗经疏义》。梁寅⑪《诗演义》。引申《集传》，尺步绳趋。而王柏复作《诗疑》，并作《二南相配图》，于《召南》《郑》《卫》之诗斥为淫奔，删削三十余篇，并移易篇次，与古本殊。自明代辑《大全》胡广等选。以私记。之书，则杂采汉宋之说。惟何楷《诗经世本古义》⑫、王夫之《诗经稗疏》⑬又有《诗广传》亦多新义。详于名物训诂，以朱谋㙔⑭《诗故》为最精。虽间伤穿凿，然折中汉诂，与游谈无根者不同。若夫蔡卞⑮《毛诗名物解》、王应麟《诗地理考》博采古籍，为宋代徵实之书。应麟复作《诗考》，于三家《诗》之遗说，采掇成编，唯未注原文所从出，且遗漏之说甚多。近儒丁晏⑯作《诗考补传》，而诗考之书咸可观矣。存古之功，岂可没乎！此宋、元、明三朝之《诗经》学也。以上用《四库全书提要》《经义考》、陈氏

《毛诗稽古编》⑰诸书。

注：

①欧阳修（1007—1072）：字永叔，号醉翁，晚年又号六一居士。庐陵吉水（今江西吉安）人。宋天圣八年（1030）进士，历官馆阁校勘、知谏院、知制诰、翰林学士、枢密副使、参知政事等职。后加封开国公、进阶光禄大夫，以太子少师致仕。《宋史》有传。所著《毛诗本义》（一作《诗本义》），辩驳《诗序》、攻讦《毛传》与《郑笺》，首开宋代疑经学风。另著有《易童子问》《春秋论》等。

②王质（1135—1189）：字景文，号雪山。始祖为郓州（今山东郓城）人，后徙兴国（今属江西）。宋绍兴三十年（1160）进士，早年游太学，与九江王阮齐名。官至枢密院编修、通判。《宋史》有传。著有《诗总闻》。

③郑樵（1104—1162）：字渔仲，自号溪西逸民，学者称"夹漈先生"。宋兴化军莆田（今属福建）人。不应科举，居夹漈山上，刻苦力学三十年，访书十年，编撰《通志》。网罗各代历史为一书，其中"二十略"，颇多创见。《宋史·儒林传》有传。著有《尔雅注》《夹漈遗稿》等。

④范处义：字子田，号逸斋。金华（今浙江金华）人。南宋学者。绍兴二十四年（1154）进士，庆元三年（1194）除秘书监，进秘阁修撰。历官江东提刑，殿中侍御史。事载《南宋馆阁续录》。著有《诗补传》《解颐新语》等。

⑤严粲：字名卿，一字坦叔。宋邵武（福建邵武）人。曾任清浦令。以吕祖谦《读诗记》为主，杂采诸说，著有《诗辑》，朱熹《诗集传》多取其说。

⑥辅广：字汉卿，号潜庵。宋秀州崇德县（今浙江嘉兴）人。师事吕祖谦与朱熹。后筑传贻书院，以教授学者为业，时称"传贻先生"。《宋史翼》有传。著有《诗童子问》《四书纂疏》《六经集解》《通鉴解义》《日

新录》等。

⑦许谦（1199—1266）：字益之，晚年自号白云山人，学者称"白云先生"。元金华（今浙江金华）人。幼年丧父，伯母陶氏口授《孝经》、《论语》，曾受业金履祥门。后隐居东阳，讲学于华山。《元史·儒林传》有传。著有《诗集传名物钞》《读四书丛说》《读书丛说》《白云集》等。

⑧刘瑾：字公瑾。元安福（今江西安福）人。博贯经史，隐居不仕。《宋史》有传。所著《诗传通释》二十卷，旨在诠释朱熹《诗集传》。另著有《乐吕成书》。

⑨梁益：字友直，号庸斋。元江阴（今江苏江阴）人。博洽经史，工于文辞。曾举江浙乡试，不及仕宦。《元史·儒林传》有传。著有《诗传旁通》《诗绪余》《史传姓氏纂》《三山稿》等。

⑩朱公迁：字克升。乐平（今江西乐平）人。元至正元年（1341）领浙江乡荐，授婺州教授，改处州教授。著有《诗经疏义》《四书通旨》《四书约说》等。

⑪梁寅（1303—1389）：字孟敬，号石门。新喻（今江西新余市）人，明代学者。明初征修礼乐书，书成将授官，以老辞，归教乡里，居石门山讲学以终。《明史·儒林传》有传。著有《周易参义》《诗书演义》等。

⑫何楷：字元子，一作玄子。漳州镇海卫（今浙江镇海）人。明天启五年（1625）进士。崇祯（1628—1644）年间，迁刑科给事中，曾因忤崇祯旨意，被罢官。《明史》有传。所著《诗经世本古义》二十八卷，提出"《书》《诗》《春秋》原本首尾，诗即史也"的观点。另著有《古周易订诂》。

⑬《诗经稗疏》：原刊误作"诗经稗说"，今改正。这是一部大量引证《尔雅》《说文》《左传》、"三礼"以及《山海经》《淮南子》等古代典籍，以辨正名物训诂、考订山川器服制度为主的《诗经》研究著作。

⑭朱谋㙔：字郁仪，明宗室，宁献王七世孙，封镇国中尉。万历二十

年（1592）管理石城王府事，宗人咸就约束。博览群籍，闭门著述。著有《周易象通》《诗故》《春秋戴记》《鲁论笺》《骈雅》等百余种。

⑮蔡卞（1058—1117）：字元度。兴化军仙游（今属福建）人。王安石婿。宋熙宁三年（1070）与兄蔡京同举进士。历官中书舍人兼国史修撰，尚书左丞、知枢密院事、知河南府、观文殿学士等。《宋史》有传。所著《毛诗名物解》二十卷，多采《字说》，故有"琐碎穿凿，于经义无补"之讥。参见陈振孙《直斋书录解题》。

⑯丁晏（1794—1875）：字俭卿，号柘堂。江苏山阳（今江苏淮安）人。清道光元年（1821）举人。大挑为知县，未授实缺。道光二十二年（1842），英军入侵镇江，淮阴、扬州仓促戒严。以练勇修城有功，迁内阁中书。后因办团练而提用赈灾剩余公款，被拘禁扬州达两年之久。《清史稿·儒林传》有传。著有《周易述传》《周易解故》《易经象类》《周易讼卦浅说》等四十七种，后均收入《颐志斋丛书》中。按：《诗考补传》，原名《诗考补注补遗》。

⑰按：陈氏，指陈启源，字长发，吴江（今江苏吴江）人。明诸生，敏而好学。所著《毛诗稽古编》三十卷，取唐以前古义解释《毛诗》，不取孔颖达以后诸说。前二十四卷依次解经而不载经文，仅标篇目，是一部专门研究《毛诗》学的重要著作，开启清代崇尚汉儒经注的学风。《清史稿·儒林传》有传。另著有《尚书辨略》《读书偶笔》《存耕堂稿》等。

第二十六课　宋元明之《春秋》学

宋儒说《春秋》者，始于孙复①。复作《尊王发微》，废弃传注，专论书法，惨鸷刻深。王晳②《皇纲论》、萧楚③《辨疑》，亦发明尊王之旨。刘敞④《春秋权衡》复作《春秋传》《春秋意林》及《说例》。复评论"三传"得失，以己意为进退。而叶梦得⑤、作《春秋传》《春秋考》及《春秋谳》。高闶⑥《春秋集说》之书，咸排斥"三传"。陈傅良《春秋后传》则又杂糅"三传"，荡弃家法⑦。自胡安国⑧作《春秋传》，借今文以讽时事，亦与经旨不符。戴溪⑨《春秋讲义》亦然。而张洽⑩、《春秋集说》。黄仲炎⑪、《春秋通说》。赵鹏飞⑫、《春秋经筌》。洪咨夔⑬、《春秋说》。家铉翁⑭《春秋详说》。之书，咸舍事言理，弃传言经，以元人程端学⑮为最甚。作《春秋本义》《春秋或问》《三传辨疑》。自宋陈深⑯《读春秋编》。尊《胡传》，而元儒俞皋⑰、《春秋集传释义大成》。汪克宽⑱《胡传纂书》。咸以《胡传》为主。明代《大全》胡广等选。本之，而《胡传》遂颁为功令矣。明人若陆粲⑲、袁仁、杨于庭⑳则不从《胡传》。又宋代以来，以《左传》为主者，有苏辙、《春秋集解》。吕祖谦、《左传传说》及《续说》。程公说㉑、《春秋分纪》。吕大圭、《春秋或问》。赵汸、《春秋集传》《春秋师说》《春秋属词》《春秋左传补注》。童品㉒、《经传辨疑》。傅逊㉓，《左传属事》。而苏、赵之书，亦间取资于《公》《穀》，惟魏了翁、《左传要义》。冯时可㉔《左氏释》。释《左传》以训诂为宗。其以《公》《穀》为主者，有崔子方㉕、《春秋本例》《春秋例要》。郑玉㉖，《经传缺疑》。亦间取资于《左传》。若夫荟萃旧说者，宋有李明复㉗，《春秋集义》。元有王元杰[28]、《春秋谳义》。李濂[29]，《诸传会通》。明有王樵、《辑传》。朱朝瑛[30]《读春秋略记》。杂采"三传"旁及宋儒之说，惟语鲜折衷耳。此宋、元、明三朝之《春秋》学也。以上采《四库全书提要》《经义考》《春秋大事表》[31]。

注：

①孙复（992—1057）：字明复，号富春。曾因客居泰山讲学，宋代学者称其为"泰山先生"。晋州平阳（今山西临汾）人。早年仕途受挫，遂隐居泰山，后经范仲淹、富弼等人的推荐，授秘书省校书郎、国子监直讲。与胡瑗、石介一起被后人称为"宋初三先生"。《宋史·儒林传》有传。所著《春秋尊王发微》（一作《尊王发微》）十二卷，历来有褒贬两种不同的评价。

②王晳：太原（今山西太原）人。北宋经学家。官太博士、翰林学士、兵部侍郎、集贤校理。著有《周易衍注》《周易纲旨》，今佚。传世的有《春秋皇纲论》五卷。

③萧楚（1064—1130）：字子荆，号靖节，自号三顾隐客、三楚隐士。庐陵（今江西吉水市）人。北宋绍圣（1094—1098）年间游太学，贡礼部不第。其时蔡京当权，比之宋代王莽。誓不复仕，隐居著述。弟子百余人，著名的有赵涝、胡铨、冯獬等。《宋史翼》有传。著有《春秋辨疑》。

④刘敞（1019—1068）：字原父，号公是。临江新喻（今江西新余）人。宋庆历六年（1046）进士，任蔡州通判，迁直集贤院判尚书考功。历任右正言、知制诰、集贤学士等职。曾一度出使契丹。《宋史》有传。著有《七经小传》三卷，旧说首开宋代以义理说经之风（见王应麟《困学纪闻》卷八《经说》），根据现代学者考证，此说尚有疑点。另著有《春秋权衡》《春秋传》《春秋意林》《春秋传说例》等。

⑤叶梦得（1077—1148）：字少蕴，号肖翁、石林居士。江苏吴县人。宋绍圣四年（1097）进士，为丹徒尉。徽宗时，由婺州教授召为议礼武选编修官。后任江东安抚制置大使兼知建康府、行宫留守。《宋史》有传。

著有《春秋传》《春秋考》《春秋谳》《春秋指要总例》《石林词》《石林燕语》《石林诗话》《石林居士建康集》等多种。

⑥高闶（1097—1153）：原刊误作"高闵"，今改正。字抑崇，号息斋。鄞县（今浙江宁波市）人。宋绍兴元年（1131）进士，官秘书省正字、国子司业，至礼部侍郎。《宋史·儒林传》有传。著有《春秋集注》（原刊作《春秋集说》）四十卷。

⑦陈傅良（1137—1203）：字君举，号止斋。温州瑞安（今属浙江）人。宋孝宗乾道八年（1172）进士，历任起居舍人、中舍人兼侍读、直学士院、知泉州，至宝谟阁待制等。曾师从薛季宣、郑伯熊，传永嘉之学。《宋史·儒林传》有传。著有《周礼说》《诗解诂》《春秋后传》《左氏章旨》等。另有《止斋论祖》《止斋文集》二种。

⑧胡安国（1074—1138）：字康侯，学者称"武夷先生"。建宁崇安（今属福建省）人。宋绍圣四年（1097）进士，官太学博士，旋提举湖南、成都府路学事。南宋时，官中舍人兼侍讲、宝文阁直学士。《宋史·儒林传》有传。所著《春秋传》三十卷，明初定为科举用书。另著有《春秋通旨》《资治通鉴举要补遗》等。

⑨戴溪（？—1315）：字肖望，一作少望，号岷隐，学者称"岷隐先生"。永嘉（今浙江永嘉县）人。宋淳熙五年（1178）进士，开禧（1205—1207）中为资善堂说书，转太子詹事兼秘书监，以宣奉大夫、龙图阁学士致仕。《宋史·儒林传》有传。著有《春秋讲义》《续吕氏家塾读诗记》《石鼓论语问答》等。

⑩张洽（1161—1273）：字元德，因斋名"主一"，学者称其为"主一先生"。清江（今江西）人。朱熹门人，宋嘉定中进士。官至著作佐郎。端平元年（1234）知宝章阁。《宋史·道学传》有传。著有《春秋集注》《纲领》。

⑪黄仲炎：字若晦，永嘉（今浙江永嘉县）人。南宋学者。穷经笃

古，老而不第。著有《春秋通说》。

⑫赵鹏飞：字企明，号木纳，绵州（今四川绵阳县）人。宋代学者。著有《春秋经筌》十六卷。

⑬洪咨夔（1176—1236）：字舜俞，号平斋。临安于潜（今浙江临安）人。宋嘉泰二年（1202）进士。历官成都通判、礼部员外郎、监察御史、中书舍人、刑部尚书、端明殿学士等。《宋史》有传。著有《春秋说》。另有《平斋文集》《平斋词》二种。

⑭家铉翁（1213—?）：号则堂。宋眉山（今四川眉山县）人。以荫补官，后赐进士。官至端明学士、金书枢密院事。曾在河间以《春秋》教授弟子。入元不仕。《宋史》有传。著有《春秋详说》。

⑮程端学（1280—1336）：字时叔，号积斋。庆元（今浙江宁波）人。元至治元年（1321）进士。授仙居县丞，改官国子助教。后迁太常博士，命未下而卒。《元史·儒林传》有传。著有《春秋本义》《春秋或问》《三传辨疑》等。

⑯陈深：字子微，号清全。平江（今江苏苏州）人。元代学者。宋亡后弃举子业，隐居不出，潜心研究经学。著有《读易编》《读诗编》，已佚，今存《读春秋编》。

⑰俞皋，字心远。新安（今江西）人。元代学者。早年从乡人赵良钧学《春秋》之学，宋末进士及第。授修职郎，广德军教授。宋亡不仕，以《春秋》教授乡里。著有《春秋集传释义大成》。

⑱汪克宽（1304—1372）：字德辅，一字仲裕，号环谷，学者称"环谷先生"。祁门（今安徽祁门）人。明洪武二年（1369）受聘编撰《元史》，书成后以老疾辞归。《明史·儒林传》有传。著有《程朱易传义音考》《礼经补逸》《春秋经传附录纂疏》《诗集传音义会通》等。

⑲陆粲（1494—1551）：字子余，一字浚明，号贞山。长洲（今江苏苏州）人。明嘉靖五年（1526）进士，授工科给事中。因上疏言张璁、桂

荮不法，遭人诋毁，被贬为贵州都镇驿丞。后官江西永新知县。《明史》有传。所著《春秋胡氏传辨疑》二卷，力纠胡安国《春秋传》繁文曲说之弊，是明代首开批驳《胡传》的经学著作。

⑳杨于庭：字道行。全椒（今属安徽）人。明万历八年（1580）进士，官至兵部职方司郎中。著有《春秋质疑》。

㉑程公说（1171—1207）：字伯刚，号克斋。丹棱（今四川丹棱）人。南宋学者。二十五岁进士及第，官邛州教授。避吴曦之乱，弃官携所著《春秋》等书匿居安固山，书成而卒。著有《左传始终》《通例》《比事》等均佚，今存《春秋分纪》。

㉒童品：字廷式，号慎斋。兰溪（今浙江兰溪）人。明弘治九年（1496）进士，官兵部员外郎。后弃官家居，潜心经学。所著《春秋经传辨疑》（原刊作《经传辨疑》），今佚。

㉓傅逊：字士凯。明太仓（今江苏太仓）人。归有光弟子，以岁贡授建昌训导。传世的经学著作有《左传属事》《左传注解辨误》《左传奇字古字音释》。

㉔冯时可：字敏卿，号元成。松江华亭（今属上海）人。明隆庆五年（1571）进士，官至湖广布政使参政。《明史》有传。著有《左氏释》《左氏讨》《左氏论》等。

㉕崔子方：字彦直，一字伯直，号西畴居士。涪陵（今四川涪陵市）人。北宋学者。曾知滁州。绍圣（1094—1098）年间因上疏乞置春秋博士，不报。于是隐居真州六合县，杜门著述。著有《春秋经解》《春秋本例》《春秋例要》等。

㉖郑玉（1298—1358）：字子美，号师山，学者称"师山先生"。徽州歙县（今安徽歙县）人。元至正十四年（1354）授翰林待制、奉议大夫，称病不受。后三年，明兵至徽州召之，拒绝归附。次年自缢死。《元史》有传。著有《春秋经传阙疑》（原刊作《经传缺疑》）、《周易纂注》等。

另有《师山遗文》《师山文集》二种。

㉗李明复：字伯勇。合阳（今属陕西）人。南宋学者。嘉定（1208—1210）中为太学生，著有《春秋集义》。

㉘王元杰：字子英。吴江（今江苏吴江）人。元至正（1341—1368）年间领乡荐，终身不仕，教授乡里以终。曾以程颐著《春秋》未成，而朱熹论《春秋》亦无专书，遂著《春秋谳义》。

㉙李濂：字川父。祥符（今河南开封）人。明正德九年（1514）进士。官山西按察司佥事，嘉靖（1522—1566）间罢归。以古文称名一时。《明史·文苑传》有传。著有《春秋诸传会通》（原刊作《诸传会通》）。另有《祥符乡贤传》《祥符文献志》《嵩渚集》《观政集》等。

㉚朱朝瑛：字美之，号康流，又号罍庵。海宁（今浙江海宁）人。师从黄道周。明崇祯十三年（1640）进士，知旌德县。入清后，隐居不仕。著有《读易略记》《读春秋略记》《读尚书略记》《读诗略记》《读周礼略记》《读仪礼略记》《读礼记略记》等多种。

㉛《春秋大事表》：清顾栋高（1679—1759）著。全书五十卷，附舆图一卷，附录一卷。将春秋时期的天文历法、世系官制、疆域地理、列国史事等，分类列表说明，条理详密，考证精深，可供研究春秋史者参考。收入《皇清经解续编》。顾栋高，字震沧，又字复初，号左畬。无锡（今江苏无锡）人。康熙（1662—1722）年间进士，赐国子监司业，后加祭酒衔。《清史稿·儒林传》有传。

第二十七课　宋元明之《礼》学

宋儒治"三礼"者，始于张淳①。淳作《仪礼识误》，考订注疏。而李如圭②《仪礼集释》，又有《仪礼释官》。杨复③《仪礼图》，魏了翁《仪礼要义》，皆以纂辑旧说为主。朱子作《仪礼经传通解》，亦以《仪礼》为经，以《周礼》诸书为传，门人黄榦④续成之，惟篇目不从《仪礼》。及元儒吴澄作《仪礼逸经传》，而汪克宽亦作《经礼补佚》，杂采他书之语，定为《仪礼逸文》，或妄分子目，体例未纯。敖继公⑤作《集说》，遂疑《丧服传》为伪书，而注文不遵郑氏矣。治《礼记》者，始于卫湜⑥《集说》，征引该博，惟掇采未精。及元吴澄作《纂言》重定篇次，陈澔⑦作《集说》，立说亦趋浅显。明代《大全》胡广等选。本之，而古义遂亡。明以《仪礼》为本经。若宋张虙⑧《月令解》，明黄道周《表记》《坊记》《缁衣》《儒行集传》，咸为引古证今之作，以王夫之《礼记章句》为最精。治《周礼》者，始于王安石《新义》⑨，王昭禹⑩《周礼详解》本之。若郑伯谦⑪、《太平经国之书》。王与之⑫《周礼订义》。之书则长于论议，不考典章。及俞廷椿⑬作《复古编》，以"五官"⑭补《冬官》之缺，陈友仁⑮《周礼集说》。从其说。而易祓⑯《周官补义》亦以臆说解经，惟朱申⑰《周礼句解》为稍实。明人说《周礼》者，若柯尚迁⑱、《全经释原》。王应电⑲《周礼传》。咸改乱古经，横行新解。而说"三礼"总义者，以宋陈祥道⑳《礼书》为最著。然掊击古义，穿凿浅陋，殊不足观。此宋、元、明三朝之"三礼"学也。以上用

《四库全书提要》、《经义考》、朱彬㉑《礼记训纂》、江永㉒《礼经纲目序》。

注：

①张淳：字忠甫。永嘉（今属浙江）人。精研《仪礼》。宋乾淳（1165—1189）年间，与薛士龙、郑景望同为著名经师。《宋史翼》有传。著有《仪礼识误》。

②李如圭：字宝之。庐陵（今江西吉水）人。宋绍熙四年（1193）进士，官福建路抚干。曾与朱熹校定《礼经》。著有《仪礼集释》《仪礼释官》《仪礼纲目》等。

③杨复：字志仁，一字茂才，号信斋。宋福州长溪（今福建霞浦）人。曾受业朱熹，与黄榦相友。精于礼学。以所撰《仪礼经传通解续》献于朝，赠文林郎。《宋史翼》有传。著有《仪礼图》《仪礼旁通图》《祭礼》《家礼杂说附注》等。

④黄榦（1151—1221）：字直卿，号勉斋。宋闽县（今福建闽县）人。早年受业于朱熹，被称为志坚思苦，并以为婿。以荫补官，监嘉兴石门酒库。后任汉阳军、安庆府。《宋史·道学传》有传。著有《礼记集注》《书说》《六经讲义》《论语通释》等。

⑤敖继公：字君善。元长乐（今福建福州市）人。通经术，知礼法，擢进士。因平章高彦敬的推荐，授信州教授。所著《仪礼集说》首开义理说《礼》之风。

⑥卫湜：字正叔，学者称"栎斋先生"。吴郡（今江苏苏州）人。宋宝庆二年（1226）为武进令，后迁直秘阁、朝散大夫、直宝谟阁、知袁州。《宋史翼》有传。著有《礼记集说》一百六十卷，取郑玄以下，凡一百四十余家之说，征引赅博，去取精深。《四库全书总目提要》称其为"礼家之渊海"。是研究宋代以前注释《礼记》各家之说的重要经学著作。清初浙江学者黄宗羲与吕留良之间的争执，即由该本的归属权而引起。

⑦陈澔：字可大，号云庄，一号北山。元都昌（今江西都昌县）人。陈大猷之子。隐居不仕，教授乡里，学者称为"经师先生"。著有《礼记

集说》。

⑧张虑：字子宓。慈溪（今浙江宁波）人。宋庆元二年（1196）进士，累迁秘书丞，出守南康，后为国子司业兼侍郎、国子祭酒兼工部侍郎。《宋史》有传。著有《月令解》。

⑨王安石（1021—1086）：字介甫，号半山。抚州临川（今江西抚州）人。学者称"临川先生"。宋庆历（1042—1048）年间进士，官至宰相。后因受封"荆国公"，故又称"王荆公"。《宋史》有传。曾主持编撰《三经新义》和《字说》，颁布全国，从而结束了汉唐经学，"宋学"也由此展开。其经学著作，后人辑有《周官新义》《诗义钩沈》等。

⑩王昭禹：字光远。北宋学者。《宋元学案》有传。著有《周礼详解》。

⑪郑伯谦：字节卿。宋温州永嘉（今浙江永嘉）人。曾官修职郎、衢州府教授。取刘歆"周公致太平之迹"之意。《宋元学案》有传。著《太平经国之书》。

⑫王与之：字次点。乐清（今浙江乐清）人。宋代学者。师从松溪陈氏，尽得《周礼》之旨。后由郡守推荐，授宾州文学，迁泗州通判。所著有《周礼订义》八十卷，首列宋代说《周礼》者四十五家。

⑬俞廷椿：字寿翁。临川（今江西抚州）人。宋乾道八年（1172）进士。官任南安主簿、古田令、新淦令等。《宋元学案》有传。著有《周礼复古篇》《北游录》等。

⑭五官：五种官职。相传殷制以司徒、司马、司空、司士、司寇典司五众为五官。周代则以冢宰、司徒、宗伯、司马、司寇、司空为六官，去冢宰为五官。

⑮陈友仁：字君复，湖州人。南宋学者。所著《周礼集说》十卷，是在宋人旧注基础上的重辑本。

⑯易袚：字彦章，一字彦祥，号山斋。潭州宁乡（今湖南宁乡）人。

宋淳熙十一年（1184）进士，历官著作郎。知江州、礼部尚书、左司谏等。著有《周易总义》《易学举偶》《周礼释疑》《禹贡疆理记》《山斋集》等。

⑰朱申：元河南新安人。官朝散大夫知江州军州兼内劝农营田事。著有《周礼句解》、《春秋左传句解》、《孝经句解》等。

⑱柯尚迁：字乔可。自号阳石山人。长乐（今福建福州市）人。明嘉靖中，由贡生官邢台县丞。后因倭乱，避居江西。曾受业魏校之门。著有《周礼传》《图说》《翼传》《周礼全经释原》。

⑲王应电：字昭明。明昆山（今江苏昆山）人。精《周礼》。《明史》有传。著有《周礼传》《书法指要》等。

⑳陈祥道：字用之。长乐（今福建福州市）人。宋治平（1064—1067）年间进士。历官太常博士、秘书省正字。反对汉儒经说，继承王安石"新学"学风。《宋史》有传。所著《礼书》一百五十卷，多与郑玄说立异。如郑玄以天子五庙，陈祥道则参证《周礼》、《荀子》、《穀梁》等书，提出天子七庙。全书所论，多能贯通经传，缕析条分，前为论，后为图，考订详悉。陈振孙《直斋书录解题》称："论辩精博，间以绘图，唐代诸儒之论，近世聂崇义之图，或正其失，或补其阙。"另著有《论语全解》。

㉑朱彬（1753—1834）：原刊误作"朱林"，今改正。字武曹，号郁甫。江苏宝应人。清乾隆十六年（1795）举人。常与表兄刘台拱切磋经学。《清史稿·儒林传》有传。著有《礼记训纂》《经传考证》《游道堂诗文集》等。

㉒江永（1681—1762）：字慎修。婺源（今属江西）人。家道贫寒，闭门授徒，所得尽购书籍，日夜诵读，博通古今，潜心研究《十三经注疏》，清代乾嘉学者戴震、王鸣盛等均向他问学，是皖派汉学研究的直接导源人。《清史稿·儒林传》、江藩《汉学师承记》有传。所著《礼书纲

目》是为续朱熹晚年未竟的《仪礼经传通解》之作。另著有：《周礼疑义举要》《礼记训义择言》《深衣考误》《仪礼释宫谱增注》《仪礼释例》《律吕阐微》《春秋地理考实》《乡党图考》《近思录集注》等。

第二十八课　宋元明之《论语》学附《孟子》《学》《庸》

宋儒说《论语》者，惟邢昺①等所作《正义》采集古注，余咸以义理说经。自程颐表彰《论语》，程门弟子如范祖禹②、谢显道③、杨时、尹焞④咸说《论语》。朱子辑宋儒十一家二程、张栻、吕大临、吕祖谦、谢良佐、范祖禹、游酢⑤、杨时、侯师圣⑥、尹焞。之说作《论语集义》，复作《论语集解》，门人黄榦复作《论语注义通释》。同时治《论语》者，有张栻、《论语解》。朱震。《论语解》。元明以降，说《论语》者，咸以朱子为宗。

宋儒说《孟子》者，有孙奭⑦等，所作《正义》以赵注为主，并作《孟子音义》。自二程表彰《孟子》，尹焞复作《孟子解》。及朱子辑宋儒十一家之说作《孟子集义》，复作《孟子集解》。张栻亦作《孟子解》。元明以降，说《孟子》者，咸以朱子为宗。

《大学》、《中庸》本列《礼记》，宋儒特表而出之，与《论》《孟》并称。司马光作《学庸广义》，程颢亦作《中庸解》，其弟子游酢、杨时咸解《中庸》，以石𡼖⑧《中庸集解》为最详。朱子作《学庸章句》《学庸或问》，并作《中庸辑略》，以《大学》为曾子所作，分《大学》为经一章、传十章，复移易经文，并分《中庸》为三十三章。元明以来，说《学》、《庸》者，多主朱子。唯王柏、高攀龙复考定《大学》，而方孝孺⑨、王守仁则主复《大学》古本⑩，与朱子不同。

自程朱以《学》《庸》《论》《孟》为四书，而蔡模⑪作《集疏》，赵顺孙⑫作《纂疏》，吴真子⑬作《集成》，陈栎作《发明》，倪士毅⑭作《辑释》，詹道传⑮作《纂笺》。明代《大全》胡广等选。本之，宋学盛行而古说沦亡矣。以上用《四库全书提要》《经义考》《蛾术编》。

注：

①邢昺（932—1010）：字叔明。曹州济阳（今山东曹县西北）人。宋太平兴国（977—984）年间以明九经及第，历任国子监丞、国子博士、诸王府侍讲、国子祭酒等职。曾与孙奭等人校定诸经正义。《宋史·儒林传》有传。著有《论语正义》《孝经正义》《尔雅正义》等，均收入今《十三经注疏》。

②范祖禹（1041—1098）：字淳父（一作纯父、纯甫）、梦得。成郡华阳（今四川成都）人。宋嘉祐八年（1063）进士。从司马光编修《资治通鉴》。后历官礼部侍郎、给事中、龙图阁学士、出知陕州、知州别驾等。《宋史》有传。著有《家人卦解义》《四德说》《唐鉴》《帝学》《仁皇政典》等。

③谢显道：即谢良佐（1050—1103），字显道，学者称"上蔡先生"。寿春上蔡（今河南上蔡）人。宋元丰八年（1085）进士。曾任州县官吏。因召对忤旨，出监西京竹木场，后废官为民。与游酢、吕大临、杨时三人，号为"四先生"。《宋史·道学传》有传。著有《论语解》《上蔡语录》，今佚。

④尹焞（1070—1142）：字彦明，一字德充，号和靖。洛阳（今河南洛阳）人。程颐弟子。宋绍兴（1131—1140）中，以布衣任太常少卿兼说书，迁礼部侍郎兼侍读。后因力主抗金，与秦桧不和，辞官。《宋史·道学传》有传。著有《论语孟子解》，门人将其著述编为《和靖集》。

⑤游酢（1053—1123）：字定夫，又字子通，学者称"扇山先生"和"广平先生"。建州建阳（今福建建阳）人。宋元丰六年（1083）进士。

历任萧山尉、太学博士、监察御史、知汉阳军及和、舒、濠三州。师从程颢、程颐兄弟,与杨时、吕大临、谢良佐并称"程门四大弟子"。《宋史·道学传》有传。著有《易说》《中庸义》《论语孟子杂解》等。

⑥侯师圣:字仲良。宋江陵(今湖北江陵)人。曾师从周敦颐、程颐,讲论经术,通贯不穷。朱熹《伊洛渊源录》有传。

⑦孙奭(962—1033):字宗古。博州博平(今山东茌平博平城)人。宋端拱二年(989)以九经及第,为莒县主簿,迁大理评事,后为国子监直讲。曾奉敕与邢昺等人校正诸经正义及《庄子》《尔雅》释文,考证《尚书》《论语》《孝经》《孟子注》等。《宋史·儒林传》有传。著有《五经节解》《五服制度》《乐图记》《祀录》等。

⑧石墪(一作礅):字子重,号克斋,学者称"克斋先生"。临海(今浙江台州临海县)人。宋绍兴十五年(1145)进士。官福建路安抚司、将作监主簿、太常请奉祠知南康军事等职。《宋史翼》有传。著有《周易集解》《大学集解》《中庸集解》《中庸辑略》等。

⑨方孝孺(1357—1402):字希直、希古,号逊志,又号正学,学者称"正学先生"。浙江宁海人。少从宋濂问学。明洪武(1368—1398)年间两应台命,授汉中教授。曾是明蜀王朱椿的老师,后为建文帝的翰林学士兼侍读学士,后以不愿为明成祖起草登基诏书而被凌迟处死。《明史》有传。著有《大易枝言》《逊志斋集》《杂赋》等。

⑩《大学》古本:是指王阳明怀疑朱熹注释《大学》不确,因此转信古本《大学》。《王文成公年谱》云:"先生在龙场时,疑朱子《大学章句》非圣门本旨。手录古本,伏读精思,始信圣人之学本简易明白,其书止为一篇,无经传之分。"参见"正德十三年"条。

⑪蔡模(1128—1240):字仲觉,号觉轩。建州建阳(今福建建阳)人,蔡沈之子。早年隐居不仕,潜心经学。宋淳祐四年(1244)因丞相范钟之荐,诏补迪功郎、添差本府教授。著有《周易集解》《大学衍说》

《河洛探赜》《论孟集疏》《续近思录》等。

⑫赵顺孙（1215—1276）：字和仲，号格斋，或作"格庵"。处州缙云（今属浙江）人。宋淳祐十年（1250）进士，自秘书郎累迁御史兼侍读。朱熹三传弟子。《宋史翼》有传。曾编《四书纂疏》，另著有《近思录精义》《中兴名臣言行录》等。

⑬吴真子：生平事迹不详。

⑭倪士毅：字仲弘，号道川。歙县（今属安徽）人。南宋学者。师从陈栎，隐居祁门山，潜心讲学，人称"道川先生"。著有《重订四书辑释》《作义要诀》等。

⑮詹道传：临川（今江西抚州）人。南宋学者。所著《四书纂笺》二十八卷，仿古经笺疏的体例，取朱熹《四书章句集注》、《四书或问》，较正音读，考辨名物度数，对朱熹所引诸儒，考证其名姓居里，是研究朱熹《四书章句集注》《四书或问》的重要参考书。

第二十九课　宋元明之《孝经》学附《尔雅》

宋儒治《孝经》者，始于邢昺。昺作《孝经疏》，不信伪古文，以唐玄宗之注为本，列为"十三经义疏"之一。至司马光笃信伪古文，作《孝经指解》以《孔传》为主，朱子亦信古文。又因胡寅①、谓《孝经》引《诗》非经本文。汪端明②谓《孝经》多由后人附会。之疑，作《孝经刊误》，就古文定为经文一章，复分传为十四章，多所删易。元吴澄则以今文为正，遵朱子《刊误》章目，定为经一章，传十二章。明徐贲③复作《孝经集善》，亦以今文为正，大抵宗吴澄之说，与古说不符。若元董鼎作《孝经大义》，亦遵朱子之说。明项霦④作《孝经述注》，则以孔注为本，而不尽宗朱，此未悉古文之伪者也。惟黄道周《孝经集传》以郑氏今文为正，间以史事释《孝经》，或参以己说，立意较为平实，但未能灼见古文之伪耳。以上采《经义考》《四库全书提要》。

宋儒治《尔雅》者，有邢昺《尔雅疏》，以郭注为主，然简直固陋，未悉声音文字之源。罗愿⑤作《尔雅翼》，陆佃⑥作《尔雅新义》，亦穿凿破碎，喜采俗说。自是其后，治雅学者，旷然无闻。《尔雅》以外，治《说文》者，宋有徐铉⑦、徐锴⑧，有《说文系传》诸书。元有吾邱衍⑨，亦浅率不足观。若夫宋陆佃作《埤雅》，于制度名物考证多疏。惟明朱谋㙔⑩作《骈雅》、方以智⑪作《通雅》，咸引证浩博。即宋郭忠恕⑫《佩觿汗简》、明杨慎《字说》，见《升庵全集》中。亦足助小学参考之用也。以上用《宋史》《元史》《明史》各列传及《四库全书提要》、谢氏⑬《小学考》、江藩《尔雅小笺自序》。

注：

①胡寅（1098—1156）：字明仲，一字仲刚、仲虎，学者称"致堂先生"。崇安（今福建）人。胡安国之侄。宋宣和三年（1121）进士。靖康初，召为秘书郎。从学于祭酒杨时。后因力主抗金，触犯权相秦桧，被罢免，秦桧死后复官。《宋史·儒林传》有传。著有《论语详说》《读史管见》等。

②汪端明（？—1176）：即汪应辰。字圣锡，信州（今江西上饶）人。宋绍兴五年（1135）进士第一，官至吏部尚书、端明殿学士。曾举朱熹自代。提出传世的《孝经》为后人伪作。《宋史》有传。著有《二经雅集》《唐书列传辨证》《汪应辰文定集》。

③徐贲：字仲行，广东顺德人。《明史·文苑传》有传。著有《通鉴前编纲目》《孝经集注》《理学训蒙》《西庵集》及《和陶集》等。

④项霦：临海（今浙江临海）人。明初官按察使佥事。曾以古文《孝经》诠释《孝经》，著有《孝经述注》，今残缺。

⑤罗愿（1136—1184）：字端良，号存斋。安徽歙县人。宋乾道二年（1166）进士，官通判、知州等官。论学为朱熹、杨万里等推重。《宋史》有传。所著《尔雅翼》（一名《小尔雅》）三十二卷，考据精确，体例严谨，其价值被认为在陆佃《埤雅》之上。另著有《鄂州小志》《新安志》等。

⑥陆佃（1042—1102）：字农师。越州山阴（今浙江绍兴）人。少从学于王安石。宋熙宁三年（1070）进士，授蔡州推官，选郓州教授，召补国子监直讲，转至左丞。不久，罢为中大夫，出知亳州，卒于官。《宋史》有传。著《礼象》《春秋后传》，已佚。传世的有《埤雅》。

⑦徐铉（917—992）：字鼎臣。扬州广陵（今江苏扬州）人。初仕南唐，后归宋，官至散骑常侍。与弟徐锴齐名，号"大小二徐"。精通文字学。曾与句中正等校订《说文解字》，新补十九字于正文中，又经典相承

及时俗通用而《说文》所不载者四百零二字附于正文后,世称"大徐本"。《宋史·文苑传》有传。另著有《徐公文集》。

⑧徐锴(921—975):字楚金。扬州广陵(今江苏扬州)人。徐铉弟,世称"小徐"。官内史舍人。精通文字学,著有《说文解字系传》四十卷,又据孙愐《唐韵》著《说文解字韵谱》五卷。

⑨吾邱衍(1276—1311):一作吾丘衍、吾衍,字子行,人称"贞白先生"。衢州(今浙江衢县)人。元代学者,隐居不仕。著有《学古编》《闲居录》等。

⑩朱谋㙔:详见第一册第二十五课注⑭。所作《骈雅》仿《尔雅》体例及刘熙《释名》分类方式,分为《释诂》《释训》《释名称》《释宫》《释服食》《释器》《释天》《释地》《释草》《释木》《释虫鱼》《释鸟》《释兽》等十三篇。清魏茂林撰《骈雅训纂》十六卷,可参考。

⑪方以智(1611—1671):字密之,号曼公,自号龙眠愚者、浮山愚者、宓出愚者、泽园主人等数十种。安徽桐城人。与陈贞慧、吴应箕、侯方域合称"明季四公子"。崇祯十三年(1640)进士,任工部主事、翰林院检讨。明亡后,皈依天界寺学佛。清康熙十年(1761),因粤事牵连下狱,囚于南昌,在押解岭南途中病逝。《清史稿·隐逸传》有传。著有《通雅》《物理小识》《药地炮庄》《东西均》《周易图象几表》《易余》《愚者智禅师语录》《一贯答问》《性故》及《浮山文集》前后编等。

⑫郭忠恕(?—977):字恕先。一字国宝。洛阳(今河南洛阳)人。后周广顺中召为宗正丞兼国子书学博士。入宋,官国子监主簿。后获罪流配,旋卒。除擅长山水画外,尤精文字学。善写篆、隶二体书法。《宋史·文苑传》有传。著有《佩觿》三卷,阐述文字变迁,考证传写错误。又汇编古文字为《汗简》。

⑬谢氏(1737—1802):指谢启昆。字蕴山,号苏潭。江西南康人。

清乾隆二十六年（1761）进士，嘉庆间累官广西巡抚。《清史稿》有传。所著《小学考》《西魏书》《广西通志》等，均为其幕僚桐城胡虔代撰。另著有《粤西金石略》《树经堂文集》等。

第三十课　近儒之《易》学

明末之时，言《易》学者，咸知辟陈、邵之图。黄宗羲①作《易学象数论》，其弟宗炎②复作《周易象辞》《图书辨惑》，然不宗汉学，家法③未明。惟胡渭④《易图明辨》、李塨⑤《周易传注》，舍数言理，无穿凿之失。毛奇龄⑥述仲兄锡龄之言，作《仲氏易》，又作《推易始末》《春秋占筮书》《易小帖》三书，谓《易》占五义，牵合附会，务求词胜。惟东吴惠氏世传《易》学，自周惕⑦作《易传》，其子士奇⑧作《易说》，杂释卦爻，以象为主，专明汉例，但采掇未纯。士奇子栋作《周易述》，以虞注、郑注为主，兼采两汉《易》家之说，旁通曲证，然全书未竟，门人江藩继之作《周易述补》。栋又作《易汉学》《易例》《周易本义辨证》，咸宗汉学。江都焦循作《易章句》，其体例略仿虞注。又作《周易通释》，掇刺卦爻之文，以字类相属，通以六书九数之义。复作《易图略》《易话》《易广记》，发明大义，成一家言⑨。武进张惠言⑩治《易》亦宗虞、郑，作《周易虞氏义》《郑氏义》，并作《周易易礼》《虞氏消息》。姚佩中⑪、刘逢禄⑫、方申⑬宗其义，佩中作《周易姚氏学》，逢禄作《易虞氏五述》，申作《易学五书》，咸以象数为主，或杂援谶纬，然家法不背汉儒。若钱澄之⑭、《田间易学》李光地⑮、《周易通论》《周易观象》苏宿⑯、《周易通义》。查慎行⑰、《周易玩辞集解》。之书，则崇宋黜汉，率多臆测之谈，远出惠、焦之下。此近儒之《周易》学也。

注：

①黄宗羲（1610—1695）：字太冲，号南雷，又号梨洲。学者称"梨洲先生"，又称"南雷先生"。余姚（今浙江余姚）人。明崇祯时，因草疏入京，为父讼冤，与阉党对簿时，携铁锥刺许显纯、李实等而名震京师。后遵父遗命，师从绍兴学者刘宗周。崇祯中为"复社"领袖。明亡，隐居不出，潜心研究学术。《清史稿·儒林传》、江藩《汉学师承记》有传。所著《易学象数论》六卷，提倡"还《易》以《易》，还象数以象数"，力辟宋人图书之学。另著有《明儒学案》《宋元学案》《授衣随笔》《律吕新义》《明史案》，选编《明文海》等。今人编有《黄宗羲全集》。

②宗炎（1616—1686）：指黄宗炎，字晦木。余姚（今浙江余姚）人。明贡生。幼与其兄黄宗羲、其弟黄宗会俱承父命师从刘宗周，潜心《易》学研究。《清史稿·儒林传》有传。所著《图书辨惑》，考证出传世的所谓先天图、太极图均出自北宋道士陈抟。另著有《周易象辞》《寻门余论》等。

③家法：指汉代儒生传授经学，都由口授，弟子一字不能改变，界限严格。某经数传之后，句读义训，互有歧异而各成一家之学。朝廷立五经博士，试博士弟子，先试家法。家法实际上是将固定的经学传承转为各经博士借以维护个人学说专利的纽带。至东汉末年，许慎和郑玄治经学，兼采古今文各家之说，未受家法的束缚。唐代则杂取诸家义训，所编《五经正义》，家法基本消亡。可参见《汉书·儒林传》《后汉书·儒林传》以及皮锡瑞《经学历史》。

④胡渭（1633—1714）：初名渭生，字朏明，一字东樵。浙江德清人。曾与黄仪、顾祖禹、阎若璩等人入幕徐乾学府编修《大清一统志》，后撰《平成颂》奉献，得康熙皇帝的赞赏。因著《禹贡锥指》有功于经学，被康熙召至南书房赐宴，并亲书"耆年笃学"四字相赠，一时传为"旷典"。《清史稿·儒林传》、江藩《汉学师承记》有传。所著《易图明辨》

十卷，专辨宋儒所谓"河图洛书""太极""先天""后天"之说，与《禹贡锥指》同属清代经学史上的名著。

⑤李塨（1659—1733）：字刚主，号恕谷。直隶蠡县（今属河北）人。早年贫寒，从父命师事颜元，习六艺之学，清初颜李学派的代表人物之一。后又数次南游。深受汉学家重考据训诂的治学方法的影响，并师事毛奇龄，以考证的方法撰成《田赋考辨》《大学辨业》等，由此声名大起。《清史稿·儒林传》有传。著有《周易传注》《诗经传注》《春秋传注》《论语传注》等，后均收录于1933年"四存学会"刊行的《颜李丛书》。

⑥毛奇龄（1623—1716）：字大可，号初晴、秋晴。又以郡望称西河，学者称"西河先生"。浙江萧山人。少时善辞赋，兼工度曲。清康熙十八年（1679），荐举博学鸿儒科，授翰林院检讨，充明史馆纂修官。康熙二十四年（1685），充任会试同考官。论学一尊孔孟，批评宋明理学，乾嘉后期被阮元推尊为清代考据学的开山。《清史稿·儒林传》有传。其主要经学著作，均由后人编入《西河合集》。

⑦周惕（约1646—约1695）：即惠周惕。字元龙，号砚溪，一作研溪。自号红豆主人，学者称"老红豆先生"。江苏吴县人。清康熙三十年（1691）进士。由庶吉士改密云县知县。少从苏州名士丁宏度治经，专门汉学，为乾嘉吴派经学的创始人。《清史稿·儒林传》、江藩《汉学师承记》有传。传世的经学著作有《诗说》《易传问》《三礼问》《春秋问》等。

⑧士奇（1671—1741）：即惠士奇。字仲孺，一字天牧，晚年自号半农居士，学者称"红豆先生"。江苏吴县人。惠周惕之子。清康熙五十年（1711）进士，选翰林院庶吉士，授编修，充会试同考官。后任湖广乡试正考官、广东学政等职。雍正初，因事削职。乾隆元年（1736）复起为侍读，奉诏纂修"三礼"，书成病卒。治经一宗汉学，言必据典。《清史稿·儒林传》、江藩《汉学师承记》有传。著有《易说》《礼说》《春秋

说》等。

⑨按：焦循主要《易》学著作有《易章句》十二卷、《易图略》八卷、《易通释》（即《周易通释》）二十卷，合称《雕菰楼易学三书》，简称《易学三书》。它们虽然是独立的三部著作，但是它们之间相辅相成，纵横贯通，自成一个完整的体系。《易通释》重点阐述由他创立的《易》学体系和解释《经》《传》中有关七百四十二个词语和名词，广征博引，从纵横两个方面通释全《易》。《易图略》是针对《易通释》已制定的《易》学法则，以文字和图表的形式予以详细说明。并对传统的象数《易》学作了较全面的评说。全书首列五图：旁通图第一、当位失道图第二、时行图第三、八卦相错图第四、比例图第五。次列"原"八篇：原卦第一、原名第二、原序第三、原彖象第四、原辞上第五、原辞下第六、原翼第七、原筮第八。后列"论"十篇：论《连山》、《归藏》第一、论卦变上第二、论卦变下第三、论半象第四、论两象易第五、论纳甲第六、论纳音第七、论卦气六日七分上第八、论卦气六日七分下第九、论爻辰第十。《易章句》则是按照《易通释》《易图略》制定的原则，对《经》《传》逐句注释。全书分为：上经、下经、彖上传、彖下传、象上传、象下传、系辞上传、系辞下传、文言传、说卦传、序卦传、杂卦传共十二篇。《易学三书》在中国《易》学发展史上占有重要的地位。《易话》《易广记》则是他的读《易》札记。

⑩张惠言（1761—1802）：字皋文。江苏武进（今常州市）人。十四岁为童子师。清乾隆五十一年（1786）举人，嘉庆四年（1799）进士，选庶吉士，散馆授翰林院修编。《清史稿·儒林传》、江藩《汉学师承记》有传。著有《虞氏易礼》《虞氏易事》《虞氏易言》《虞氏易候》《周易苟氏九家义》；还著有《茗柯文集》、《茗柯词》。并编有《词选》《七十家赋钞》等。

⑪姚佩中（1792—1844）：又作"姚配中"，字仲虞。安徽旌德人。清

道光（1821—1850）年间诸生。工书嗜琴，博通经史百家之言，尤精于象数《易》。《清史稿·儒林传》有传。著有《周易姚氏学》《周易通论月令》《易学阐元》等。

⑫刘逢禄（1776—1829）：字申受。江苏武进人。祖刘纶，仕至文渊阁大学士、军机大臣、太子太傅。母庄氏，庄存与之女。清嘉庆四年（1799）进士。授翰林院庶吉士、任礼部主事。少从外祖庄存与、舅父庄述祖研习今文经学，笃守今文经学家法。《清史稿·儒林传》有传。著有《公羊何氏释例》《公羊何氏解诂笺》《申何难郑》《春秋论》《论语述何》等多种。

⑬方申（1791—1840），字瑞斋，江苏仪征人。清诸生，受业于刘文淇。幼读宋代《易》著，对义理解《易》颇为不满，于是致力于《周易》研究。《清史稿·儒林传》有传。著有《周易卦象集证》《虞氏易象汇编》《诸家易象别录》《周易互体详述》《周易卦变举要》等，合称《方氏易学五书》。

⑭钱澄之（1612—1693）：原名秉镫，字饮光，自号田间老人。桐城（今属安徽）人。学术见解与顾炎武相异趣，提倡考证与义理并重。《清史稿·儒林传》有传。所著《田间易学》，兼采象数、义理。另著有《田间诗学》等。

⑮李光地（1642—1718）：字晋卿，号榕树，又号厚庵。福建安溪人。清康熙九年（1670）进士，"三藩"之乱，因与陈梦雷共谋，遣人暗藏蜡丸进京密提情报，累官至直隶巡抚、文渊阁大学士。生平自命宗法程朱，曾奉诏编纂《周易折中》、《朱子全书》、《性理精义》等。《清史稿》有传。著有《周易通论》《诗所》《古乐经传》《榕村语录》等。其后人将其著述汇辑为《榕村全书》。

⑯苏宿：生平事迹不详。疑即清人苏秉国，字均甫，号蒿坪。江苏淮阴人。著有《周易通义》二十二卷。

⑰查慎行（1651—1727）：原名嗣琏，字夏重，号他山。后改今名，字悔余，号查田，晚号初白。浙江海宁人。早年师从黄宗羲，擅长诗赋。清康熙三十二年（1693）举人，四十二年（1703）特赐进士。后因其弟查嗣庭案件的牵连入狱，雍正时特许放还，卒于家。《清史稿·文苑传》有传。著有《周易玩辞集解》《经史正讹》等。

第三十一课　近儒之《书》学

自吴澄、梅鹫攻伪古文，太原阎若璩作《古文尚书疏证》，灼见古文《孔传》之伪，唯体例未纯，不足当疏证之目①。弟子宋鉴②广其义，别作《尚书考辨》。其后，惠栋作《古文尚书考》，江声从栋受业，作《尚书集注音疏》，江南学者皆遵之。王鸣盛作《尚书后案》，孙星衍作《尚书古今文注疏》，咸崇今文黜伪孔，以马、郑传注为宗。段玉裁③作《古文尚书传异》，亦详于考核。惟毛奇龄崇信伪古文，作《古文尚书冤词》。朱鹤龄④亦信伪古文。其后，庄存与⑤诸人亦言伪《尚书》不可废。存与作《尚书既见》，以宣究微言。其甥刘逢禄亦作《书序述闻》，并作《尚书古今文集解》。及魏源作《书古微》，以马、郑之学出于杜林漆书，并疑杜林漆书为伪作，乃排黜马、郑，上溯西汉今文家言，虽武断穿凿，亦间有善言。龚自珍治《尚书》，亦作《太誓答问》，以今文《太誓》为伪书，常州学派多从之。若李光地《尚书解义》、张英⑥《书经衷论》，据理臆测，至不足观。若夫释《尚书》天文者，有盛百二⑦《尚书释天》，而胡渭《洪范正论》并辟灾异、五行⑧之说。虽不守汉儒家法，然辨惑之功则甚大。释《尚书》地理者，有蒋廷锡⑨《尚书地理今释》，而胡渭《禹贡锥指》辨证尤详。后起之儒，有朱鹤龄、《禹贡长笺》。徐文靖⑩、《禹贡会笺》。焦循、《禹贡郑注释》⑪。程瑶田⑫、《禹贡三江考》。成蓉镜⑬《禹贡班义述》。诠释《禹贡》，咸有专书。此近儒之《尚书》学也。

注：

①按：阎著《尚书古文疏证》，在清代嘉道年间（1796—1850），已不为学界所重。黄式三《古文尚书疏证跋》云："近时述阎氏遗事者，或盛称其《四书释地》而不及是书（《尚书古文疏证》）。儒者注意举子业，释地之书行于世，而《尚书疏证》之大有功于经者，未及遍考以著之于传。而或者复以阎氏之考订之细碎，其论著之是者，亦不过与时文家同科。"参见《儆居集杂著》三下。

②宋鉴：字元衡，号半塘，山西安邑人。阎若璩弟子。清乾隆十三年（1748）进士，初授浙江常山知县，调浙江鄞县，后迁广东南雄通判。以《尚书古文疏证》文辞曼衍，重辑《尚书考辨》四卷。又广采经史及《方言》《释名》《玉篇》《广韵》《水经注》等书而作《说文解字疏》。《清史稿·儒林传》、江藩《汉学师承记》有传。著有《易见》《尚书汇抄》等。

③段玉裁（1735—1816）：字若膺，号茂堂。江苏金坛人。清乾隆二十五（1766）年举人。至京师，师事戴震。官贵州玉屏县知县，署四川富顺及南溪县事，巫山县知县。以父老引疾归，居苏州枫桥，专意经术。《清史稿·儒林传》有传。著有《说文解字注》《尚书古文撰异》《毛诗故训传定本》《毛诗小学》《周礼汉读考》《仪礼汉读考》《春秋左氏古经》等。

④朱鹤龄（1606—1683）：字长孺，自号愚庵。江苏吴江人。明诸生。初为辞章之学，后致力于经学。认为《尚书孔传》为真，《史记》所载《汤诰》亲受于孔安国为伪。治学不分汉宋畛域。《清史稿·儒林传》有传。著有《毛诗稽古编》《毛诗通义》《尚书埤传》《易广义略》《春秋集说》《读左日钞》《禹贡长笺》等。

⑤庄存与（1719—1788）：字方耕，晚号养恬。江苏武进人。清乾隆十年（1745）由翰林院授编修累迁内阁学士、礼部侍郎。是常州今文经学派的创始人，其学被誉为"真汉学"。《清史稿》有传。著有《春秋正辞》

《春秋举例》《尚书概今》《八卦观象辞》《彖传论》《系辞传论》等多种。后均收入于《味经斋遗书》。

⑥张英（1637—1708）：字敦复，号乐圃。安徽桐城人。清康熙六年（1667）进士。历任侍读学士、侍郎、尚书等职。先后充《国史》《方略》《一统志》《渊鉴类函》《政治典训》总裁官。康熙四十年（1701）致仕南归，死后追赠为太子太傅。雍正八年（1730），诏入贤良祠。《清史稿》有传。著有《周易衷论》《书经衷论》等。

⑦盛百二：字秦川，号柚堂。秀水（今浙江嘉兴）人。清乾隆（1736—1795）年间举人。官淄川知县。《清史稿·儒林传》有传。著有《尚书释天》《柚堂文存》《柚堂笔谈》《柚堂续笔谈》等。

⑧五行：水、火、木、金、土五种物质。中国古代思想家把这五种物质作为构成万物的元素，以说明世界万物的起源和多样性。五行也称"五常"，即儒家崇尚的仁、义、礼、智、信。在佛家典籍中，还有所谓的布施行、持戒行、忍辱行、精进行、止观行等"五行"说。

⑨蒋廷锡（1669—1732）：字杨孙，号西谷，一号南沙。江苏常熟人。清康熙四十二年（1703）赠进士。历任内阁学士、侍郎、尚书、大学士、太子太傅等职。曾为《大清会典》副总裁和《圣祖实录》总裁。工诗词绘画，博通经史。《清史稿》有传。著有《尚书地理今释》。

⑩徐文靖（1667—1757）：字位山。安徽当涂人。清雍正元年（1723）举人，与任启运、陈祖范齐名。乾隆十七年（1752）以经学授翰林院检讨。生平考据经史，讲究实学。《清史稿·文苑传》有传。所著《管城硕记》三十卷，全祖望推服其考据精博。另著有《周易拾遗》《禹贡会笺》《竹书统笺》等。

⑪按：焦循曾著《尚书孔氏传补疏》，指出伪《孔传》仍具有七大优点。所列六十二条考证，讨论的主题有二：一是《尚书孔传》虽是伪书，但是它的解释较汉代马融、郑玄等经师更为精详，具有思想史上的价值。

二是《尧典》未亡,《大禹谟》、《皋陶谟》原为一篇。可参见《雕菰集》卷十六《群经补疏自序》。

⑫程瑶田（1725—1814）：字易畴，号让堂。安徽歙县人。少时与戴震同从江永问学。清乾隆三十五年（1770）中举人，曾任嘉定县教谕。《清史稿·儒林传》有传。所撰《通艺录》对经书中的有关制度、典章、舆地、名物等专题考辨，是研究经书名物制度极有参考价值的经学著作。

⑬成蓉镜（1816—1883）：字芙卿，后改名孺。江苏宝应人。《清史稿·儒林传》有传。著有《周易释爻例》《禹贡班义述》《尚书历谱》《春秋日南至谱》《春秋世族谱拾遗》等多种。

第三十二课　近儒之《诗》学

　　国初说《诗》之书，如钱澄之、《田间诗学》。严虞惇①、《读诗质疑》。顾镇②《虞东学诗》。咸无家法。而毛奇龄作《毛诗写官记》《诗札》，顾栋高作《毛诗类释》，亦多凿空之词。又吴江朱鹤龄作《诗通义》，杂采汉宋之说，博而不纯。陈启源与鹤龄同里，商榷《毛诗》作《毛诗稽古编》，虽未标汉学之帜，然考究制度名物，尚能明晰辨章。及李黼平③作《毛诗䌷义》，戴震④作《毛郑诗考证》《诗经补注》，咸宗汉诂。段玉裁受业戴震，复作《毛诗故训传》《诗经小学》，以校订古经，然择言短促。惟马瑞辰⑤《毛诗传笺通释》、胡承珙⑥《毛诗后笺》稍为精博。至陈奂受业段玉裁，作《毛诗义疏》⑦，舍郑用毛，克集众说之大成。并作《毛诗说》《毛诗音》及《郑氏笺考征》，以考《郑笺》之所本。近儒治《郑笺》者，有江都梅植之⑧拟作《郑笺疏》，未成。至若惠周惕作《诗说》，庄存与作《毛诗说》，则别为一派，舍故训而究微言。详于礼制。及魏源作《诗古微》，斥《毛诗》而宗三家《诗》，然择说至淆。龚自珍亦信魏说，非毛非郑，并斥序文。又丁晏作《诗考补注》，专采三家《诗》之说。陈乔枞⑨作《三家诗遗说》，并作《齐诗翼氏学疏证》，皆以三家为主，然单词碎义，弗克成一家之言。若夫包世荣作《毛诗礼征》，焦循作《毛诗草木虫鱼鸟兽释》，姚炳⑩作《诗释名解》，陈大章⑪作《诗传名物集览》，黄中松⑫作《诗疑辨证》，亦与焦同。亦多资多识，博闻之用。此近儒之《诗经》学也。

注：

①严虞惇（1650—1713）：字宝成，一字恩庵。江苏常熟人。早年补博士弟子。清康熙二十三年（1758）进士，授翰林院编修。后官四川和湖广乡试主考等。《清史稿·文苑传》有传。著有《诗经质疑》《文献通考详节》等。

②顾镇：字佩九，号古湫，又号虞东。昭文（今江苏苏州市）人。清乾隆三年（1738）举人，乾隆十九年（1754）进士，补国子监助教，迁官宗人府主事，充玉牒馆纂修。后主白鹿洞、钟山书院。《清史列传·儒林传》有传。著有《三礼札记》。

③李黼平（1770—1832）：字绣子，一字贞甫。嘉应（今广东梅州）人。清嘉庆十年（1805）进士，选翰林院庶吉士，官昭文令。主讲越华书院、宝安书院。后应阮元之聘，主学海堂书院。《清史稿·儒林传》有传。著有《毛诗紬义》。

④戴震（1723—1777）：字东原，又字慎修。安徽休宁人。早年从江永问学，因著《考工记》，名扬大江南北。后应秦惠田之邀编撰《五礼通考》。三十九岁中举，六次会试均不第，后以举人身份特召担任《四库全书》纂修官。五十二岁时特准参加殿试，授翰林院庶吉士，二年后病卒。《清史稿·儒林传》、江藩《汉学师承记》有传。著有《毛郑诗考证》《诗经补注》《尚书义考》《仪礼考证》《考工记图》《孟子字义疏证》《原善》，考订《水经注》等多种。今人编有《戴震全集》。

⑤马瑞辰（1782—1853）：字元伯，一字献生。安徽桐城人。清嘉庆十五年（1811）进士，选翰林院庶吉士，改任工部都水司员外郎等职。去官后，历主江西白鹿洞、山东峄山、安徽庐阳等书院讲席。后被太平军所杀。《清史稿·儒林传》有传。所著《毛诗传笺通释》，以兼采众说，不立汉、宋门户著称。

⑥胡承珙（1776—1832）：原刊误作"胡承琪"，今改正。字景孟，号

墨庄。安徽泾县人。清嘉庆十年（1805）进士，授翰林院庶吉士，散馆任编修。嘉庆十五年（1810）为广东乡试副考官。后历任御史、给事中，至台湾兵备道。《清史稿·儒林传》有传。著有《毛诗后笺》《仪礼古今文疏义》《尔雅古义》等。

⑦《毛诗义疏》：一作《诗毛氏传疏》。清陈奂著。全书三十卷，仿照《尔雅》体例，将《毛诗传》作了详细的分疏，被公认为清代研究《毛诗》最具代表性的著作。该书有清道光二十七年（1847）陈氏自刻本，后被王先谦收入《皇清经解续编》，现在通行的有商务印书馆《国学基本丛书》本。

⑧梅植之（1794—1843）：字蕴生，号嵇庵。江都（今江苏扬州市）人。清道光十九年（1839）举人。少勤学，家贫无书，手自抄写。工书善琴，曾拟著《穀梁集解正义》，未成而卒。《清史稿·艺术传》有传。有《嵇庵诗集》传世。

⑨陈乔枞（1808—1869）：字朴园、树滋。侯官（今福建福州市）人。清道光五年（1825）举人，任抚州知府。与其父陈寿祺均专事西汉今文经辑佚学。《清史稿·儒林传》有传。《三家诗遗说》，原名《三家诗遗说考》，对《鲁诗》《齐诗》《韩诗》三家在汉代递相传授的师法与家法及其师承源流都作了详细的分析考订。另著有《礼堂经说》、《诗经四家异文考》等，并续成其父未完成的《今文尚书经说考》，著作汇刻为《小琅玕馆丛书》。因其父文集为《左海全集》，故取名《左海续集》。

⑩姚炳：字彦晖。钱塘（今浙江余杭）人。清代经学家。著有《诗识名解》。

⑪陈大章：字仲夔，号雨山。湖北黄冈人。清康熙二十七年（1688）进士，官庶吉士，以母老乞归。精于《诗》。《清史列传·儒林传》有传。著有《诗传名物集览》。

⑫黄中松：字仲严。上海人。清代学者。著有《诗疑辨证》，考证精详，言多有据。

第三十三课　近儒之《春秋》学

　　顺、康之交，说《春秋》者，仍仿宋儒空言之例。如方苞①、《春秋通论》。俞汝言②《春秋平义》《四传纠正》。之书是也。毛奇龄作《春秋传》，又作《春秋简书刊误》《春秋属辞比事记》，以经文为纲，然穿凿无家法。惠士奇作《春秋说》，以典礼说《春秋》，其书亦杂糅"三传"。顾栋高《春秋大事表》博大精深，惜体例未严。治《左氏》者，自顾炎武作《杜解集正》，朱鹤龄《读左日钞》本之。而惠栋、《左传补注》。沈彤③、《春秋左传小疏》。洪亮吉④、《左传诂》。马宗梿⑤、《左传补注》。梁履绳⑥《左传补释》。咸纠正杜注，引申贾、服之绪言，以李贻德⑦《贾服古注辑述》为最备。至先曾祖孟瞻公⑧作《左传旧注正义》，始集众说之大成，是为《左氏》之学。治《公羊》者，以孔广森⑨《公羊通义》为嚆矢，会通礼制，不墨守何氏之言。凌曙⑩作《公羊礼说》《公羊礼疏》《公羊问答》，亦以《礼》为纲。并注董子《繁露》。弟子陈立⑪广其义，作《公羊正义》。并疏《白虎通》。及庄存与作《春秋正辞》，宣究《公羊》大义，其甥刘逢禄复作《公羊何氏释例》《何氏解诂笺》，并排斥《左传》⑫、《穀梁》。而宋翔凤⑬、魏源、龚自珍、王闿运⑭咸以《公羊》义说群经，是为《公羊》之学。治《穀梁》者，有侯康⑮、《穀梁礼证》。柳兴恩⑯、《穀梁大义述》。许桂林⑰、《穀梁释例》。钟文烝⑱《穀梁补注》。咸非义疏。梅毓⑲作《穀梁正义》，亦未成书。是为《穀梁》之学。若夫段玉裁校定古经，陈厚耀⑳校正历谱，江永考究地舆，咸为有用之学。此近儒之《春秋》学也。

注：

①方苞（1668—1749）：字凤九，号灵皋，又号望溪。安徽桐城人。早年由父亲口授诸经。以孝著称。清康熙四十五年（1706）进士，官武英殿修书总裁，至礼部侍郎，桐城派创始人。论学一崇宋儒，治经推衍朱熹、程颐、程颢经说，尤精"三礼"。《清史稿·文苑传》有传。著有《周官集证》《周官析疑》《周官辨》《仪礼析疑》《考工记析疑》《礼记析疑》《春秋直解》等多种，后汇刻为《望溪全集》。

②俞汝言（1614—1679）：字右吉。明亡后，自号浙川老民。秀水（今浙江嘉兴）人。明诸生。后周游各地，搜罗载籍益富，所读均为当时稀少之书，归而闭门著述，晚年双目失明，犹口授著书。著有《春秋平义》《四传纠正》《易京房图》《先儒语录》《礼服沿革》《谥法补考》等。

③沈彤（1688—1752）：字冠云，号果堂。江苏吴江人。自少力学，以究经为事。清乾隆元年（1736），因参与修撰"三礼"及《一统志》授九品官，后以亲老辞归。与惠栋相友，治经专精礼学。《清史稿·儒林传》、江藩《汉学师承记》有传。著有《仪礼小疏》《春秋左氏传小疏》《尚书小疏》《周官禄田考》《果堂集》等。

④洪亮吉（1746—1809）：原名礼吉，字稚存、君直，号北江，一号更生居士。阳湖（今江苏常州）人。早年从学于朱筠，与戴震、邵晋涵、王念孙、章学诚等交游。清乾隆五十五年（1790）进士，授翰林院编修，官贵州学政。嘉庆时因批评朝政，贬谪新疆伊犁，不久赦还。工诗文，与黄景仁齐名。《清史稿》、江藩《汉学师承记》有传。著有《春秋左传诂》《公羊穀梁古义》《比雅》《六书转注录》。另有《乾隆府厅州县图》《三国疆域志》《更生斋集》等，后汇刻为《洪北江遗集》。

⑤马宗梿（？—1802）：原刊误作"马宗琏"，今改正。字器之，号鲁陈。安徽桐城人。清嘉庆六年（1801）进士。少师从其舅姚鼐，工文辞。

后受业邵晋涵、任大椿、王念孙等。治《毛诗》《周礼》及"三传",《清史稿·儒林传》有传。著有《春秋左传补注》《毛诗郑诂训考证》《周礼郑注疏证》《穀梁传疏证》等。

⑥梁履绳(1748—1793):字处素。钱塘(今浙江余杭县)人。梁玉绳弟,有诗名。清乾隆五十三年(1788)举人。通晓音韵训诂之学,长于《左传》。《清史稿·儒林传》有传。著有《左传补述》。

⑦李贻德(1783—1832):字天彝,号次自,一号杏邨。浙江嘉兴人。清嘉庆二十三年(1818)举人,投孙星衍门下。孙晚年所著书,多出其手。与冯登府、周茂才、张昌衢齐名。《清史稿·儒林传》有传。著有《周礼賸义》《诗考异》《诗经名物考》等。

⑧孟瞻:刘文淇的字,刘师培的曾祖父。江苏仪征人。清嘉庆二十四年(1819)优贡生,候选训导。曾拟分撰《左传旧注疏证》(原刊作《左传旧注正义》)和《左传旧疏考证》两种。后者在道光十八年(1838)刊行,独《左传旧注疏证》卷帙浩繁,未成书而卒。子毓崧、孙寿曾相继编注。但仅至襄公五年为止。《清史稿·儒林传》有传。著有《扬州水道记》《青奚旧屋集》等。

⑨孔广森(1752—1786):字众仲,一字撝约,号顨轩。山东曲阜人。孔子六十八代孙,袭衍圣公。清乾隆三十六年(1771)进士,选授翰林院庶吉士,散馆后授检讨。戴震门生,又师事桐城姚鼐和常州庄存与,以骈文知名,并对《公羊》学复兴有一定影响。《清史稿·儒林传》、江藩《汉学师承记》有传。著有《春秋公羊传通义》《大戴礼记补注》《礼学卮言》《经学卮言》等。

⑩凌曙(1775—1829):字晓楼,一字子升。江苏江都人。出生香工,自学成才。国子监生。清道光(1821—1850)年间入阮元幕府校书。初治礼,宗郑玄,后改宗何休公羊遗说。《清史稿·儒林传》有传。著有《春秋繁露注》《春秋公羊礼疏》《公羊礼说》《公羊问答》《礼论略钞》《礼

说》《四书典故核》等,后汇刻为《蜚云阁凌氏丛书》。

⑪陈立(1809—1869):字卓人,又字默斋。江苏句容人。清道光二十一年(1841)进士,授翰林院庶吉士,升刑部主事、郎中,官任云南曲靖知府。早年师从凌曙、梅植之,又从古文经学家刘文淇问学,通晓《春秋公羊传》、许慎《说文解字》和郑玄《三礼注》,以罗列材料见长。《清史稿·儒林传》有传。著有《公羊义疏》《白虎通疏证》《尔雅旧注》《句溪杂著》等多种。

⑫按:刘逢禄认为《左氏春秋》为传《春秋》之书,是"刘歆妄作"。他说:"余年二十读《左氏春秋》,疑其书法是非多失大义。继读《公羊》及董子书,乃恍然于《春秋》非纪事之书,不必待左氏而明。左氏战国人,故其书终于三家分晋,而续经乃刘歆妄作也。"(说见《左氏春秋考证》)。刘氏对《左传》性质的这一定案,学界也都认同这是晚清康有为力倡"新学伪经"说的最初源头。

⑬宋翔凤(1776—1860):字虞廷,又字于庭。江苏长州(今吴县)人。清嘉庆五年(1800)举人。历官泰州学正、训导、知县。其学出于舅父庄述祖。后入段玉裁之门。治经发挥西汉董仲舒天人感应论,杂以谶纬,并兼治东汉许、郑之学。晚年编撰《过庭录》,表彰两宋理学,将程朱与董仲舒并尊,调和汉宋学术之争。《清史稿·儒林传》有传。著有《周易考异》《卦气解》《尚书略说》《尚书谱》《论语郑注》《大学古义说》等,后汇编为《浮溪精舍丛书》。

⑭王闿运(1832—1916):字壬秋,一字壬父,晚号湘绮老人。湖南湘潭人。清咸丰三年(1852)举人。少有文名,与邓辅纶、邓绎、李寿蓉、龙汝霖等同立"兰林词社",自标"湘中五子"。后为曾国藩幕僚。晚年从事著书讲学,主持衡州船山书院、成都尊经书院、长沙思贤讲舍,曾任江西大学堂总教习。清末,授翰林院检讨;民国初任清史馆馆长等职。经学推崇公羊何休注。《清史稿·儒林传》有传。著有《周易说》《尚书大传补注》《尚书笺》《春秋公羊笺》《周官笺》《礼记笺》等经学

著作十部，另有《庄子注》《湘军志》等。

⑮侯康（1798—1837）：原名廷楷，字君模。广东番禺人。清道光十五年（1835）举人，长于《春秋》。曾仿照裴松之注释《三国志》体例注释隋以前诸史。《清史稿·儒林传》有传。著有《春秋古经说》《穀梁疏证》《后汉书补注续》《三国志补注》等。

⑯柳兴恩（1795—1880）：初名兴宗，字宾叔。江苏丹徒人。清道光二十年（1832）举人。受业阮元。以治《春秋穀梁传》著称。《清史稿·儒林传》有传。著有《穀梁春秋大义述》《周易卦气辅》《虞氏逸象考》《尚书篇目考》《群经异义》《毛诗注疏纠补》等。

⑰许桂林（1779—1821）：字月南，一字同叔。海州（今江苏连云港市）人。清嘉庆二十一年（1816）举人。甘泉罗士琳曾从其学。长于《春秋穀梁传》，兼及文字、天文、算学。《清史稿·儒林传》有传。著有《春秋穀梁传日月书法释例》《易确》《许氏说音》《算牖》等。

⑱钟文烝（1818—1877）：字展才，一字朝美，号子勤。嘉善（今浙江嘉善）人。清道光二十六年（1846）举人。同治初，应江苏忠义局之聘任编纂。治经一宗汉学，所著《穀梁补注》是对东晋范宁《春秋穀梁传集解》的补充，是现传清人十三经新疏中较好的一种。《清史稿·儒林传》有传。另著有《鲁论语》《论语序》《乡党集说备考》等。

⑲梅毓：字延祖，梅植之之子。清同治九年（1870）举人，曾拟作《穀梁正义创通条例》，长编已具，未写定而卒。《清史稿·儒林传》有传。著有《刘更生年表》传世。

⑳陈厚耀（1648—1722）：字泗源，号曙峰。泰州（今江苏泰州）人。清康熙四十五年（1706）进士，官苏州府教授。因精通天文算法，授编修，与梅毂成同修历书。官至司业、左谕德。曾补杜预《长历》为《春秋长历》。《清史稿·儒林传》有传。著有《春秋战国异辞》《礼记分类》《春秋世族谱》等。

第三十四课　近儒之《礼》学

近儒治"三礼"学者，始于徐乾学①《读礼通考》。仅"凶礼"一门。而万斯大②、作《学礼质疑》《仪礼商》《礼记偶笺》。蔡德晋③、作《礼经礼传本义》及《通礼》。毛奇龄、于"昏礼""丧礼""祭礼""庙制""学校""明堂""宗法""郊禘"咸有著述。盛世佐④《仪礼集编》。咸治《礼经》，然糅杂无家法。安溪李氏亦深于"三礼"，李光地作《周官笔记》，其弟光坡复作《三礼述注》，兄子某亦作《周礼训纂》⑤。方苞问业光地，殚心《礼》学，于"三礼"皆有书。亦武断无伦绪。惟张尔岐⑥《仪礼郑注句读》分析章句，条理秩然。而吴廷华⑦、《仪礼章句》。金曰追⑧、《仪礼正讹》。沈彤、《仪礼小疏》。褚寅亮⑨《仪礼管见》。亦宗汉诂治《仪礼》。及江永作《礼经纲目》，于"三礼"咸有撰著，作《周礼疑义举要》《礼记训义择言》《释宫补》。戴震、作《考工记图》。金榜⑩作《礼笺》。承其学。同学之士，有胡匡衷⑪、作《仪礼释宫》。程瑶田。作《宗法小记》《丧服足征录》《释宫小记》《考工创物小记》，兼通水地声律之学。后有凌廷堪⑫、胡培翚，以廷堪《礼经释例》为最精。任大椿、作《释缯》《弁服释例》。阮元⑬、作《车制考》。孔广森作《大戴礼补注》。咸从戴震问《礼》。张惠言与榜同学，作《仪礼图》，秦蕙田《五礼通考》，集三礼"之大成。亦采江、戴之绪言。自胡培翚作《仪礼正义》，而朱彬作《礼记训纂》，孙诒让⑭作《周礼正义》，"三礼"新疏咸出旧疏之上矣⑮。后起之书，有黄以周《礼书通故》为最详备。若夫论《礼经》者，有惠士奇、《礼说》。庄存与、《周官说》。凌曙。《礼论》。考名物制度者，有齐召南⑯、沈彤、

《周官禄田考》。王鸣盛、《周礼军赋说》。惠栋、《明堂大道录》。金鹗⑰。《礼说》。疑"三礼"者,有方苞、《疑周礼仪礼》。邵位西。⑱《疑仪礼》。此近儒之"三礼"学也。

注:

①徐乾学(1631—1694):字原一,号健庵。江苏昆山人。清顺治十七年(1660)举人。康熙九年(1670)进士。授编修,后任内阁学士、左都御史、刑部尚书等职。曾汇集唐迄明以来解经之书,编为《通志堂经解》。《清史稿》有传。所著《读礼通考》一百二十卷(实由万斯同代撰),仿朱熹《仪礼经传通释》,专考历代典制,尤详丧礼,是研究中国古代丧礼的重要参考书。

②万斯大(1633—1683):字充宗,晚号跛翁,学者称"褐夫先生"。鄞县(今浙江宁波)人。师从黄宗羲治学,不事科举,潜心经学研究。《清史稿·儒林传》有传。著有《周官辨非》《仪礼商》《礼记偶笺》《学礼质疑》《春秋随笔》等。另据《文献征存录》载有未刊稿《礼记集解》与《春秋明辨》二种。

③蔡德晋:字仁锡。江苏无锡人。清雍正四年(1726)举人。乾隆中举明经行修,授国子监学正,迁工部司务。《清史稿·儒林传》有传。著有《礼经本义》《礼传本义》《通礼》等。

④盛世佐:字庸三。浙江秀水(今浙江嘉兴)人。清贵州龙里知县。《清史稿·儒林传》有传。著有《仪礼集编》。

⑤按:此谓兄子某,即李光地之子李钟伦。清康熙三十二年(1693)举人,曾从其叔父李光坡学习"三礼"之学,撰有《周礼训纂》二十一卷。据该书后跋称:"钟伦初受三礼于其叔光坡,康熙三十二年(1693)乡荐,公车后,日侍其父光地于京邸。及光地出督顺天学政,复迁直隶巡抚,十余年中,钟伦皆随行,得其指授。又多与宣城梅文鼎、长洲何焯、宿迁徐用锡、河间王之锐、同里陈万策等互相讨论。"

⑥张尔岐（1612—1677）：字稷若，号蒿庵。山东济阳人。明末诸生，明亡，绝意仕进，潜心《仪礼》研究，著述终身。《清史稿·儒林传》、江藩《汉学师承记》有传。著有《周易说略》《诗经说略》《老子说略》《蒿庵闲话》《济阳县志》等。

⑦吴廷华（1682—1755）：初名兰芳，字中林，号东壁。浙江钱塘（今浙江余杭）人。清康熙五十三年（1714）以《五经》中乡试，雍正二年（1724）授中书舍人，为福建海防同知、兴化通判。乾隆十五年（1750）以经学举。《清史稿·儒林传》有传。著有《三礼疑义》《仪礼章句》《曲台小录》《东壁书庄集》等。

⑧金日追：字对扬，号璞园。嘉定（今属上海）人。王鸣盛门人，精于校勘，于《十三经》皆有校。《清史稿·儒林传》有传。著有《仪礼经注疏正讹》。

⑨褚寅亮（1715—1790）：字搢升，号鹤侣，自号宗郑。长洲（今江苏吴县）人。清乾隆十六年（1751）举人，由内阁中书迁刑部员外郎。早年习《公羊》何休之学，后主郑玄之学，精《仪礼》，并精通天文历算，长于勾股和较相求诸法。《清史稿·儒林传》有传。著有《春秋公羊传释例》《仪礼管见》《十三经笔记》等。

⑩金榜（1735—1801）：字辅之，一字蕊中，号檠斋。安徽歙县人。清乾隆二十九年（1770）举人。授内阁中书，军机处行走。乾隆三十七年（1778）一甲一名进士。授翰林院修撰，充山西副考官。与戴震同师从江永，治《礼》宗郑玄。《清史稿·儒林传》、江藩《汉学师承记》有传。著有《礼笺》。

⑪胡匡衷：字寅臣，号朴斋。安徽绩溪人。清乾隆（1736—1795）年间由岁贡生候选训导。与胡承珙、胡培翚合称"三胡"。《清史稿·儒林传》有传。所著《仪礼释官》九卷，以三礼与《左传》《国语》相参证，多补旧注疏之阙。另著有《周易传义疑参》《三礼札记》《周礼井田图考》

《郑氏仪礼目录校证》《论语补笺》《左传翼服》《庄子集评》等。

⑫凌廷堪（1755—1809）：字次仲，又字仲子。原籍安徽歙县，后随父迁居江苏海州。清乾隆五十五年（1790）进士，例选知县，改宁国府教授。所著《礼经释例》，被誉为研究《礼经》的佳制。《清史稿·儒林传》、江藩《汉学师承记》有传。著有《礼经校释》《校礼堂文集》《校礼堂诗集》《元遗山年谱》等。

⑬阮元（1764—1849）：字伯元，号芸台。江苏仪征人。清乾隆五十四年（1789）授编修，历任巡抚、总督，至体仁阁大学士。在任职期内，组织编纂《经籍籑诂》《畴人传》，汇刻《十三经注疏》《皇清经解》，撰写《十三经注疏校勘记》，创建了学海堂、诂经精舍等书院，推阐古圣贤说以教士，主持学术五十余年。《清史稿》有传。其著述均收录于《揅经室集》。

⑭孙诒让（1848—1908）：字仲容，一作仲颂，号籀庼居士。浙江瑞安人。清同治六年（1867）举人，任刑部主事。晚年主持温州师范学堂，充任浙江教学会会长等职。对先秦诸子、文字学及甲骨文都有研究。所著《周礼正义》，是解释《周礼》较为完备的著作。《清史稿·儒林传》有传。另著有《墨子间诂》《古籀拾遗》《契文举例》《札迻》《逸周书斠补》等。

⑮按：清人著有九种新疏，共十二部，分别是：江声的《尚书集注音疏》，王鸣盛的《尚书后案》，孙星衍的《尚书今古文注疏》，陈奂的《诗毛氏传疏》，胡培翚的《仪礼正义》，刘文淇的《左传旧注疏证》，陈立的《春秋公羊传义疏》，刘宝楠的《论语正义》，焦循的《孟子正义》，邵晋涵的《尔雅正义》，郝懿行的《尔雅义疏》，孙诒让的《周礼正义》。

⑯齐召南（1703—1768）：字次风，号琼台，晚号息园。浙江天台人。清雍正七年（1729）副贡，乾隆元年（1736）举博学鸿词科，授庶吉士，修《一统志》及《明鉴纲目》。后授翰林院检讨，以擅长文学为乾隆所赏

识。《清史稿》有传。著有《水道提纲》《史汉功臣侯第考》《历代帝王表》等。

⑰金鹗（1771—1819）：字秋史，一字风荐，号诚斋。清浙江临海人。优贡生。精于礼学，曾肄业于杭州诂经精舍。《清史稿·儒林传》有传。著有《求古录礼说》《乡党正义》等。

⑱邵位西：邵懿辰（1810—1861），字位西。浙江仁和（今杭州）人。清道光十一年（1831）举人，考取内阁中书，入值军机处。咸丰十一年（1861），太平军攻杭州，自杀于城中。以理学之见解经，排斥汉学。所著《礼经通论》，弘扬李光地理学；《尚书通义》则斥刘歆而崇尚梅赜。《清史稿·儒林传》有传。另著有《尚书传授同异考》《孝经通论》《位西遗稿》《四库简明目录标注》等。

第三十五课　近儒之《论语》学附《孟子》《学》《庸》

　　国初之儒，治《论语》者，咸宗朱注，空言义理。及刘台拱①、作《论语骈枝》。方观旭②、作《论语偶记》。钱坫③、作《论语后录》。包慎言④作《论语温故录》。始宗汉注治《论语》。而刘宝楠《论语正义》以何晏《集解》为主，集众说之大成。后刘逢禄、作《论语述何》。宋翔凤、作《论语发微》。戴望作《论语注》。咸以《公羊》述《论语》，别成一家言，而焦循《论语通释》析理尤精。江永《乡党图考》，亦究心名物制度。继起之书，有黄式三⑤《论语后案》，力持汉宋之平，时有善言。

　　近儒治《孟子》者，亦空言性理，唯黄宗羲《孟子师说》为稍优。若焦循《孟子正义》折中赵注，广博精深。而戴震《孟子字义疏证》解析义理，黜宋崇汉，亦近代之奇书也。

　　国初治《学》《庸》者，亦从朱子定本。自毛奇龄、作《大学证文》。李塨《大学辨业》。始排斥朱注。而李光地治《大学》，亦主复古本，惟所作《中庸章段》仍空言义理。乾嘉以后，治汉学者，则反《学》《庸》于《礼记》，而汪中《大学评议》尤为正本清源之论。若惠栋、《易大义》。魏源《易庸通义》。则以《周易》述《中庸》，宋翔凤、包慎言则以《公羊》述《中庸》，别为一派。

　　近儒虽多宗汉学，然以《学》《庸》《论》《孟》为四书，仍多沿宋儒之号。毛奇龄作《四书改错》，排斥朱注不遗余力⑥。而阎若璩《四书释地》、翟灏⑦《四书考异》、凌曙《四书典故核》考证亦精，皆宗汉注而排斥宋注者也。

注：

① 刘台拱（1751—1805）：原刊误作"刘台琪"，今改正。字端临，江苏宝应人。清乾隆三十五年（1770）中举。与朱筠、王念孙、戴震相善。曾任丹徒训导，取《仪礼》内容与诸生共习礼容。治学兼取汉学与宋学。《清史稿·儒林传》、江藩《汉学师承记》有传。著有《论语骈枝》《论语补注》《汉学拾遗》《荀子补注》《国语补注》等。

② 方观旭：仁和（今浙江杭州）人。清代学者，官庶吉士，著有《论语偶记》。

③ 钱坫（1744—1806）：字献之，号十兰。嘉定（今属上海）人。钱大昕之侄。通经史之学，为朱筠所推重。清乾隆三十九年（1774）游关中，入毕沅幕府，与方子云、洪亮吉、孙星衍等讨论经学。后官乾州州判。《清史稿·儒林传》、江藩《汉学师承记》有传。著有《诗音表》《车制考》《论语后录》《十经文字通正书》等，后汇刻为《钱氏四种》。

④ 包慎言：一名孟开。泾县（今属安徽）人。曾与刘宝楠、刘文淇、梅植之、柳兴恩、陈立等人相约各治一经。《清史列传·儒林传》有传。著有《经义考言》《公羊传历谱》《论语温故录》等。

⑤ 黄式三（1789—1862）：字薇香。定海（今属浙江）人。清道光年间岁贡生。博通经籍，精研"三礼"。所著《论语后案》，以不持汉宋门户之见著称。《清史稿·儒林传》有传。另著有《诗序说通》《诗传笺考》《易释》、《春秋释》《音韵部略》《诗丛说》《儆居集经说》等。

⑥ 按：毛奇龄《四书改错》云："日读《四书》，日读《四书注》，就其注义以作八比，又无一不错。人错、天类错、地类错、物类错、官师错、朝庙错、邑里错、宫室错、器用错、衣服错、饮食错、井田错、学校

错、郊社错、禘尝错、丧祭错、礼乐错、刑政错、典制错、故事错、记述错、章节错、句读错、引书错、据书错、改经错、改注错、添补经文错、自造典礼错、小诂大诂错、抄变词例错、贬抑圣门错,真所谓聚九州四海之铁铸不成此错矣。"章太炎谓"毛奇龄诋朱有余,自身瑕垢则或转过于朱,如《四书改错》,可笑可鄙之处甚多"参见支伟成《清代朴学大师列传》卷首《章太炎先生论订书》。

⑦翟灏(?—1788):字大川,一字晴江。仁和(今浙江杭州)人。清乾隆十九年(1754)进士,任金华、衢州教授。精于文字训诂,《清史稿·儒林传》有传。著有《说文称经证》《四书考异》《尔雅补郭》《通俗篇》等。

第三十六课　近儒之《孝经》学附《尔雅》

近儒治《孝经》者，始于毛奇龄。奇龄作《孝经问》，排朱子、吴澄之说，然以空理相驳诘，颇乖著书之体。自阮福作《孝经义疏》定郑注为小同所著，而近人皮锡瑞①复作《孝经郑注疏》，以伸郑注之义。若丁晏《孝经征文》，征引繁博，且力攻《孔传》为伪书。汪宗沂《孝经辑传》复攻郑注为不经，而姚际恒②作《古今伪书考》，直列《孝经》于伪书，定为张禹同时人所作，殆疏于考证者也。

近儒治汉学者，咸治《尔雅》，以古训为宗。邵晋涵③作《尔雅正义》，以郭注为主，守疏不破注之例。郝懿行复作《尔雅义疏》，虽亦宗郭注，然注有讹谬，则博采汉注，或以己说订正之。且正名辨物，咸即字音求字义，多得阮元之传。若臧庸④辑《尔雅》旧注，叶蕙心⑤复作《尔雅古注斠》，皆旁采汉魏以前旧说，唯语鲜折中。又近人胡元玉作《雅学考》，于雅学源流叙列颇详。《尔雅》以外，疏张揖《广雅》者，有王念孙⑥。疏扬雄《方言》者，有戴震、钱侗⑦，而杭世骏⑧复作《续方言》，沈龄⑨为之作疏。疏刘熙《释名》者，有江声、毕沅⑩。释许慎《说文解字》者，有段玉裁、桂馥⑪、王筠⑫。余书甚多。辑吕忱《字林》者，有任大椿⑬，而大椿复辑《小学钩沈》。若夫吴玉搢⑭作《别雅》，宋翔凤疏《小尔雅》，孙星衍辑《仓颉篇》，皆足补《尔雅》注疏之缺。此小学所由日盛也。

注：

①皮锡瑞（1850—1908）：原刊误作"皮日瑞"，今改正。字鹿门，湖南善化（今湖南长沙）人。因崇尚今文经学家伏生，故称"师伏先生"。清光绪八年（1882）举人，考取内阁中书。先后主持湖南桂阳龙潭书院、南昌经训书院。1898年，被聘为南学会学长。生前推崇康有为、梁启超变法理论。戊戌变法失败后，被革举人，交地方官管束。后历任湖南高等师范馆、中路师范、长沙府中学堂讲席等。所著《经学历史》《经学通论》，在近代中国的学界影响深远。另著有《今文尚书考证》《王制笺古文尚书》《六艺论疏证》《驳五经异义疏证》等多种，刊有《师伏堂丛书》和《皮氏八种丛书》两种。

②姚际恒（1647—1715）：字立方，一字首源，号善夫。安徽桐城人，寄籍浙江仁和（今浙江杭州）。学问渊博，著述宏富。所著《古今伪书考》，为清初辨伪名著之一。阎若璩编撰《尚书古文疏证》曾受他影响。《清史稿·儒林传》有传。另著有《九经通论》《庸言录》等。

③邵晋涵（1743—1796）：字舆桐，一字二云，自号南江。余姚（今浙江余姚）人。清乾隆三十六年（1771）进士，以庶吉士入四库全书馆，历任《万寿盛典》《八旗通志》、国史馆、三通馆的纂修官。他继承了浙东学派的传统，精于史学。《清史稿·儒林传》、江藩《汉学师承记》有传。所著《尔雅正义》，为清代十三经新疏之一。他校勘群经的成果均保存在《南江札记》中。

④臧庸（1767—1811）：原名镛堂，字在东，号拜经。臧琳玄孙，江苏武进人。师从卢文弨，并与钱大昕、段玉裁等学者切磋学问。曾入阮元幕府协助汇辑《经籍籑诂》，校勘《十三经注疏》，汇刻曾祖臧琳与己书为《拜经堂丛刻》。《清史稿·儒林传》有传。著有《孝经考异》《乐记二十二篇注》《子夏易传》《诗考异》《韩诗遗说》《拜经日记》《拜经堂文

集》等。

⑤叶蕙心：生平事迹不详。著有《尔雅古注斠》《如兰诗钞》，载《清史稿·艺文志一、四》。

⑥王念孙（1744—1832）：字怀祖，号石臞，学者称"石臞先生"，江苏高邮人。清乾隆四十年（1775）进士。所著《读书杂志》，首开清代研究诸子书的先河。《清史稿·儒林传》有传。著有《广雅疏证》《释大》《方言疏证补》《群经字类》等。

⑦钱侗（1778—1815）：字司人，号赵堂。嘉定（今属上海）人。钱大昕侄子。精于音韵训诂之学。《清史稿·儒林传》有传。著有《九经补韵考》《说文音韵表》等。

⑧杭世骏（1695—1772）：字大宗，号堇甫，别号秦亭山民、阿骏。室名道古堂。浙江仁和（今杭州）人。清乾隆元年（1736）举博学鸿词科，授翰林院编修，因上疏直言获罪罢官。晚年主讲广东粤秀、扬州安定等书院。相传其挚友全祖望曾揭发他在主持书院期间变相索贿，心怀不满，以至乘全祖望弟子请他为其师撰写墓志铭之机，索去全氏编定的《鲒埼亭集》手稿，藏匿多年。一说手稿部分已据为己有而编入他的《道古堂集》中。《清史稿·文苑传》有传。著有《礼例》《续礼记集说》《石经考异》《续方言》《史记考异》《汉书疏证》《补晋书传赞》等。

⑨沈龄：甘泉（今江苏扬州）人。清道光二十五年（1845），曾应梅植之的邀请，参与校勘《旧唐书》的编撰。著有《续方言疏证》，载《清史稿·艺文志一》。

⑩毕沅（1730—1797）：字湘蘅，一字秋帆，自号灵岩山人。江苏镇洋（今江苏太仓）人。清乾隆二十二年（1757）、以举人为内阁中书，军机处行走。乾隆二十五年（1760）进士，授编修，历官巡抚、总督。治学提倡考据，精于校勘学。《清史稿》有传。所校《山海经》《夏小正》《老子道德经》《墨子》《吕氏春秋》《晋书》等多种，均收录于《经训堂丛

书》中。

⑪桂馥（1736—1805）：字冬卉，号未谷。山东曲阜人。清乾隆五十五年（1790）进士，官云南永平知县，卒于官。精于《说文》。《清史稿·儒林传》、江藩《汉学师承记》有传。著有《说文解字义证》《札朴》《晚学集》等。

⑫王筠（1784—1854）：字贯山，号箓友。山东安丘人，清道光元年（1821）举人。曾任山西乡宁知县，徐沟、曲沃等县代理知县。精研《说文》，与段玉裁、桂馥、朱骏声并称"四大家"。《清史稿·儒林传》有传。著有《说文释例》《说文解字句读》《文字蒙求》《说文系传校读》《禹贡正字》《毛诗重言》等。

⑬任大椿（1738—1789）：字幼植，一字子田，江苏兴化人。清乾隆三十四年（1769）二甲一名进士，授礼部主事。三十八年（1773）为《四库全书》编纂官，其礼经提要多出其手，后以郎中授御史。经学长于《礼》，尤擅名物考证。江藩《汉学师承记》有传。著有《深衣释例》《弁衣释例》《释缯》《小学钩沉》等。

⑭吴玉搢（1699—1774）：字藉五，号山夫。江苏山阳（今江苏淮安）人。清康熙（1662—1722）年间由廪贡生任凤阳府训导。博学多思，精通六书假借之学。曾删略重定阎若璩《潜邱劄记》。《清史稿·儒林传》、江藩《汉学师承记》有传。著有《说文引经考》《六书述部叙考》《别雅》《金石存》等。

第 二 册

弁　言

　　《班志》言《五经》，《易》为之原，则经书当首列《易经》。《易经》一书，所该之学最广，惟必先明其例，然后于所该之学分类以求，则知《易经》非仅空言，实古代致用之学。惜汉儒言象、言数，宋儒言理，均得《易》学之一端。若观其会通，其惟近儒焦氏之书乎？故今编此书多用焦氏之说，刺旧说者十之二，参臆解者十之三。如《易》于《象传》之外，兼有《象经》，则系前人所未言。惟限于篇幅，引而申之，是在读者。又此编计三十六课，以供学校第三学期之用。体例虽与前册稍殊，然均以发明《易》例为主，揭重要之义为纲，而引申之语，参考之词，皆列为目，以教科书应以简明为主也。然《易经》全书之义例，粗备于此矣。

第一课 《易经》总义

《汉书·艺文志》云:"《诗》《书》《礼》《乐》《春秋》五者,五常之道,而《易》为之原。"①故《易经》之书为《六经》之首。今先举《易经》之大纲条列如下:

一、《易经》之名义。

《参同契》②曰:"日月为易。"虞翻注云:"字从日下月。"

《说文》曰:"秘书说日月为易象阴阳也。"

《乾凿度》③云:"浑沦者,言万物相浑成而未相离,视之不见,听之不闻,循之不得,故曰易。"案:此即《易经》所谓"援始"。其详见后课哲学条。

二、《易经》之作用。

《系辞》④曰:"夫易开物成务,冒天下之道。如斯而已者也。是故圣人以通天下之志,以定天下之业,以断天下之疑。"郑玄《周易注》云:"《易》道周普,无所不被。"

又曰:"《易》有圣人之道四焉,以言者尚其辞,以动者尚其变,以制器者尚其象,以卜筮者尚其占。"

又曰:"列贵贱者存乎位,齐小大者存乎卦,辨吉凶者存乎辞,忧悔吝者存乎介,震无咎者存乎悔。"

又曰:"《易》弥纶天地之道。"

又曰:"《易》之为书也,广大悉备,有天道,有地道,有人道。"⑤

三、《易经》之义旨。

《礼记·祭义》篇云："昔者，圣人建阴阳天地之情，立以为《易》。"

《礼记·经解》篇云："洁净精微，《易》教也。"

《春秋繁露》曰："《易》明其知。"⑥

《庄子》曰："《易》以道阴阳。"⑦

《史记》曰："《易》著天地阴阳四时，"五行，"二字衍。故长于变。《易》以道化。"⑧

《淮南子》⑨云："《易》之失鬼。"注云："《易》以气定吉凶，故鬼。"

又云："《易》之义，清明条达。"

郑玄《六艺论》⑩曰："《易》者阴阳之象，天地之所变化，政教之所从生。"

四、读《易》之法。

《系辞》云："居则观其象而玩其辞，动则观其变而玩其占。"

褚澄曰："盖无体不可以一体求，屡迁不可以一迁执。"⑪

焦循曰："学《易》者，必先知伏羲未作八卦前系何世界？伏羲作八卦重为六十四卦何以能治天下？神农、尧、舜、文王、周公、孔子何奉此卦画为万古修己治人之道？"

又曰："《易经》一书，不外比例、引申《易》辞，俱是举一隅欲人三反。"

以上所言，皆《易经》一书之总纲也。治《易》者，当用褚氏、焦氏⑫之法以求之，庶乎可以通《易》学矣。

注：

①按：引语有删略，现录之以资参照："六艺之文，《乐》以和神，仁之表也；《诗》以正言，义之用也；《礼》以明体，明者著见，故无训也；《书》以广听，知之术也；《春秋》以断事，信之符也。五者，盖五常之道，相须而备，而《易》为之原。"参见汉班固《汉书》卷三十《艺文志》，中华书局1983年版。

②《参同契》：全名《周易参同契》，三卷。东汉魏伯阳著。魏伯阳，名翱，自号云牙子，生卒年月不详，会稽上虞（今属浙江）人。本高门之子，性好道术。《参同契》假借坎、离、水、火、龙、虎、铅、汞等各种法相，来说明炼丹养生，是中国早期道教的一部重要著作。引语参见清惠栋《易例》卷上"易"条。

③《乾凿度》：全名《周易乾凿度》，二卷。西汉郑玄注。为汉代《易纬》的一篇。内容包括《易》学名义说、太易说、九宫说、八卦方位说、爻辰说、卦气说等，以象数发挥《易》旨，并使之神秘化。自东汉至唐，李鼎祚《周易集解》多取其说。宋代朱熹的《易本义》也深受其影响。引语参见清惠栋《易例》卷上"易"条。

④《系辞》："十翼"之一，分上下二篇。通论《周易》的起源、作用、占筮方法，诠释卦名以及补充《彖》《象》《说卦》三传的不足。有关《系辞》的分章，通常采马融、荀爽、姚信等分上篇为十三章，此外尚有虞翻的十一章、孔颖达的十二章、陆德明的七章、李心传的十五章等分法，下篇则一般均分为十二章。

⑤按：此引语为《系辞》下篇第十章，有删略。现录之以资参照："《易》之为书也，广大悉备，有天道焉，有人道焉，有地道焉。"

⑥按：此引语有删略，现录之以资参考："六艺以瞻养之民，《诗》《书》《序》其志，《礼》《乐》纯其美，《易》《春秋》明其知，六学皆大而各有所长。"参见汉董仲舒《春秋繁露·玉杯第二》。

⑦按：引语参见《庄子·天下篇》。

⑧按：引语有删略，现录之以资参照："《易》著天地阴阳四时五行，故长于变；《礼经》纪人伦，故长于行；《书》记先王之事，故长于政；《诗》记山川溪谷禽兽草木牝牡雌雄，故长于风；《乐》乐所以立，故长于和；《春秋》辩事非，故长于治人。是故《礼》以节人，《乐》以发和，《书》以道事，《诗》以达意，《易》以道化，《春秋》以道义。"参见汉司

马迁《史记》卷一百三十《太史公自序》,中华书局1959年版。

⑨《淮南子》:又名《淮南鸿烈》《淮南内篇》《刘安子》,二十一卷。旧题西汉刘安撰。实是由刘氏召集苏飞、李尚、左吴、田由、雷被、毛被、伍被、晋昌等八宾客集体编撰而成。该书以道家思想为主,糅合了儒、法、阴阳五行等家思想,一般认为它是杂家著作。注本有东汉高诱的《淮南鸿烈解》。引语参见《淮南子》卷二十《泰族训》。

⑩按:原刊无"曰"字,据上例,今补上。

⑪褚澄:字彦道,阳翟(今河南禹县)人。南朝齐学者。宋文帝时拜为驸马都尉,为官清显,精医术。建元(479—481)中为吴郡太守,永明元年(483)迁侍中,后领右军将军。永元元年(499)卒,追赠金紫光禄大夫。《南史》有传。按:引语有删略,现录之以资参照:褚澄曰:"《易》弥天地之道,通万物之情,虽有异家之学同以象数为宗,盖无体不可以一体求,屡迁不可以一迁执也。"参见清朱彝尊《经义考》卷四《易三》。原刊"盖无体"误作"虽有体",今改正。

⑫焦氏:即焦循,详见第一册第十四课注⑫、第三十课注⑨。引语均见焦循《易话》卷三。

第二课　《易经》卦名

《易经》当伏羲时，仅有八卦。即《乾》☰、《坤》☷、《坎》☵、《离》☲、《艮》☶、《震》☳、《兑》☱、《巽》☴。乾为天、坤为地、坎为水、离为火、艮为山、震为雷、兑为泽、巽为风。后圣有作，重为六十四卦。孔颖达云："王弼以重卦为伏羲作，或以为神农作。"①案：《三国志》高贵乡公云："后圣重之为六十四。"②此语最审慎，今用之。

重卦者，合八卦中之二卦为一卦，即《系辞》所谓"因而重之"也。故其卦六十有四：

乾☰下乾上乾，与☵相合为讼䷅，与☱相合为履䷉，与☷相合为否䷋，与☲相合为同人䷌，与☳相合为无妄䷘，与☶相合为遁䷠，与☴相合为姤䷫。

坤☷下坤上坤，与☵相合为师䷆，与☰相合为泰䷊，与☶相合为谦䷎，与☱相合为临䷒，与☳相合为复䷗，与☲相合为明夷䷣，与☴相合为升䷭。

坎☵下坎上坎，与☳相合为屯䷂，与☰相合为需䷄，与☷相合为比䷇，与☴相合为井䷯，与☱相合为节䷻，与☲相合为既济䷾，与☶相合为蹇䷦。

离☲下离上离，与☰相合为大有䷍，与☳相合为噬嗑䷔，与☷相合为晋䷢，与☱相合为睽䷥，与☴相合为鼎䷱，与☶相合为旅䷷，与☵相合为未济䷾。

艮䷳下艮上艮，与☷相合为蒙䷃，与☴相合为蛊䷑，与☲相合为贲䷕，与☷相合为剥䷖，与☰相合为大畜䷙，与☳相合为颐䷚，与☱相合为损䷨。

震䷲下震上震，与☷相合为豫䷏，与☴相合为恒䷟，与☰相合为大壮䷡，与☵相合为解䷧，与☱相合为归妹䷵，与☲相合为丰䷶，与☶相合为小过䷽。

兑䷹下兑上兑，与☳相合为随䷐，与☴相合为大过䷛，与☶相合为咸䷞，与☰相合为夬䷪，与☷相合为萃䷬，与☵相合为困䷮，与☲相合为革䷰。

巽䷸下巽上巽，与☰相合为小畜䷈，与☷相合为观䷓，与☲相合为家人䷤，与☳相合为益䷩，与☶相合为渐䷴，与☱相合为中孚䷼，与☵相合为涣䷺。

六十四卦之次第，俱见于上、下经。上经三十卦，下经三十四卦。六十四卦递生之故，俱见于《序卦传》③，学者汇而观之可也。

注：

①重卦：《易》学术语。由两个不同的单卦组合而成的卦称为重卦。《周易》六十四卦，即由八个单卦互相重叠和置换所组成。一般认为重卦始于伏羲或神农。惠栋《易汉学》云："重卦之始，其说纷纭。虞翻、王弼以为伏羲，郑康成以为神农。愚以《系辞》考之，郑氏之说是也。"参见卷八"重卦说"。

②高贵乡公：即曹髦（241—260），三国魏国皇帝。公元254—260年在位。字彦士，曹丕之孙。初封高贵乡公。嘉平六年（254），司马师废曹芳，立他为帝。他曾说"司马之心，路人所知也"，因不甘心做司马氏的傀儡，率宿卫数百攻司马昭，为司马昭所杀。死后无封号，史称"高贵乡公"。《三国志·魏书》有传。按：引语有删略，现录之以资参照："丙辰，帝幸太学，问诸儒曰：圣人幽赞神明，仰观俯察，始作八卦，后圣重

之为六十四，立爻以极数，凡斯大义，罔有不备，丽夏有《连山》，周曰《周易》，《易》之书，其故何也？"参见晋陈寿《三国志·魏书·高贵乡公髦传》。

③《序卦传》：一称《序卦》，"十翼"之一，解释《周易》六十四卦上经以乾坤两卦居首，下经以咸恒两卦为首的排列秩序。孔颖达《周易正义》认为是周文王将六十四卦分为上下二篇，但卦序不明，后由孔子就上下两经"各序其相次之义"，所以称之为《序卦》。今马王堆出土帛书《周易》中未发现《序卦传》。

第三课 卦名释义

六十四卦，卦各有名。《文言》①曰："不易乎世，不成乎名。"名者，命也。名起于言，先有此义，乃锡此名，先有此物，乃有此象。《易经》卦各有名，夫乾、坤、坎、离，名也。健、顺、陷、丽，义也。惟先有健、顺、陷、丽之义，然后有乾、坤、坎、离之名。卦义在先，卦名在后。卦名者，以一字代表一卦之义者也。其取名之义有四：一曰言其德，二曰言其用，三曰言其象，四曰指其事。

言其德，如乾，健也，坤，顺也是。言其用，如咸，感也是。言其象，如屯，盈也，坎，陷也是。指其事，如《讼》卦、《师》卦是。

《易经》《彖传》②《象传》③《系辞》《序卦》《说卦》④《杂卦》⑤，有以一字释卦名者，有以一义释卦名者，大抵不外此四端。惟训释之法，有以本字训本字者，有以有偏旁之字训无偏旁之字者，有以双声叠韵之字训本字者，有以同义之字训本字者，亦分为四类：

以本字训本字者。此由字包数音，音包数义，或以虚义释实义，或以此音推彼音，如蒙者，蒙也，剥者，剥也是。

以有偏旁之字释无偏旁之字者。由于字义起于右旁之声，故右旁为声之字。一字有数多之义，后人昌造合体之字，故以合体之字释独体之义。如咸，感也，夬，决也是。

以双声叠韵之字训本字者。由于上古之时，一字一义，因语言不同分为数字。故音近之字义即相同。如乾，健也，坤，顺也是。

以同义之字训本字者。由于一字各有界说，各有义象，故一字必有所该之义。如震，动也，艮，止也是。

今将《彖传》《象传》《系辞》《说卦》《序卦》《杂卦》训释卦名之说，分列如下：

凡言其德者加"□"于下，言其用者加"○"于下，言其象者加"◎"于下，指其事者加"、"于下：

卦名	彖传	象传	系辞	说卦传	序卦	杂卦
乾	大哉乾元◎	健□	天下之至健也□	健也□		刚□
坤	至哉坤元◎		天下之至顺也□	顺也□		柔□
屯					盈也◎	见而不失其居◎
蒙					蒙也物之稚也◎	杂而著◎
需	须也				饮食之道也、	不进也◎
讼						不亲也、
师	众也				众也◎	忧◎
比	辅下顺从也、				比也◎乐◎	
小畜						寡也◎
履	下顺从也、		德之基也□		有礼、	不处也、
泰					通也◎	
否						反其类也、
同人						亲也、
大有						众也、
谦			德之柄也□			轻□
豫						怠□
随						无故
蛊					事也、	则饰、

卦名	彖传	象传	系辞	说卦传	序卦	杂卦
临					大也◎	与○
观						求○
噬嗑					合也◎	食也◎
贲					饰也◎	无色也
剥	剥也柔变刚也				剥也○	烂也◎
复			德之本也□			反也◎
无妄						灾也、
大畜						时也、
颐					养也○	养正
大过	大者过也、					类也○
坎	重险也◎			陷也◎	陷也◎	
离	丽也◎			明也□丽也◎	丽也◎	离上而坎下也◎
咸	感也○					速也□
恒	久也□		德之固也□		久也□	久也□
遁					退也◎	退○
大壮	大者壮也、					止○
晋	进也◎					尽也◎
明夷					伤也、	诛也、
家人						内也○
睽					乖也◎	外也○
蹇	难也、				难也、	难也、
解					缓也◎	缓也◎
损			德之修也□			盛衰之始○
益			德之裕也□			
夬	决也○				决也○	决也○
姤	遇也○				遇也○	遇也○
萃	聚也○				聚也○	聚也○
升						不来也○
困	刚掩也○		德之辨也□			相遇也◎

卦名	彖传	象传	系辞	说卦传	序卦	杂卦
井			德之地也①			通◎
革						去故◎
鼎	象也◎					取新◎
震				动也◎	动也◎	起也◎
艮	止也◎			止也◎	止也◎	止也◎
渐	进也◎				进也◎	女妇待男行也、
归妹						女之终也、
丰	大也◎				大也	多故也、
旅						亲寡◎
巽			德之制也①	入也◎	入也◎	伏◎
兑				说也◎	说也◎	现◎
涣				离也◎		离也◎
节						止也◎
中孚						信也①
小过	小者过而亨也◎					过也、
既济						定也①
未济						男之穷也、

注：

①按：原刊《系辞》，当作《文言》，今改正。

②《彖传》："十翼"之一。彖，《系辞传》："彖者，材也。"材通裁，有裁断之义。屈万里《读易三种》引吴凌云《吴氏遗书》谓："彖读如虡，材读如之。"按：甲骨文彖、虡本为一字，唐兰《古文字学导论》下编六十一页有说明。《彖传》就是裁断一卦之义的文辞，全篇分为上下两篇。孔颖达《周易正义》："夫子所作彖辞，统论一卦之义，或说其卦之德，或说其卦之义，或说其卦之名。"如"大哉乾元，万物资始，乃统天……"这就是对乾卦"元亨"卦名的解释。今马王堆出土帛书《周易》中未发现《彖传》。

③《象传》："十翼"之一，象指卦象，是对《周易》六十四卦的卦爻象的解释。全篇分为上下两篇，其中包括《大象》《小象》。《大象》解

释一卦之象，《小象》解释一爻之象。如孔颖达《周易正义》认为乾卦"天行健，君子以自强不息"，这就是"大象"。古本《周易》"大象"与"小象"依卦合编，并随上下经分为"上象""下象"，而以"小象"散配于诸爻之后。

④《说卦》：即《说卦传》，"十翼"之一，解释乾、坤、震、巽、坎、离、艮、兑八卦的取象意义。孔颖达《周易正义》："说卦者，陈说八卦之德业变化及法象所为也。"今马王堆出土帛书《周易》未发现《说卦传》全文，唯帛书《系辞传》杂有今本《说卦传》前三章的文字。据《隋书·经籍志》载："及秦焚书，《周易》独以卜筮存，唯失《说卦》短篇，后河内女子得之。"按：此说不确。王充《论衡·正说篇》说，宣帝时，河内女子发老屋得逸《易》一篇，并不是今本《说卦传》，而司马迁《史记·孔子世家》："孔子晚而喜《易》，序《彖》《系》《象》《说卦》《文言》。"《史记》作于汉武帝时，证明《说卦传》不待汉宣帝时始出，而在汉武帝之前已经广泛流行。同时，说明它在流传过程中，也出现了错简、误讹的现象。

⑤《杂卦》：《杂卦传》，"十翼"之一，也是对《周易》六十四卦的卦爻象的解释。孔颖达《周易正义》认为《杂卦传》是孔子"更以错杂而对辨其次第，不与《序卦》同"。今马王堆出土帛书《周易》中未发现《杂卦传》。

第四课　论《易》卦之作用

《易》卦始于伏羲。

《系辞》曰："古者包牺氏之王天下也，仰则观象于天，俯则观法于地，观鸟兽之文与地之宜，近取诸身，远取诸物，于是始作八卦，以通神明之德，以类万物之情。"

其用有四：

一曰明人伦。以乾、坤示夫妇之象，即以坎、离、震、巽、兑、艮为六子，以示父子兄弟之伦。

陆贾《新语》曰："先圣乃仰观于天文，俯察地理，图画乾坤以定人道，民始开悟，知有父子之亲，君臣之义，夫妇之道，长幼之序，于是百官立，王道乃生。"①《白虎通》曰："古之时，未有三纲六纪，民人但知其母不知有父，于是伏羲仰观象于天，俯察法于地，因夫妇正五行，始定人道，画八卦以定治下。"②焦循曰："《序卦传》所言'有天地'一节，所以明伏羲定人道之功也。知母不知父，则同于禽兽。父子、君臣、上下，礼义必始于夫妇。以知识未开之民者，知有夫妇；不知有父子者，知有父子。人伦王道，自此而生，故伏羲画卦为知母不知父者示也。观乾坤定位，而复一索、再索、三索，以生六子。"③六子者，一索得震为长男，一索得巽为长女，再索得坎为中男，再索得离为中女，三索得艮为少男，三索得兑为少女，皆见《说卦传》，故汉儒有乾坤生六子说。有父子而长少乃可序，故伏羲之卦首定乾坤也④。其说甚精，故《易经》多言伦理学。见后课。

二曰定人品。以阴阳二字，为一切善、恶、邪、正各名词之代表，以崇正黜邪。

《说文》引秘书说："《易》象阴阳。"《庄子》曰："《易》以道阴阳。"《晋纪》⑤瞻曰："伏羲作八卦，阴阳之理尽矣。"是《易经》以言阴阳为主，然《系辞》云："观变于阴阳而立卦，一阴一阳之谓道。"《说卦传》曰："立天之道，曰阴与阳。"则阴阳之说，始于伏羲。《管子》言"伏羲作造六峜，以迎阴阳"⑥，尤其确证也。阴阳之说，既始于伏羲，然阴阳二字不独为一切对待名词之代表，见后课。且以阴阳衡人品。凡《易经》所谓刚柔、内外、君子、小人均以阴阳二字代其用，见后课。故知伏羲之言阴阳所以示人民立身之表率也。与空谈《易》理不同。⑦《易经》为修身之书，亦详见下课。

注：

①陆贾（约公元前240—约前170年）：楚（今湖北江陵）人。西汉初期政论家。从汉高祖刘邦定天下，官至太中大夫。生前积极提倡以儒学与黄老之学治国，对汉初政治曾产生过较大的影响。著有《新语》一书。《史记》《汉书》有传。按：原刊"天"字下脱"文"字，今补上。引语参见《新语》卷上《道基第一》。

②按：原刊"定"字下脱"治"，今补上。原刊"有母""有父"，当为"其母""其父"，今改正。"民人"后脱"但"字，今补上。引语有删略，现录之以资参照："古之时，未有三纲六纪，民人但知其母不知其父。能覆前而不能覆后。卧之诎诎，起之吁吁。饥即求食，饱即弃余。茹毛饮血，而衣到韦。于是伏羲仰观象于天，俯察法于地，因夫妇正五行，始定人道，画八卦以治下。"参见汉班固《白虎通义》卷上《德论》"号"条。

③乾坤生六子：易学术语。语出《说卦传》，是指震、巽、坎、离、

艮、兑六卦都由乾坤两相交而成，分别代表三男三女。如震卦☳阳爻居下者为长男，巽卦☴阴爻居下者为长女，坎卦☵阳爻居中者为中男，离卦☲阴爻居中者为中女，艮卦☶阳爻居上者为少男，兑卦☱阴爻居上者为少女。三男三女的顺序自下而上。索，求。一索、再索、三索，不是求索一次、二次、三次之意，而是表示所求索者在卦画中的位次。男，男性，为阳爻。女，女性，为阴爻。

④按：今本《序卦传》分二节，均以"有天地"起节，焦循所引，当属第二节，文云："有天地，然后有万物。有万物，然后有男女。有男女，然后有夫妇。有夫妇，然后有父子。有父子，然后君臣。有君臣，然后有上下。有上下，然后礼义有所错。"引语俱见《易图略·原卦第一》，有删略，文长，不俱录。

⑤《晋纪》：书名。唐代以前私家修晋史者颇多，其中用编年体以"晋纪"为名者有：晋陆机、干宝、曹嘉之、邓粲，南朝宋有刘谦之、徐广、王韶之、郭李产。自官修《晋书》刊行后，诸家均废。《文选》中录有干宝《晋纪总论》一篇。清汤球有《晋纪辑本》，可参考。

⑥按：引语出自《管子·轻重戊》："伏羲作造六峜，以迎阴阳，作九九之数，以合天道。""六峜"，旧注"峜"即计数的"计"。清代学者洪颐煊、庄述祖及近人闻一多说"峜"当作"金"，"金"为古文"法"字。六法即《易通卦验》上所说的乾、离、艮、兑、坎、坤。郭沫若认为"六峜"古本作"大陆"，故认为"峜"是"坴"的错别字。"大查"即乾坤六法。可参见郭沫若等《管子集校》。

⑦按：此课刘师培明言其易学"其用有四"，但是文中仅见"明人伦""定人品"两用，疑全文有脱漏。由于这部分内容不见于其他刊本，所以在此加以说明。

第五课　释三《易》

古有"三易",夏《易》曰《连山》,商《易》曰《归藏》,与《周易》相合,名曰"三易",西周之时,太卜掌之。

《周礼·太卜职》云:"一曰《连山》,二曰《归藏》,三曰《周易》。"杜子春以《连山》属伏羲,《归藏》属黄帝。郑《志》云:"近儒皆以为夏殷。"

盖"三易"均裨卜筮之用,其卦名相同、其不同者有三:一曰序次不同,二曰占法不同,三曰卦辞不同。

顾炎武谓《连山》《归藏》本不名"易",因《周易》之名,遂混称之为《易》耳。

序次不同者。《连山》以艮为首,《归藏》以坤为首,《周易》则以乾为首。

《周礼》贾《疏》云:"名曰《连山》,似山出内气也者。此《连山》易其卦以纯艮为首。《归藏》者,万物莫不归而藏于其中者,此《归藏》易以纯坤为首。"又云:"周以十一月为正天统,故以乾为首。殷以十二月为正地统,故以坤为首。夏以十三月为正人统,人无为卦首之理,艮渐正月,故以艮为首也。"又案:《礼记·礼运》①篇云:"孔子曰:吾欲观殷道,是故至宋而不足征也。吾得坤乾焉。"坤乾即《归藏》,言坤乾,不言乾坤,此商《易》以坤为首之确证。

占法不同者。夏、殷《易》以七八不变为占，《周易》以九六变者为占②。

《周礼》贾《疏》云："按襄九年《左传》云：穆姜薨于东宫，始往而筮之，遇艮之八。"注云："爻在初六、九三、六四、六五、上九，惟六二不变。"《连山》《归藏》之占，以不变者为正。但《周易》占九六而云"遇艮之八"，是据夏、殷不变为占之事云。惠栋《周易述》曰："夏、商占七八，文王始用九六，以变者为占。"③

卦辞不同者。《左传》所引古《易》之文，多为《周易》所无。

如僖十五年《传》，秦伯伐晋，所引"千乘三去，获其雄狐"。成十六年《传》，晋侯及楚子战于鄢陵，所引"南国蹙，射其元王中厥目"，均今《周易》所无，足证夏、殷《易》之文殊于《周易》，此皆《周易》殊于夏、殷之证。列国之时，夏、殷之《易》，犹与《周易》并行。如穆姜、秦伯、晋侯所用之《易》是。

秦代以后，所存者仅《周易》，而夏、殷之《易》俱亡。其所以湮灭者，一则国亡之故，一则未经孔子编订之故也。故秦汉以来，所治之《易》，均《周易》，近世所有《归藏》系伪书，又近儒庄氏、宋氏④均以《归藏》为《说文》所从出，亦可参考。实则仅三《易》中之一种耳。或以周非朝名，乃周普之义，非也⑤。

注：

①《礼运》：《礼记》篇名。相传战国末年或秦汉之际儒家学者托名孔子答问的著作。其中对儒家理想的"天下为公"的"大同"社会做了典型的描绘，故有"礼运大同"之称。篇中还提出了"天下为家"的"小康"之治，是进入"大同"之前的初级阶段。"大同"思想对后来思想家如洪秀全、孙中山等都产生过影响。

②七八、九六：《易》学术语。《周易》以数记爻的四个数字。七与九是阳爻，八与六是阴爻。据《系辞传上》记载的古代筮法，凡经过分二、卦一、揲四、归扐等营成一变，三变成一爻，十有八变成一卦。四营

而成一变，即求出或七或八或九或六一个数字。《仪礼·士冠礼》贾公彦疏："筮法依七八、九六之爻而记之，但古用木画地，今则用钱。"

③按：引语自《易例》，非《周易述》，有脱漏。现录之以资参照："夏占七八，文王演《易》，始用九六，以变者为占。"参见清惠栋《易例》卷上"易"条。

④按：庄氏，指庄存与。宋氏，指宋翔凤。详见第一册第三十一课注⑤、三十三课注⑬。

⑤按：《周易》之"周"字的意义，古人说法不一。孔颖达《周易正义》卷首引郑玄注云："《周易》者，言易道周普，无所不备。"陆德明《经典释文》说："周，代名也；国周，至也，遍也。今书名，义取周普。"贾公彦《周礼·春官·大卜》疏说："《连山》《归藏》皆不言地号，以义名《易》，则周非地号，以周易以纯乾为首，乾为天，天能周匝于四时，故名易为周也。"则"周"字取周普、周遍、周匝之义。朱熹《周易本义》说："周，代名；易，书名也。"近是。

第六课　释《周易》之旨

《周易》之宗旨，所以发挥有周一代之政教典章也。《易经》之书，夏、商二代均有之。而《周易》一书，则兴于殷末周初。《系辞》有言，"《易》之兴也，其当殷之末世，周之盛德耶"，此其确证。是则《周易》者，乃文王、周公自述其宗旨之书也。故全书之旨，约有三端，试述之如下：

一曰言阴阳而不言五行。

伏羲画卦，以天地为首，又以天秉阳而地秉阴。《礼运》。由阴阳而生四时，故《易经》者，即伏羲所创之宗教也。若五行之说，以金、木、水、火、土为体，始于黄帝物有其官，及夏禹以五行为宗教，举声、味、容、色皆入于五行，而一切天文、如五纪①是。卜筮、如稽疑②是。杂占如庶征③是。悉该入五行之中，并以五行该人事，演为《九畴》④，而伏羲阴阳教顿衰。然大禹复攻克曹魏，屈骜有扈之邦⑤，以推行其教。《吕览》。有扈氏威侮五行，则夏启克其国，盖有扈信阴阳而斥五行也。殷人亦信五行，故以五纪官，而《洪范》之书传于箕子⑥。惟周处西方，即有扈故墟，故文王治《易》崇阴阳而黜五行，复取法两仪四时以立六官⑦，此阴阳教战胜五行教之始也。故《易经》不言五行。孔子师文王之意，亦不言五行。子思、孟子稍言五行，即为荀卿所斥⑧。汉孟喜言阴阳气无箕子，箕子为信五行之人，即言《易经》中无五行之说也。西汉之焦、京⑨，东汉之郑、马⑩，宋之陈抟，近儒之孔广森、钱塘⑪均杂以五行之说缘饰《易经》,失《易经》之家法⑫矣。

二曰言人事而兼言天事。

周代以神道设教,故《易经》以天为万物之主宰。《观》卦曰:"圣人以神道设教,而天下服矣。"⑬是其证也。又以人事与天事相表里,故卜筮之学,亦出于《易》。王弼及程朱诸儒,均以人事说《易》,汉儒专以天事说《易》,均失之于一偏。《周易》者,以人事为主,而以天道统人事者也。其所以然者,则因所处之时为神权时代。

三曰言周礼而不言古礼。

周礼者,时王之制也。《周易》为周书,故所言均时王之制,此韩宣子所由以《周易》为周礼也。其详见后课。

以上三端,均《周易》一书之大旨也。学者能明于《周易》之宗旨,晓然于《周易》为有周一代之书,则《周易》之大义不难了然明晰矣。

注:

①五纪:岁、月、日、星辰、历数,五者都是记录天象的,故称"五纪"。

②稽疑:决断疑事。《尚书·洪范》:"次七曰明用稽疑。"《疏》:"明用卜筮以考疑事。"

③庶征:某事发生前的一些迹象、征候。《旧唐书·天文志》:"是故古之哲王,法垂象以施化,考庶征以致理。"

④《九畴》:相传禹治理天下的九类大法。语出《尚书·洪范》:"天乃锡禹《洪范》《九畴》。"

⑤有扈:古国名。夏帝启与战于甘,灭之。其子孙以国为姓,扈氏即其后。

⑥箕子:名胥余。商代贵族。纣王的诸父,官太师。受封箕(今山西太谷东北)。曾因劝谏纣王,为纣王囚禁。周武王灭商后被释放。《尚书·

洪范》记述了他与武王的对话，实出自后人拟作。

⑦六官：六卿之官。周代以天官冢宰、地官司徒、春官宗伯、夏官司马、秋官司寇、冬官司空，全称六官。见宋代王应麟《小学绀珠》八。

⑧按：荀子所斥子思、孟子言五行语，参见《荀子·非十二子》篇云："略法先王而不知其统，犹然而材剧志大，闻见杂博。案往旧造说，谓之五行，甚僻违而无类，幽隐而无说，闭约而无解。案饰其辞而只敬之曰：此真先君子之言也。子思唱之，孟轲和之，世俗之沟犹瞀儒嚾嚾然不知其所非也，遂受而传之，以为仲尼、子游为兹厚于后世。是则子思、孟轲之罪也。"

⑨按：焦、京，指焦延寿与京房，详见第一册第九课注⑥、⑪。

⑩按：郑、马，指郑玄与马融，详见第一册第三课注③、第九课注⑥。

⑪钱塘（1735—1790）：字子渊，一字禹美，号溉亭。嘉定（今上海）人。钱大昕侄子。乾隆（1736—1795）年间进士，官江宁府教授。《清史稿·儒林传》、江藩《汉学师承记》有传。著有《春秋左氏传古义》《述古篇》《史记三书释疑》等。

⑫家法：指汉代经学传授的原则，详见第一册第三十课注③。

⑬按：此引语为《象传》解释《观》卦卦名，原刊"服"后脱"矣"字，今补正。

第七课　论《易》有三义

"易"字含有三义,《乾凿度》云:"孔子曰:易者,易也,变易也,不易也。"①郑玄《易赞》曰:"易之为名也,一言而函三义。易简,一也;变易,二也;不易,三也。"是"易"字含有三义之证。试即此三者引申之。

一曰"简易"。即儒家"反约行简"、道家"抱一"②之说所从出。

《系辞上》曰:"乾以易知,坤以简能,易则易知,简则易从。"又云:"易简而天下之理得矣。"又《系辞下》曰:"夫乾,确然示人易矣;夫坤,隤然示人简矣。"又曰:"夫乾,天下之至健也,德行恒易,以知险。夫坤,天下之至顺也,德行恒简,以知阻。"扬子《法言·五百》篇云:"或问天地简易,而圣人法之,何《五经》之支离?曰:'支离盖其所以为简易也,已简已易矣。焉支焉离。'"皆言简易之道者也。若夫孟子之言"反约",老子言"抱一",为天下式。凡治学治国,持挈纲提要之旨者,均由简易之义而生者也。

二曰"变易"。即汉儒改制更新之说所从出。

《系辞》曰:"变动不居,周流六虚,上下无常,刚柔相易,不可为典要。唯变所适。"又曰:"生生之谓易。"生生不已,即变化也。郑玄云:"易者,揲蓍变易之数可占者。"③宋人胡瑗曰:"易者,专变易之义。盖变易之道,天人之理也。"④程子曰:"易,变易也。随时变易,以从道。"⑤朱子谓易为交易、变易之义。章学诚《文史通义》曰："《易》之为义，实该羲、农以来不相沿袭之法数也。《易》之初，见于文字，则帝典之平在朔易。"⑥《孔传》谓岁改易，而周人即取以名揲卦之书，则王者改制更新之大义，显而可知矣。又曰："且以天地改时，汤武革命，为革之卦名，则易之随时废兴，道岂有异乎！"⑦案：此说即近世改制变法之说所从出也。

三曰"不易"。即儒家则古称先、汉儒"天不变，道亦不变"之说从出。

《系辞》曰："天尊地卑，乾坤定矣。卑高以陈，贵贱位矣。动静有常，刚柔断矣。方以类聚，物以群分，吉凶生矣。此皆指理之有定，道之不易者言也。《礼大传》曰："其不可得变革者，则有矣。亲亲也，尊尊也，男女有别。此其不可得与民变革也。"⑧案：不变之说，即近世守旧之说所由来也。

此皆《易经》之大义也。《乾凿度》所引孔子之说，或即孔子论《易》之词乎？

注：

①按：引语参见《周易乾凿度》卷上。

②抱一：道家谓"道"生于"一"，故称精思固守为抱一。《老子》："曲则舍，枉则直，洼则盈，敝则新，少则得，多则惑，是以圣人抱一为天下式。"《抱朴子·明本》："儒者汲汲于名利，而道家抱一以独善。"后来泛指坚守某种信仰为抱一。

③按：引语参见《周礼》卷二十四《大卜》注。

④按：引语参见宋郑樵《六经奥论》卷一"易经总论"条。

⑤按：引语参见宋郑樵《六经奥论》卷一"易经总论"条。

⑥帝典：《尚书·尧典》的别称。《礼记·大学》："帝典曰：'克明峻德。'"《后汉书·章帝纪》："建初元年正月丙寅诏：五教在宽，帝典所美。"朔易：指北方随岁时改易而变换生活方式。《尚书·尧典》："平在

朔易。"《传》:"北称朔,亦称方。谓岁改易于北方。"《疏》:"人则三时在野,冬入陕室;物则三时生长,冬入困仓;是人之与物皆改易也。"按:原刊"羲农"后脱"以"字,"更新之"后脱"大"字,"显然"当作"显而",今均补正。引语参见清章学诚《文史通义》卷一《内篇》"易教中"。

⑦按:引语有改易,原刊"易以天地改时",当作"且以天地改时",今改正。原刊"岂有异乎"前应有"道"字,今均补上。引语参见清章学诚《文史通义》卷一《内篇》"易教中"。

⑧按:引语"此其不得""不"后脱"可"字,今补上。

第八课　释《彖》辞

《彖》辞者，文王之所作也。

《系辞》曰："易之兴也，其当殷之末世，周之盛德邪？当文王与纣之事邪？"又晋阮籍曰："文王系其辞，于是《归藏》逝而《周易》兴"①。盖文王革商为《周易》，因取伏羲之卦而系以《彖》辞。"彖"训为"材"，言以《彖》辞分析每卦中所含之意也。《系辞》曰："彖者，材也。"阮元曰："彖字古音当读若弛，音近于材，故彖训为材，音义相兼。"②《方言》曰："蠡者，分也。"蠡当训为分，则彖字本训为分可知矣。材即裁也。孔子所训之材，言用此《彖》辞说卦象以分之也。其说最精。朱子以"彖"为"断"，当为近是。焦循训为"遁"，非也③。

故《彖》辞为每卦之界说，而每卦所含之情、所包之象，均该于《彖》辞之中。

案：《系辞》曰："爻彖以情言。"又曰："彖者，言乎象者也。"是每卦之情、象均该于《彖》辞，故《彖》辞为每卦提要之词。《系辞》曰："智者观其《彖》辞，则思过半矣。"言《彖》辞既解，则一卦之大义均可解也。

《彖》辞立十二字，为全经之标。字各一义，即"元""亨""利""贞""吉""凶""悔""吝""厉""孚""无咎"是也。《易经》各卦，于此十二字之中，有含有数字之义者，有仅含一二字之义者，均于《彖》

辞见其凡：

"元之谓言始也"。《乾·象》。"善之长也"。《乾·文言》。"万物所资始也"。《乾》卦。

"亨之谓言通也"。《广韵》。"嘉之会也"。《乾·文言》。"观会通而行典礼之义也"。《系辞》。

"利者，义之和也"。《乾·文言》。"利物足以和义"。同上。"利者，变而通之之谓"。《系辞》。

"贞者，事之干也"。《乾·文言》。"贞固足以干事"。"贞者，正也"。《师》卦。

"吉凶者，失得④之象也"。"吉凶生于外"，"爱恶相攻而吉凶生"。《系辞》。

"悔吝者，忧虞之象也"。"言乎其小疵也"，"远近相取而悔吝生"。《系辞》。

"厉者，危也"。厉与孚并言。《夬》卦。凡未悔吝者均为厉。焦循《易通释》。

"无咎者，善补过也"。《系辞》。凡既悔吝者，均为无咎。焦循《易通释》。

十二字之中，又以"吉凶"二字为总纲，元、亨、利均吉，贞则凶、吉相兼。此即守旧不化固执己见者，有得有失之谓也。悔吝可以由凶而入吉，未悔吝则凶，是曰厉。既悔吝则吉，是曰无咎。

《彖》辞有举所标之字而自释之者。

如《蒙》"亨"下云："童蒙求我。"《谦》"亨"下云："君子有终是。"余可类推。

有首一字举卦名与下连贯为义者。

如《同人》"于野"，《否》之"匪人"，《履》"虎尾"是。余可类推。

然皆文王所系之辞，故《易经》者，文王之学也。

注：

①阮籍（210—263）：字嗣宗，陈留尉氏（今属河南）人。三国魏国

文学家。曾为步兵校尉，世称"阮步兵"。与嵇康齐名，为"竹林七贤"之一。学宗老庄，贵自然。后人辑有《阮嗣宗集》。按：引语参见清朱彝尊《经义考》卷四《易三》。

②按：引语有删略，现录之以资参照："《周易》彖之为音，今俗皆读团之去声，与古音有异。古音当读若驰，音近于才，故《系辞传》曰：彖者，材也。此乃古音训相兼，是彖音必与才音同部。"参见清阮元《揅经室集·释易彖音》。

③按：其说见焦循《易通释》"遁"条："文王作卦辞，名为彖，彖即遁也。遁谓揽而去也。乾坤交而成屯，揽去从鼎，鼎二之五，即名之为遁，遁以舍此就彼为义，即屯之从鼎，可例其他矣。"

④按：失得，原刊误作"得失"，今改正。

第九课　释爻辞（上）

爻辞者，或以为文王所作，或以为周公所作。

陈澧①《东塾读书记》云："《系辞传》：《易》之兴也，其当殷之末世，周之盛德邪？当文王与纣之事邪？《左传》昭二年孔疏云：'郑玄云：据此言，以《易》是文王所作，断可知矣。但《易》之爻辞，有箕子之明夷、利贞。'又云：'王用享于岐山，又云东邻杀牛，不如西邻之禴祭，实受其福。'故先代大儒郑众、贾逵等，或以为卦下之《彖》辞，文王所作；爻下之《象》辞，周公所作。'虽复纷竞大久，无能决其是非。'澧谓，孔子言《易》之兴，但揣度其世与事，而未明言文王所作也。孔子所未言，后儒当阙疑而已，何必纷竞乎？惠定宇必以为文王作，所撰《周易述》，用赵宾②说而小变之，以箕子为其子。又据《禹贡》冀州'治梁及岐'、《尔雅》'梁山晋望也'，因谓岐山亦冀州之望。夏都冀州，王用享于岐山者，为夏王。纡曲如此，更可以不必矣。"③其说最精。

盖各卦均为重卦，故卦各六爻，所谓因而重之，爻在其中也。

合六十四卦计之，共三百八十四爻。

每爻必有义，就爻义而释之者，谓之爻词。

凡《易》道从下升，故卦爻亦由下而上。最下之爻为初爻，其上为二爻，其上为三爻，其上为四爻，又其上为五爻，又其上为上爻。例如：

离　☲上五四　　　大有　☲上五四

   ☳三二初   ☰三二初

  由初爻至三爻为上卦，由四爻至上爻为下卦。凡爻之作"—"形者，均为阳爻；凡爻之作"- -"形者，均为阴爻。阳爻均从《乾》来，阴爻均从《坤》来。

  阳爻称九，阴爻称六。

  如阳爻之卦，初爻称"初九"，二爻称"九二"，三爻称"九三"，四爻称"九四"，五爻称"九五"，六爻称"上九"。阴爻之卦，初爻称"初六"，二爻称"六二"，三爻称"六三"，四爻称"六四"，五爻称"六五"，六爻称"上六"。

  凡一卦之中，杂有阳爻、阴爻者，则阴爻均称六，阳爻均称九。爻者，效也，所以效天下之动也。道有变动，故曰爻。爻有等，故曰物。物相杂，故曰文。文不当④，故吉凶生。盖爻义取于交。《说文》云："爻，交也。"《易》之有爻，所以表参伍错综之象⑤者也。而参伍错综之象，必待变动而后著，此旁通⑥、相错⑦、卦变⑧三端所由，为治《易》学者之要义也。见下课。

  注：

  ①陈澧（1810—1882）：字兰甫，号东塾，广东番禺（今广州）人。清道光举人，曾为河源县训导，后主讲学海堂、菊坡精舍，为学不囿于汉学和宋学的门户。光绪七年（1881），以"耆年硕德"赏五品卿衔。治学主张调和汉学与宋学。《清史稿·儒林传》有传。所著《东塾读书记》十五卷，读书札记六百十一条，详述经学源流，九流诸子，为学者所推崇。文王与纣之事，指《周易》反映的是商纣王将周文王囚禁在羑里这一历史事件，即《彖传》解释《明夷》所说的"内文明而外柔顺，以蒙大难，文王以之"。

  ②赵宾：蜀（今四川成都）人。西汉经学家。曾受《易》孟喜，事载《汉书·儒林传·孟喜传》。著有《赵氏易论》，今佚。

③参见陈澧《东塾读书记》卷四《易》。

④按：文，原刊误作"物"，今改正。

⑤参伍错综：《易》学术语。语出《系辞传》："参伍以变，错综其数。"对它的解释，古人众说纷纭。有的认为"参伍"即三五行者，有的认为三五以相参合以相改变者。《淮南子·泰族训》："何谓参伍？仰取象于天，俯取度于地，中取法于人，……此之谓参；制君臣之义，父子之亲，夫妇之辨，长幼之序，朋友之际，此之谓五。"凡此种种都是后人附会曲解之辞。朱熹《周易本义》认为："参者，三数之也；伍者，五数之也。既参以变，又伍以变，一先一后，更相考核，以审其多寡之实也。错者，交而互之，一左一右之谓也；综者，总而挈之，一低一昂之谓也。此亦皆谓揲蓍求卦之事。"基本符合《系辞传》的原意。

⑥旁通：《易》学术语。焦循创拟的重要《易》学法则。它主要有四种形式：1. 以旁通卦内容相同的卦爻辞，揭示卦爻之间的关联。如《同人》"九五"爻辞为"大师相克遇"，《同人》的旁通卦为《师》卦，因此"师之相克""师之相遇"的确切蕴意便可在《同人》与《师》两卦中求得。2. 以旁通卦爻的置换而产生新卦，其新卦与它的旁通卦相印证。如《涣》和《丰》通过初爻与四爻转换，《丰》成为《明夷》卦。据《涣》"六四"爻辞"匪夷所思"，而《丰》"九四"爻辞"遇其夷主"，因此《丰》《涣》《明夷》三卦通过爻位转化，其内容能够互相印证。3. 某卦的爻辞内容，与某一组旁通卦爻的置换而产生新卦的爻辞内容互为补充。如《明夷》"六五"爻辞"箕子之明夷"，《中孚》"九二"爻辞"鸣鹤在阴，其子和之"。按《中孚》的旁通卦是《小过》，通过初爻与四爻置换而成《明夷》卦。由《明夷》联系《中孚》《小过》两卦来补充说明"箕子之明夷"与"其子和之"的内在联系。4. 非旁通卦的卦爻辞内容相同，均由各卦各自寻求旁通卦，以证明卦与卦的性质一致。如《小畜》卦辞"密云不雨，自我西郊"，《小过》"六五"爻辞亦为"密云不雨，自我西郊"。

按照旁通原则,《小畜》与《小过》彼此不能进行旁通。但《小畜》的旁通卦是《豫》卦,《小过》的旁通卦是《中孚》卦,于是两组旁通卦各自经过初爻与四爻、三爻与上爻、四爻与初爻的互相置换,《小畜》与《小过》均变为《需》卦,因此经过旁通同样能揭示非旁通卦组之间的联系。

⑦相错:《易》学术语。焦循创拟的重要《易》学法则。它主要有四种形式组合而成:1. 凡旁通卦的下卦相互置换而成相错。如《同人》与《师》两卦相错成《讼》《明夷》两卦,反之亦然。2. 凡旁通卦二五爻位置换,而组合成新卦的相错。如《乾》《坤》两卦二五爻位置换得《同人》与《比》两卦。《同人》与《比》相错为《否》与《既济》两卦,反之《否》《既济》相错亦为《同人》与《比》两卦。3. 凡旁通卦初四爻位或三上爻位置换而组合成新卦的相错。如《乾》《坤》两卦初四或三上爻位置换而成《小畜》《复》《夬》《谦》四卦。《小畜》与《复》相错为《益》《泰》两卦,《夬》与《谦》相错为《泰》《咸》两卦,反之亦然。4. 凡旁通卦先二五后三上或初四爻位置换而组合成新卦的相错。六十四卦中只有《家人》《屯》《革》《蹇》《需》《明夷》等六卦。《家人》与《屯》相错为《益》《既济》两卦,《革》与《蹇》相错为《咸》、《既济》两卦,《需》与《明夷》相错为《泰》《既济》两卦,反之亦然。可参见陈居渊《焦循儒学思想与易学研究》,第181页,齐鲁书社2000年版。

⑧卦变:《易》学术语。通过卦爻的阳阴变化解释卦名的一种方法。"卦变"脱胎于《象传》"刚柔""内外""上下""往来"等概念。自汉代荀爽、虞翻等主卦变说后,北宋苏轼、程颐的"往来"说,李挺之的"反对"说,以及俞琰、朱熹也兼采升降的卦变说等,成为象数《易》学的一项重要内容。详见下面第十八、十九、二十课。

第十课　释爻辞（下）

　　《周易》各爻，凡其象相同者，则所用之辞亦多相同。大抵内卦为主，外卦为朋①。阳爻为刚、为君子、为吉、为存，阴爻为柔、为小人、为凶、为亡，此《易》例之大略也。然各爻所称，均有一定之例。试揭之如下：

　　凡二五爻称"中"，《乾·文言》九二、《坤》六五《象传》，《师》九二、《夹》九五，余可类推。亦称"中正"，《需》、《讼》、《井》九五《象传》，《晋》六二《象传》。亦称"正中"，《比》、《随》、《巽》九五《象传》，《豫》六二《象传》。亦称"正"，《履》、《否》、《遁》九五，余可类推。亦称"中直"，《同人》、《困》九五。亦称"直"，《坤》六二、《未济》九二。亦称"中道"，《蛊》、《解》、《夬》、《既济》九二。亦称"中行"，《师》六五、《泰》九二。亦称"黄"。《坤》六五、《离》、《遁》六二。

　　凡三四爻称"内"，《中孚·象传》。亦称"际"，《泰》九三、《坎》六四。亦称"或"，《乾》、《渐》九四、《坤》、《讼》六三。亦称"疑"，《豫》九四、《贲》六四、《损》六三、《升》九三。亦称"商"，《兑》六四。亦称"进退"，《乾·文言》九四、《观》六三。亦称"来往"，《坎》六三、《蹇》九三、九四。亦称"次且"。《夬》九四、《姤》九三。

　　凡初爻称"始"，《坤》、《恒》初六。亦称"下"，《乾》、《屯》、《益》初九，《剥》、《井》初六。亦称"卑"，《谦》初六。亦称"足"，《剥》初六。亦称"趾"，《贲》、《夬》初九，《离》、《艮》初六。亦称"履"，《坤》初六、《离》初九。亦称"屦"，《噬嗑》初九。亦称"藉"，《大过》初六。亦称"尾"，《遁》初六、《既济》初九。亦称"穷"，《豫》、《旅》初六，《大壮》初九，亦称"隐"，亦称"潜"。《乾》初九。

凡上爻称"终",《需》、《比》、《复》、《夹》上六,《否》、《剥》、《家人》上九。亦称"上",《履》、《大有》、《姤》、《鼎》、《巽》上九,《豫》、《咸》、《解》、《萃》、《升》、《井》上六。亦称"尚",《小畜》、《蛊》上九。亦称"高",《蛊》上九、《解》上六。亦称"亢",《乾》上九、《小过》上六。亦称"穷",《坤》、《随》、《无妄》上六,《姤》、《巽》上九。亦称天,《大有》、《大畜》上九,《明夷》、《丰》上六。亦称"首",《比》上六、《离》上九。亦称"顶",《大过》上六。亦称"角",《晋》、《姤》上九。亦称"何"。《噬嗑》、《大畜》上九。

有指其方位而言者,即《系辞》所谓"旁行而不流"也。其例如下:

凡外卦为西南,内卦为东北,五为南,四为西,三为北,二为东,上为南方之外卦,二四为左,三五为右,初为前,上为后。邹叔绩《读书偶识》②。

有指其地而言者,即《系辞》所谓"各指其所之"也。其例如下:

凡初为国门,二为野,三为都鄙之邑,四为侯国,五为疆埸。邹氏《读书偶识》。

有指其位而言者,即《系辞》所谓"列贵贱者存乎位"也。其例如下:

凡初为元士,二为大夫、为家,三为君子、为三公,四为诸侯,五为天王、为大君、为大人、为圣人,上为首、为宗庙。《易例》及《读书偶识》。

数例以外,《易》爻之例尚多,均见于焦氏《易通释》、惠氏《易例》。今举其要者著于下:

凡爻之在上者,于下为乘;爻之在下者,于上为承③。阴承阳则顺,阳乘阴则逆。

凡初爻之义,从二爻而定。三爻、四爻之义,从五爻定者,谓之"往"。凡二五两爻更端而起义先于初、四、三、上四爻者,谓之"来"④。

凡以阳爻乘阴爻者,为"据"。非所据而据者,名必辱。

凡由此卦二爻通彼卦二爻者,谓之"至",谓之"括",谓之"假",谓之"怀"。

此皆《易经》之例也。学者引而申之,触类而长之,则易学不难明矣。

注：

①内卦、外卦：《易》学术语。即每一个由六画构成的卦，实际是由两个三画单卦相重而成，居下者称内卦，居上者称外卦。如屯卦☷，内卦为震，外卦为坎。如大有卦☰，内卦为乾，外卦为离。内卦也称下体，外卦也称上体。

②邹叔绩：即邹汉勋（1804—1853），叔绩是其字。湖南新化人。清咸丰元年（1851）举人。应曾国藩招募，参加湘军。因坚守南昌，授以知县。江忠源出任安徽巡抚，邀其相从，不久即战死于庐州。生前与同郡魏源相友，曾应聘校刊王夫之遗书。论学考证、义理并重。《清史稿·儒林传》有传。所著《读书偶识》三十二卷，后因兵燹剩八卷，是以札记的形式所撰写的经学论著。

③乘、承：《易》学术语。指一卦中两爻相邻，阴阳相异，居于上者对下者谓之"乘"，反之谓之"承"。如豫卦☷第五爻为阴爻（为柔），而其第四爻则为阳爻（为刚），所以《象传》解释说："六五贞疾，乘刚也。"又如夬卦☰第六爻为阴爻（为柔），而其第五爻则为阳爻（为刚），所以《象传》释说："扬于王庭，柔乘五刚也。"《周易》六十四卦的卦爻乘承关系，均可以此类推。

④往、来：《易》学术语。在《周易》中，这一术语的使用频率较高，表达的意义也颇多。有一般意义的往来，有过去和未来意义的往来，有屈伸意义的往来，有上下内外意义的往来。此处则谓爻向上进或止而不进，或向下呼应的关系。如蹇卦☷初六爻辞"往蹇来誉"，程颐《易传》："来者对之辞，上进则为往'，不进则为来。"其六四爻辞"往蹇来连"，孔颖达《疏》："六四往则无应，来则乘刚，往来皆难。"

第十一课　释《易》象

《周易》一书，名《易象》。

惠定宇以"象"为书名，且谓古《易》只名为"象"①，其说甚精。《易例》曰："八卦者，由纳甲而生。故《系辞》曰：'在天成象'。易者，象也；象也者，象也。古只名象。《皋陶谟》曰：'予欲观古人之象。'是也。至周始有'三易'之名，然《春秋传》曰：'见《易象》。'则象之名犹未亡也。"

象也者，以万物之体皆有自然之象，古人举众物不齐之象，悉分括于各卦之中。象也者，像也，像此者也。拟形容以象物宜，故古人立象以尽意，后人观象以明吉凶。《易》之有卦象，犹《诗》之有比兴②也。

盖象与形不同，形属于质体，象属于形容，故成象与成形并言。象与卦不同，卦可该象，象不可该卦，故立象与设卦并言。而复言八卦成列，象在其中也。《说文》云："象，南越大兽也。"而《易》有《象》辞，六书有象形③，皆借用"象"字。孔子作《易传》曰："象也者，像也。"又曰："天垂象。"《释文》云："像，拟也。"盖象生南越，为北方人民所未见。故言及于象，皆出于拟像之词。《韩非子》④曰："人希见生象，而案其图以想其生。故凡人之所意想者，皆谓之象。"盖形者有实状可指者也。而象者无实状可指，而以虚形拟之者也。古人以虚形拟南方之象，故凡言事物之虚形者，皆谓之象。《象》辞者，《易》之取虚形者也。

《周易》本有《象经》，今《象传》存而《象经》亡，故《易》有佚象。凡见于《序卦传》及《国语》《左传》诸书者，皆《象经》之佚义也。

见于《序卦传》者，如"帝出乎震"⑤一节以下皆是也。

见于《左传》者，如"坤，土也。巽，风也。离为牛"之类是也。

见于《国语》⑥者，如"坤，母也。震，长也。坎，众也。车，震也"之类是也。

汉儒说经，多引《易象》佚文，盖亦古经义之仅存者也。

近儒张惠言举郑氏"易象"，毛西河⑦亦略引诸家"易象"二十七则，而方申于虞氏"易象"外，复辑《诸家易象别录》，共得"佚象"一千四百七十一则，古《象经》之文盖备于此矣。此书刊入《方氏易学五书》⑧中。

盖象分四类，即天、地、人、物。或一卦而取数象，或数卦而同一象。

一、取象于天，如乾为天，震为雷是。

二、取象于地，如坤为地，艮为山，震为大涂是。

三、取象于人，如乾为父是。又有取象人身者，如巽为广颡。有取象人情者，如震为决躁。有取象人病者，如坎为心病。

四、取象于物，析为动物、如乾为马一节。植物、如乾为木果。珍宝、如乾为玉器。器物、如乾为布。物形、如乾为圜。物色如震为玄黄。六类。

后儒不知象之有经，或以卦画为象，或以爻辞为象，均失之矣。《易》以设卦与设象并言，则卦非象。又言爻象动乎内，则象非爻。

至王弼创"得意忘象"⑨之论，而汉儒以象说《易》者，其说渐亡。宋人作《易》注者，亦舍实象而言虚理。夫"易象"之说，固近穿凿，谓之不易明则可，若举而废之，夫岂可哉！

注：

①惠定宇：即惠栋，详见第一册第四课注②。

②比兴：中国古代诗歌写作的两种手法。比，譬喻，以彼物比此物；兴，寄托，先言他物以引起所咏之词。两字合用，通常指通过外物、景象而抒发、传达情感、观念。

③六书象形：六书有二说。一是指古人分析汉字的造字方法归纳出来的六种条例，亦称"六义"。即象形、指事、会意、形声、转注、假借。

现在一般认为"转注"与"假借"实是用字方法，与造字无关。二是指东汉末王莽时的六种字体，即古文（战国时通用的六国文字）、奇字、篆书、左书、缪篆、鸟虫书。参见《说文·叙》。

④韩非子：即韩非（约前280—前233），韩国人。战国末法家代表人物。曾与秦国大臣同学于荀况门下。曾多次上书韩王，主张变法图强，因其著作传至秦国，得秦嬴政的赏识。公元前233年，为秦臣李斯、姚贾陷害下狱，被迫服毒自杀。著有《韩非子》一书传世。按：引语多脱漏，现录之以资参照："人希见生象也，而得死象之骨，案其图以想其生也，故诸人之，所以意想者皆谓之象也。今道虽不可得闻见，圣人执其见功以处见其形，故曰：无状之状，无物之象"。参见《韩非子·解老》。

⑤按：此引《序卦传》语，误。当为《说卦传》。原文如此："帝出乎震，齐乎巽，相见乎离，致役乎坤，说言乎兑，战乎乾，劳乎坎，成言乎艮。万物出乎震。震，东方也。齐乎巽。巽，东南也。齐也者言万物之絜齐也。离也者，明也。万物皆相见，南方之卦也。圣人南面而听天下，向明而治，盖取诸此也。坤也者，地也。万物皆致养焉，故曰致役乎坤。兑，正秋也，万物之所说也，故曰说言乎兑。战乎乾。乾，西北之卦也，言阴阳相薄也。坎者，水也。正北方之卦也，劳卦也，万物之所归也，故曰劳乎坎。艮，东北之卦也，万物之所成终，而所成始也。故曰成言乎艮。"

⑥《国语》：书名，相传春秋时由左丘明著，二十一卷。以记西周末和春秋时期鲁国等贵族的言论为主，可与《左传》相参证。其中晋语最详，周、鲁、楚三国语次之，齐、郑、吴、越四国语又次之。有三国时韦昭注本。近人徐元诰著有《国语集解》，可参考。

⑦毛西河：即毛奇龄，西河是其字。详见第一册第三十课注⑥。按：毛氏所举"易象"二十七则，具见《春秋占筮书》。

⑧《方氏易学五书》：清方申著。详见第一册第三十课注⑬。

⑨得意忘象：王弼诠释《易》学的观念。认为"象"是用以表"意"，即阐发思想的手段，一旦得"意"，象即应忘掉。其谓："夫象者，出意者也，言者，明象者也。尽意莫若象，尽象莫若言。言生于象，故可寻言以观象；象生于意，故可寻象以观意。意以象尽，象以意著。故言者所以明象，得象而忘言；象者所以存意，得意而忘象。"参见《周易略例·明象》。

第十二课　释《十翼》

孔子所释之《易》,谓之《十翼》。《十翼》者,上《彖》、下《彖》、上《象》、下《象》、上《系》、下《系》、《文言》①、《说卦》、《序卦》、《杂卦》也,皆谓之传。翼也者,以传辅经之谓也。

按班固谓孔子晚而学《易》,读之韦编三绝②而为之传,传即《十翼》是也。郑康成、孔颖达本以上《彖》、下《彖》、上《象》、下《象》、上《系》、下《系》、《文言》、《说卦》、《序卦》、《杂卦》当之。先儒多主此。至宋胡旦③、谓《彖传》、大《象》、小《象》、上《系》、下《系》、《乾文言》、《坤文言》、《说卦》、《序卦》、《杂卦》。胡瑗、谓上《彖》、下《彖》、大《象》、小《象》、《文言》、上《系》、下《系》、《说卦》、《序卦》、《杂卦》。郑樵、谓《彖传》、大《象》、小《象》、《文言》、上《系》、下《系》、《说卦》、《序卦》、《杂卦》,及无咎、悔吝等辞自为一篇。吴仁杰④谓《彖传》、《象传》、《系辞》上下传、《文言》上中下、《说卦》、《序卦》、《杂卦》。诸儒其说不一。见《经义考》。今按经分上下,则《彖》、《象》释卦亦当随经而分。故二吕氏大防、祖谦⑤。据孔、郑之说定为十二篇,颜师古曰:"上下经及十翼。"⑥朱子《本义》⑦因之,无容异议矣。

《彖传》者,即"大哉乾元"以下之文是也。经皆称"彖曰"以别之,所以引申文王彖词之说也。

如"大哉乾元,万物资始",即释《彖经》之"元"字。"品物流行",即释"亨"字。"乾道变化",即释"利"字。"保合太和乃利贞",

即释"贞"字。余可类推。

《象传》者，有大《象》，有小《象》。大《象》者，即"天行健"以下之文是也。乃孔子释古《象经》之文，大抵先言每卦所从之象，即所从上下卦之象，而使人法《易》象以作事也。

如"云雷屯"，即言其所从上下卦之象。其例甚多，可阅《正义》。又言"君子以经纶"，即所以使人法《易》象以作事也。

小《象》者，即"潜龙勿用，阳在下也"以下之文是。乃孔子分释六爻之词，经于大《象》。小《象》皆各称"象曰"以别之。

有按本卦之爻以释之者，有此卦之爻附于他卦释之者。见焦氏《易通释》。

《文言》者，文饰之言，所以释每卦之用、每卦之德也。仅《乾》《坤》有之。

阮元曰："文者，文饰之言也。故奇偶相生，声韵相叶，而《乾》《坤》《文言》多用偶句。"⑧其说甚精。盖《文言》者，乃寡其词，协其音，以文饰其言之谓也。

《系辞》亦分上下，"天尊地卑"以下为上《系》，"八卦成列"以下为下《系》。

《系辞》之用有三：一曰溯《易》义之起源，二曰推《易》学之作用，三曰杂释卦辞之义，以补《象传》之缺，盖孔门哲学之讲义也。

《说卦传》者，"昔者圣人之作《易》"以下之文是也。共十有一章。《说卦传》多用《易经》古《象》辞，乃偏于言象者。若《系辞》则偏于言理。

《序卦传》者，即"有天地然后万物生"以下之辞也。

《杂卦传》者，即"乾刚坤柔"以下之文是也。

《序卦》分上下二篇，而《杂卦》仅一篇。《序卦》言六十四卦相承相生之序，《杂卦》于反卦及正对之卦对举而言。

盖孔子之《十翼》，即《彖》《象》爻辞之笺疏，此孔子赞《易》之功也。

注：

①文言：指《文言传》，"十翼"之一，专门解释乾坤两卦。对"文言"二字的字义，历来有各种不同的说法。一、乾坤为门户，以文说乾坤；二、依文而言其理；三、因卦爻辞为文王所作，所以称"文言"；四、文谓文饰，以乾坤德大，所以为"文言"；五、单就卦爻辞而推衍，故称"文言"。其中第二说"依文而言其理"较为近实。《文言传》是专门解释乾坤两卦的卦辞、爻辞，孔颖达《周易正义》说："《文言》者，是夫子第七翼也。以乾坤其《易》之门户邪？其余诸卦及爻皆从乾坤而出，义理深奥，故特作《文言》以开释之。"今马王堆出土帛书《周易》中未发现《文言传》。

②韦编三绝：语出《史记·孔子世家》："孔子晚而喜《易》，序《彖》《系》《象》《说卦》《文言》。读《易》，韦编三绝。"此说又分见于《史记·田敬仲完世家》《汉书·儒林传》。意谓孔子晚年于《易》用功甚勤，串联简策之韦条竟多次折断。据现代学者的研究，"十翼"之名，最早见于《易纬·乾坤凿度》，但不完全是由孔子亲自编定的。侯外庐先生曾从方法论的角度分析，认为与思孟学派的方法相近。（可参见侯外庐《中国思想通史》第一卷，人民出版社1980年版。）所以《易传》的主要篇章，大致由战国初期至中期逐渐形成。这些篇章，反映了孔子思想，是后学托孔子之名而作。

③胡旦：字周父，北宋滨州渤海（今山东惠民东）人。北宋太平兴国三年（978）进士，历任将作监丞、左拾遗、司封员外郎、史馆修撰、保信军节度副使等职。景德初年以目疾致仕。事载《宋史·儒林传》。著有《周易演圣通论》《胡旦集》，今佚。

④吴仁杰：字斗南，一字南英，昆山人。南宋淳熙（1174—1189）间进士。博洽经史，讲学于朱熹之门。官罗田令，后为国子学录。著有《古

周易》《易图说》《汉书刊误补遗》等。

⑤按：大防、祖谦，指吕大防、吕祖谦。详见第一册第二十三课注㉓、㉕。

⑥颜师古（581—645）：名籀，字以行，京兆万年（今陕西西安）人。唐代训诂学家。官中书侍郎，至郁林太守。通天文、历算，作《浑天图》，注《易》，著有《太玄经注》。以注《汉书》著名。按：引语参见《汉书·艺文志》。

⑦《本义》：指朱熹《周易本义》。原书经传不分，共十二卷，上下经为二卷，十翼为十卷。现行的《周易本义》为四卷，为后人所更改。卷一为上经，卷二为下经，卷三《系辞》上下三卷，卷四《说卦传》、《序卦传》、《杂卦传》。《彖传》与《象传》分别附于经文各条之下。篇首冠以"河图""洛书""伏羲八卦次序""伏羲八卦方位""伏羲六十四卦次序""伏羲六十四卦方位""文王八卦次序""文王八卦方位""卦变"等九图。

⑧按：引语参见清阮元《揅经室三集·文言说》。

第十三课　说筮法

人心不能无所疑，凡作一事，欲先预料其吉凶成败，而后筮法以兴。筮法者，以蓍草揲成卦形，复于揲成之卦，察其变动者为何爻，取原爻之文以释之，以验作事之吉凶成败①。

例如："周史以《易》见陈侯，使筮之，遇《观》之《否》。曰：'是为观国之光，利用宾于王。'此其代陈有国乎！"②《观》䷓四爻变而为《否》䷋，遇《观》之《否》，即占得《观》卦第四爻，"观国之光"二语，引原爻之文也。"此其代陈有国"，称原爻之文，以验其作事之吉也。_{吉者，必成。}崔子欲娶东郐姜，筮之，遇《困》之《大过》，陈文子曰："妻不可娶也。"其繇③曰："困于石，据于蒺藜，入于其宫，不见其妻，凶。"_{下略。}《困》䷮三爻变而为《大过》䷛，遇《困》之《大过》，即占得《困》卦第三爻，"困于石"数语，引原爻之文也。以下则释原爻之文，以验其作事之凶也。_{凶者，必败。}

盖古人以《易》爻之文，占吉凶成败，由今人之用古人诗语为数本也。然古人作《易》，非为卜筮而设，故《易》有圣人之道四，卜筮仅居其一。《系辞》言"君子居则观其象而玩其辞，动则观其变而玩其占"，即所谓"以言者尚其辞，以动者尚其变"也。故不必假诸卜筮。《系辞》又言"人谋鬼谋，百姓与能"，盖百姓即下民，未能以道喻。所欲者吉与利，所忌者凶与灾，欲与忌交锢于中，不能无疑，古人即以所作之《易》

用为卜筮，即神道设教之义，使之以趋吉避凶之心，化为迁善改过之心，故于尚辞、尚变之外，抑且尚占，非果有所谓神而化之之道也。

此理焦循《易图略》言之最详。其言曰：《传》云："探赜索隐，钩深致远，以定天下之吉凶。成天下之亹亹者，莫大乎蓍龟。"又云："鼓之舞之以尽神。"又云："极天下之赜者存乎卦，鼓天下之动者存乎辞，化而裁之存乎变，推而行之存乎通，神而明之存乎其人，默而成之，不言而信，存乎德行。"又云："因贰以济民行，以明失得之报。"贰即疑也，因民之疑，而使之迁善改过，以从于德行，所以默而成之，不言而信。亹亹，勉也。民不能自喻于善，因其疑而转移于吉凶之际，乃勉强以自改过，则所以鼓之舞之者，在此卜筮也，即在此《易》也。天下之赜，天下之动，谓百姓也，假卜筮之事，而《易》之教行乎百姓矣。《易》之教行乎百姓，而吉凶万与同患。《传》云："是以明于天之道，而察于民之故，是兴神物以前民用。圣人以此斋戒，以神明其德夫。"察于民之故，知民疑于吉凶也。知民疑于吉凶，而以神道设教。其道神，其物亦神，故称蓍策为神物，神明其德，所谓济民行也。君子自明其德，百姓不能自明其德，而神道设教以明其德，所为神而明之也。夫云德、云行、云亹亹，而筮以济之，则《易》之用于筮者，假筮以行《易》，非作《易》以为筮也。《易》为君子谋，用《易》于卜筮，则为小人谋。此筮之道，即《易》之道也，而岂有二哉！④故《易》不可占险。见《左传·昭十二年》。

盖《易经》之戒恶，戒之于未为之先。顾炎武曰："卜筮者，先王所以教人去利怀仁义也。"⑤又曰："《易》以前民用也，非以为人前知也，求前知非圣人之道。"⑥焦循曰："《易》非徒卜筮之书，乃寡过之书也。古之卜筮，所以教人寡过也。"⑦后世术士家，言多托之《周易》，非《周易》之旨也，亦可谓之虚妄矣。

注：

①筮法：《周易》用蓍草做筹码进行计算以求目卦的方法。即运用四十九根蓍草随意分成二部分，并从一部中抽取一根蓍草置于一边不再用，然后按四根一组地数，数至最后，或余一、或余二、或余三、或余四，将其剩余的蓍草放置一边。然后再将数过的蓍草合起来，仍按四根一组地数，将剩余的蓍草仍置于一边，仍将数过的蓍草合起来，按四根一组地数。如此者三，便可得到一爻，（或阳爻或阴爻）一卦有六爻，所以要进行十八变才能成为一卦。据《周礼》记载，古代有九种筮法，今已不存。

现在可以考见的筮法仅见《系辞传》。有关《周易》筮法的考证，可以参见高亨的《周易筮法新考》一文，载《周易古经今注》，第139页，中华书局1984年版。

②按：引语参见《左传》"庄公二十二年"条。

③繇：即繇辞，卦辞、爻辞的统称，《周易》经的重要组成部分之一。繇音宙。《左传·闵公二年》："成风闻成季之繇。"杜预注："繇，卦兆之占辞。"嵇康《释难宅元吉凶摄生论》："元亨利贞，卜之吉繇。"

④按：引语见《易图略》的《原筮》篇，句末的"岂有二哉"，原刊误作"宁有二哉"，今改正。

⑤按：引语参见清顾炎武《日知录》卷一"卜筮"条。

⑥按：引语参见清顾炎武《日知录》卷一"卜筮"条。

⑦按：引语参见清焦循《易图略》卷六《原筮第八》。按：引语有脱漏，现录之以资参照："又云《易》不可占验，此古占法之犹存一线，异乎诸术士之谈，而当时附会牵合，汩没圣经，孔子所以韦编三绝，以明其书非徒卜筮之书，而寡过之书也。古之卜筮，所以教人寡过也。"

第十四课　说互体（一）

卜筮之法，用互卦以与正卦相参谓之互体①。此即古太卜所用占法，而《说卦传》所谓"分阴分阳，迭用柔刚"者也。《系辞下》云："若夫杂物撰德，辨是与非，则非其中爻不备。"又云："二与四同功而异位，三与五同功而异位。"此言二至四、三至五两体交互各成一卦也。是为互体之正例。试举之如下：

一为二、三、四三爻互卦之法。

即《系辞》所谓"二与四同功异位"也。郑氏《蒙》卦注云："互体震。"②《同人·象》注云："卦体有巽。"③《恒》"九三"爻注云："互体于乾。"④《困·象传》云："互体离。"⑤此二、三、四三爻互卦之法也。试演其式如下：

蒙䷃下坎上艮，二三四互震☳，同人䷌下离上乾，二三四互巽☴，困䷮下坎上兑，二三四互离☲，恒䷟下巽上震，二三四互乾☰。

又《左氏传·庄二十二年》：陈侯使周史筮，遇《观》之《否》。曰："风为天于土上，山也。"盖巽变为乾，敌曰风为天。乾在坤上，故曰于土上。自二至四为艮，艮为山。试演其式如下：

观䷓下坤上巽，六四变则上卦乾为☰，☰与☷合成否䷋上乾下坤，中三爻为☶。此即春秋时所用二、三、四三爻交互成卦之法。余可类推。

一为三、四、五三爻互卦之法。

即《系辞》所谓"三与五同功而异位"也。郑氏《大畜》卦"六四"爻注云:"互体震。"⑥《离》"九四"爻注云:"互体兑。"⑦《损·彖》注云:"互体坤。"⑧此三、四、五三爻互卦之法也。今演其式如下:

大畜䷙下乾上艮,三四五互震☳,离䷝下离上离,三四五互兑☱,蒙䷃下坎上艮,三四五互坤☷。

又《左氏传·僖十五年》:晋史苏占嫁伯姬,遇《归妹》之《睽》,又云:"为雷为火,为嬴败姬。"

服注云:"秦水位三至五,有坎象,水胜火。"⑨今演其式如下:

归妹䷵下兑上震,上六变则为睽䷥下兑上离,三四五互坎☵。此即春秋时所用三、四、五三爻交互成卦之法。余可类推。

试将以上所举二例汇列如下,以发其凡:

屯䷂下震上坎,二三四互坤☷,三四五互艮☶。

否䷋下坤上乾,二三四互艮☶,三四五互巽☴。

同人䷌下离上乾,二三四互巽☴,三四五互乾☰。

注:

①互体:《易》学术语。汉儒取象释卦方法之一。一卦六爻,其中除初、上两爻外,中间二、三、四爻与三、四、五爻交互变换而成两个单卦(三爻卦)。前者称为"下互",后者称为"上互"。此外互体还包括"先天互体""环互""伏互""连互"等多种。可参见黄宗羲《易学象数论》、全祖望《经史答问》、俞樾《周易互体徵》等。

②按:引语有删略,现录之以资参照:"蒙者,蒙。蒙,物初生形是其未开着之名也。人幼稚曰童,未冠之称。亨者,阳也。互体震而得中,嘉会礼通,阳自动其中,德施地道之上,万物应之而萌芽生。教授之师取象焉,修道艺于其室,而童蒙者求为之弟子,非已乎求之也。弟子初问则告之以事义,不思其三隅,相况以反解而筮者,此勤师而功寡,学者之灾也。渎筮则不复告,欲令思而得之,亦所以利义而干事是也。"参见宋王

应麟编《周易郑康成注》"蒙"卦。

③按：引语有删略，现录之以资参照："郑玄注：乾为天，离为火，卦体有巽，巽为风。天在上，火炎上而从之，是其性同于天也。火得风然后炎上益炽，是犹人君在上施政教，使天下之人和同而事之，以是为人和同者，君之所为也，故谓之同人。"参见宋王应麟编《周易郑康成注》"同人"卦。

④按：引语有删略，现录之以资参照："互体为乾，乾有刚健之德，体在巽，巽为进退，不恒其德之象。又互体兑，兑为毁折，后将有羞辱也。"参见宋王应麟编《周易郑康成注》"恒"卦。

⑤按：引语有删略，现录之以资参照："坎为月，互体离，离为日，兑为暗昧，日所入也。今上掩日月之明，犹君子处乱世，为小人所不容，故谓之困也。君子虽困，居险能悦，是以通而无咎也。"参见宋王应麟编《周易郑康成注》"困"卦。

⑥按：引语有删略，现录之以资参照："巽为木，互体震，震为牛之足，足在艮体之中，艮为手，持木以就足，是施梏。"参见宋王应麟编《周易郑康成注》"大畜"卦。

⑦按：引语有删略，现录之以资参照："震为长子，爻失正，又互体兑，兑为附决。子居明法之家而无正，何以自继其君父之志也。"参见宋王应麟编《周易郑康成注》"离"卦。

⑧按：引语有删略，现录之以资参照："艮为山，兑为泽，互体坤，坤为地。山在地上，泽在地下，泽以自损增山之高也，犹诸侯损其国之富，以贡献于天子，故谓之损矣。"参见宋王应麟编《周易郑康成注》"损"卦。

⑨按：引语有删略，现录之以资参照："服虔云：'离为日为火，秦嬴姓，水位三至五，有坎象，水胜火，故为嬴败姬。'"参见宋魏了翁《春秋左传要义》卷十五"释离震卦变坎互体"条。

第十五课　说互体（二）

《易》卦互体之法，于三画互体法之外，复有四画互体法，汉儒言之较详，今详考之，约有三例：

曰中四爻互体之法。即以此卦中四爻，易为他卦上半、下半四爻中增二爻另成一卦。

虞氏《大畜》"九三"爻注云："谓二已变，二至五体《师》象。"①《睽》"初九"爻注云："四动得位，二至五体《复》。"②《丰》"初九"爻注云："五动体《姤》遇。"③此中四画互体之法也。今演其式如下，余可类推。

大畜☰☶下乾上艮，中四画互归妹☳☱，若九二变则为贲☲☶，故中四画互师☷☵。

睽☱☲下兑上离，中四画互既济☵☲，若九四变则为☳☲，故中四画互复☷☳。

丰☲☳下离上震，中四画互大过☱☴，若六五变则为革☱☲，故中四画互姤☰☴。

曰下四爻互卦之法。即以此卦下四爻，易为他卦上半、下半四爻中增二爻另成一卦。

虞氏《蛊》"六四"爻注云："四阴体，大过本末弱。"④《无妄·象传》注云："体颐养象。"⑤《小过》"六二"爻注云："得正体姤遇象。"⑥此下四爻交互之法也。今演其式如下，余可类推。

蛊☶☴下巽上艮，下四画互大过☱☴。

无妄☰☳下震上乾，下四画互颐☶☳。

小过☷下艮上震，下四画互渐☷。若六二变则为恒☷，故下四画互姤☷。

曰上四爻互卦之法。即以此卦上四爻，易为他卦上半、下半四爻中增二爻另成一卦。

虞氏《大畜》"六五"爻注云："三至上体颐象。"⑦《丰》"上六"爻注云："三至上体大壮屋象。"⑧《兑·象传》注云："三至上体大过。"⑨此上四爻交互之法也。今演其式如下，余可类推。

大畜☷下乾上艮，上四画互颐☷。

丰☷下离上震，上四画互大壮☷。兼互归妹☷。

兑☷下兑上兑，上四画互大过☷。

此皆四爻相互之法也。试举一卦中之具三互体者，汇列如下，以发其凡：

复☷下震上坤，中四画互坤☷，下四画互本卦，上四画互坤☷。

颐☷下震上艮，中四画互坤☷，下四画互复☷，上四画互剥☷。

坎☷下坎上坎，中四画互颐☷，下四画互解☷，上四画互蹇☷。

约举三卦，余可类推，此亦互体之正例也。

注：

①按：引语有删略，现录之以资参照："乾为良马，震为惊走，故称逐也。谓二已变三，在坎中，故利艰贞吉。离为日，二至五体师象，坎为闲习，坤为车舆，乾人在上，震为惊卫，讲武闲兵，故曰日闲舆卫也。"参见唐李鼎祚《周易集解》卷六"大畜"卦。

②按：引语有删略，现录之以资参照："无应，悔也。四动得位，故悔亡应在于坎。坎为马，四而失位之正入坤，坤为丧，坎象不见，故丧马。震为逐，艮为止，故勿逐。坤为自二至五体复象，故自复四动。震马来，故勿逐自复也。"参见唐李鼎祚《周易集解》卷八"睽"卦。

③按：引语有删略，现录之以资参照："妃嫔，谓四也。四失位，在震为主，五动体姤遇，故遇其配主也。"参见唐李鼎祚《周易集解》卷十二"丰"卦。

④按：引语有删略，现录之以资参照："裕不能争也。孔子曰：'父有争子，则身不陷于不义。'四阴体大过，本末弱，故裕。父之蛊，兑为见，变而失正，故往见吝。《象》曰'往未得'，是其义。"参见唐李鼎祚《周易集解》卷五"蛊"卦。

⑤按：引语有删略，现录之以资参照："先王谓乾，乾盈为茂，艮为对，时体颐养象，万物出震，故以茂对，时育万物，言物皆死。违此，甚矣。"参见唐李鼎祚《周易集解》卷六"无妄"卦。

⑥按：引语有删略，现录之以资参照："五动为君，晋坤为臣，二之五隔三艮为止，故不及其君。止如承三，得正体姤遇象，故遇其臣无咎也。"参见唐李鼎祚《周易集解》卷十二"小过"卦。

⑦按：引语有删略，现录之以资参照："二变时，坎为豕，剧豕称豮，令不害物。三至上体颐象，五变之刚，巽为白，震为出刚，曰从颐中出牙之象也。动而得位，豮豕之牙吉。"参见唐李鼎祚《周易集解》卷六"大畜"卦。

⑧按：引语有删略，现录之以资参照："丰，大；蔀，小也。三至上，体大壮屋象，故丰其屋。谓四五已变，上动成家人，大屋见则家人怀，故蔀其家。与泰二同义，故象曰天降祥明，以大壮为屋象故也。"参见唐李鼎祚《周易集解》卷十二"丰"卦。

⑨按：引语有删略，现录之以资参照："体屯，故难也。三至上，体大过，死变成屯，民说无疆，故民忘其死。坎心为忘，或以坤为死也。"参见唐李鼎祚《周易集解》卷十一"兑"卦。

第十六课　说互体（三）

《周易》互卦之例，于三画互卦、四画互卦法而外，别有五画互卦，其例有二，试述之于下：

一为下五画互卦之法。

虞注《豫·象》注云："初至五体比象。"①《萃·象传》注云："五至初有观象。"②《归妹》"六三"爻注云："初五五体需象。"③此下五画互卦之法。其例如下：

豫䷏下坤上震，比䷇下坤上坎，若去豫上爻--则成之䷇象，与比之上二画相同。

萃䷬下坤上兑，观䷓下坤上巽，若去萃上爻--则成䷓之象，与观之上二画相同。

归妹䷵下兑上震，需䷄下乾上坎，若去归妹上爻--变六三为九三则成䷄之象，与需之上二画相同。

一为上五画互卦之法。

虞氏《蒙·象传》注云："二至上有颐养象。"④《大有》"九三"爻注云："二变得位体鼎象。"⑤《明夷》"上六"注云："谓三体师象。"⑥此上五画互卦之法。其例右下：

蒙䷃下坎上艮，颐䷚下震上艮，若去蒙初爻--则成䷚之象，与颐之下二画相同。

大有☲下乾上离，鼎☲下巽上离，若去大有初爻—变九二为六二则成☲之象，与鼎之下二画相同。

明夷☷下离上坤，师☷下坎上坤，若去明夷初爻—则成☷之象，与师之下二画相同。

盖四画、五画能互诸卦，而三画又为四画、五画之本，此定例也。今举一卦之具有七类互体者，立表如下：

卦名									
	乾	坤	屯	蒙	需	讼	师	比	小畜	履
二三四互	乾	坤	坤	震	兑	离	震	坤	兑	离
三四五互	乾	坤	艮	坤	离	巽	坤	艮	离	巽
中四画互	乾	坤	剥	复	睽	家人	复	剥	睽	家人
下四画互	乾	坤	复	解	夬	未济	解	坤	夬	睽
上四画互	乾	坤	蹇	剥	既济	姤	坤	蹇	家人	姤
下五画互	乾	坤	颐	师	大有	涣	师	剥	大有	中孚
上五画互	乾	坤	比	颐	节	同人	复	比	中孚	同人

以上约举十一卦，其余五十三卦，均可本此例以类求矣。

注：

①按：引语有删略，现录之以资参照："复初之四与小畜旁通，坤为邦国，震为诸侯；初至五体比象，四利复初，故利建侯。三至上体师象，

故行师。"参见唐李鼎祚《周易集解》卷四"豫"卦。

②按：引语有删略，现录之以资参照："享，享祀也。五至初，有观象，谓享坤牛，故致孝享矣。"参见唐李鼎祚《周易集解》卷九"萃"卦。

③按：引语有删略，现录之以资参照："须，需也。初至五，体需象，故归妹以须。娣，谓初也。震为反，反为归也。三失位，四反得正，兑进在四见，初进之初在兑后，故反归以娣。"参见唐李鼎祚《周易集解》卷十一"归妹"卦。

④按：引语有删略，现录之以资参照："君子为二，艮为果，震为行，育，养也。二至上，有颐养象，故以果行育德也。"参见唐李鼎祚《周易集解》卷二"蒙"卦。

⑤按：引语有删略，现录之以资参照："天子谓五，三公位也。小人谓四，二变得位体鼎象，故公用亨于天子。四折鼎足，覆公𫗧，故小人不克也。"参见唐李鼎祚《周易集解》卷四"大有"卦。

⑥按：引语有删略，现录之以资参照："君子谓三，体师象，以坎莅坤，坤为众、为晦，离为明，故用晦如明也。"参见唐李鼎祚《周易集解》卷七"明夷"卦。

第十七课　说互体（四）

互体之例，别有一画互卦法及两画互卦法。两画互卦，汉儒称为"半象"①，一画互卦，汉儒称为"爻体"②。今试述之。

一为两画互卦之法。每卦初与二为下半，五与上为上半，其二与三，三与四，四与五，皆兼有上半、下半。今皆并举之。

虞氏《需》"九二"爻注云："《大壮》《震》为言四之五，震象半见。"③《讼》"初六"爻注云："三食旧德，震象半见。"④《小畜·象》注云："《需》《坎》上变为阳，坎象半见。"⑤此两画互卦之法也。今试揭其例如下：

需☱下乾上坎，初九九二兑下半☱，九二九三乾下半☰，巽上半☴，九三六四震下半☳，坎上半☵，六四九五巽下半☴，艮上半☶，九五上六兑上半☱。

讼☲下坎上乾，初六九二巽下半☴，九二六三震下半☳，兑上半☱，六三九四坎下半☵，艮上半☶，九四九五兑下半☱，乾上半☰，九三上九巽上半☴。

小畜☴下乾上巽，初九九二兑下半☱，九二九三乾下半☰，巽上半☴，九三六四震下半☳，坎上半☵，六四九五坎下半☵，艮上半☶，九五上九乾上半☰。

此即两画互卦之例也。三卦而外，均可援此例类推。

一为一画互卦之法。

郑康成《贲》"六四"爻注云："六四，巽爻也。"⑥《萃·象》注云："四本震爻，五本坎爻，二本离爻也。"⑦《井》"九二"注云："九二，坎爻也；九三，艮爻也。"⑧此一画互体之法也。今试揭其例如下：

贲䷕下离上艮，初九九三上九乾爻☰，六二六四六五坤爻☷，初九震爻☳，六二离爻☲，九三艮爻☶，六四巽爻☴，六五离爻☲，上九艮爻☶。

萃䷬下坤上兑，九四九五乾爻☰，初六六二六三上六坤爻☷，初六巽爻☴，六二离爻☲，六三兑爻☱，九四震爻☳，九五坎爻☵，上六兑爻☱。

井䷯下巽上坎，九二九三九五乾爻☰，初六六四上六坤爻☷，初六巽爻☴，九二坎爻☵，九三艮爻☶，六四巽爻☴，九五坎爻☵，上六兑爻☱。

此即一画互卦之例也。三卦而外，亦可援此例类推。

六十四卦，其互体之法，均有此二例。然两画互法所互者仅八卦，而一画互法，又分二画互法之传，此互体之附例也。合前七例而观之，则《易经》之互体共有九例矣。

注：

①半象：《易》学术语。即半象之体，汉儒取象释卦方法之一。如《坎》象为水，《兑》二、三爻象《坎》上半，下爻为阳，则为不雨之象。《坎》象为月，《巽》初、二象《坎》下半，上爻为阴，则有月望之象。焦循云："虞翻解'小有言'，为《震》象半见，又有半《坎》之说。余以为不然。盖《乾》之半，亦《巽》、《兑》之半；《坤》之半，亦《艮》、《震》之半；《震》之下半，何异于《坎》、《离》之半；《坎》之半，又何异于《兑》、《艮》、《巽》之半。求其故而不得造为半象。"可参见焦循《易图略·论半象》。

②爻体：《易》学术语。以体名爻取义，汉代郑玄注《易》的取象释卦方法。如《屯》卦，上体为《坎》，下体为《震》，《震》之初为阳爻，凡阳爻在初或在四都可称"震爻"，并取其震义。"爻体"与"半象"相似，但半象注重两爻，而爻体侧重在一爻。二者同属汉《易》的互体系统。

③按：引语有删略，现录之以资参照："沙谓五，水中之阳称沙也。

二变之阴,称小。大壮、震为言,兑为口,四之五,震象半见,故小有言。"参见唐李鼎祚《周易集解》卷二"需"卦。

④按:引语有删略,现录之以资参照:"永。长也。坤为事,初失位而为讼始,故不永所事也。小有言,谓初四易位成震,言三食旧德,震象半见,故小有言。初变得正,故终吉也。"参见唐李鼎祚《周易集解》卷三"讼"卦。

⑤按:引语有删略,现录之以资参照:"密,小也。兑为密,需、坎升天为云,坠地称雨,上变为阳,坎象半见,故密云不雨,上往也。"参见唐李鼎祚《周易集解》卷三"小畜"卦。

⑥按:引语有删略,现录之以资参照:"六四,巽爻也。有应于初九欲自饰以适初,既进退未定,故燔如也。"参见宋王应麟编《周易郑康成注》"贲"卦。

⑦按:引语有删略,现录之以资参照:"四本震爻,震为长子。五本坎爻,坎为隐伏。居尊而隐伏,鬼神之象。长子入阙升堂,祭祖祢之礼也,故曰王假有庙。二本离爻也,离为目,居正应五,故利见大人矣。"参见宋王应麟编《周易郑康成注》"萃"卦。

⑧按:引语有删略,现录之以资参照:"九二,坎爻也。坎为水,上直巽。九三艮爻也,艮为山,山下有井。必因谷水所生,鱼无大鱼,但多鲋鱼耳。"参见宋王应麟编《周易郑康成注》"井"卦。

第十八课　说卦变（一）

《易经》卦变之法，一为旁通、相错、变化之法。六爻变易者，为旁通。《乾·文言》曰："六爻发挥，旁通情也。"陆绩注云："《乾》六爻，发挥旁通于坤。"①此旁通之法所由昉也。例如：

乾☰下乾上乾，下卦旁通坤☷，上卦旁通坤☷，重卦旁通坤䷁。
坤☷下坤上坤，下卦旁通乾☰，上卦旁通乾☰，重卦旁通乾䷀。
屯䷂下震上坎，下卦旁通巽☴，上卦旁通离☲，重卦旁通鼎䷱。
蒙䷃下坎上艮，下卦旁通离☲，上卦旁通兑☱，重卦旁通革䷰。

凡此卦与彼卦旁通者，则此卦之义，互见于彼卦，所谓比例也。如：

师䷆与同人䷌为旁通卦，而同人言"大师克，相遇"。
需䷄与晋䷢为旁通卦，故晋者，进也；需者，不进也。
涣䷺与丰䷶为旁通卦，故丰言"遇夷主"，而涣言"匪夷所思"。
鼎䷱与屯䷂为旁通卦，故鼎言"雉膏不食"，而屯言"屯其膏"。
讼䷅与明夷䷣为旁通卦，故讼言"食旧德"，明夷则言"不食"。
履䷉与谦䷎为旁通卦，故履者，礼也。而谦以制礼《系辞》。

有旁通之卦，即有相错之卦，故《系辞》言"八卦相错"，即各卦亦然。如：

乾☰与坤☷室旁通，而否䷋泰䷊即为乾坤相错之卦。
震☳与巽☴旁通，而恒䷟益䷩即为震巽相错之卦。
坎☵与离☲旁通，而既济䷾未济䷿即为坎离相错之卦。

凡此卦与彼卦相错者，则此卦之义亦互见于彼卦。如：

蒙☷革☱为困☱贲☶之相错，故蒙称"困蒙"。

睽☲蹇☵为旅☶节☵之相错，故蹇称"中节"。

家人☲解☵为涣☵丰☳之相错，故丰称"蔀其家"。故旁通、相错之义，均因比例而后见，然咸有一定之例可以类求，一爻变易者为变化，故变化可附于旁通。

《说卦传》云："然后能变化，既成万物也。"虞注云："谓乾变而坤化。"②《左氏传·昭二十九年》传云"在乾之姤"，又曰"坤之剥"，均一爻之变化也。此变化之法所由昉也。例如：

乾☰初九变姤☴，九二变同人☲，九三变履☱，九四变小畜☴，九五变大有☲，上九变夬☱。

坤☷初六变复☳，六二变师☵，六三变谦☶，六四变豫☳，六五变比☵，上六变剥☶。

屯☵初九变比☵，六二变节☵，六三变既济☵，六四变随☱，九五变复☳，上六变益☴。

约举数卦，余可类推。盖变化者，即阳爻变阴、阴爻变阳之谓也。

注：

①陆绩（187—219）：字公纪，吴郡（今江苏吴县）人。年幼聪明有俊才，史称"怀橘陆郎"。与名士虞翻、庞统相善。孙权辟为奏曹掾。出为郁林太守，加偏将军。汉《易》孟、京象数学派的重要传人。吴承仕《经典释文序录疏证》云："绩既述《易》十三卷，更注京氏《易》（现存三卷）。则陆为京氏学也。又与虞酿撰《日月变例》六卷。（《隋志》云梁有，亡。）则又兼治孟氏学也。"著有《京氏易注》，今存。按：引语有删略，现录之以资参照："陆绩曰：乾六爻，发挥变动，旁通于坤，坤来入乾，以成六十四卦，故曰旁通情也。"参见唐李鼎祚《周易集解》卷一"乾"卦。

②按：引语参见唐李鼎祚《周易集解》卷十七"说卦"。

第十九课　说卦变（二）

《周易》卦变之法，一为反复往来之例，而往来之例附于反复之中，六爻移易者，为反复。凡反复之卦，必相连，义必相反。见《杂卦传》。《乾·文言传》云："反复其道。"《复·彖》云："反复其道。"此反复之法所由昉也。虞氏《观·彖》注云："观反临也。"①《渐·彖》注云："反成归妹。"②盖反复者，六爻交易之谓也。例如：

临䷒下兑上坤，反复之则为观䷓下坤上巽，而观反复亦为临。

渐䷴下艮上巽，反复之则为归妹䷵下兑上震，而归妹反复亦为渐。

约举二例，余可类求。舍《乾》《坤》二卦而外，无一非反复之卦也。

一爻移易者为往来。

《蹇》"六四"爻辞云："往蹇来连。"荀爽注云："欲往之三来还承五。"③此往来之法所由昉也。虞氏《蛊·彖》注云："泰初之上。"④《颐·彖》注云："五上易位。"⑤即往来之例也。例如：

蛊䷑下巽上艮，初六九二易贲䷕九二九三易本卦，九三六四易未济䷿六四六五易本卦，六五上九易井䷯上九初六易泰䷊。

颐䷚下震上艮，初九六二易蒙䷃六二六三易本卦，六三六四易本卦，六四六五易本卦，六五上九易屯䷂上九初九易本卦。

约举二例，余可类求。盖移易之两爻，悉为阳爻，或悉为阴爻，则均易本卦。若一阴一阳，则改易他卦，此一定之例也。

二例而外，别有上下易之例，上下易者，六爻交易之谓也。

《系辞》第十二章云："易之以书契，盖取诸夬。"虞注云："履上下象易也。大壮、大过、夬此三盖取直两象上下相易，故俱言易之。"⑥此上下易之法所由昉也。又虞氏《小畜·象》注云："豫四之坤初为复。"⑦《大畜·象》注云："此萃五之复二成临。"⑧惠栋《易例》云："豫者，复两象易也；萃者，临两象易也。"⑨例如：

履☱下兑上乾，使乾居下而兑居上则为夬☱下乾上兑。

豫☷下坤上震，使震居下而坤居上则为复☷下震上坤。

临☱下兑上坤，使坤居下而兑居上则为萃☱下坤上兑。约举数例，余可类推。《左传》言"雷乘乾曰大壮"，即此例也。

要而论之，《易经》之位，上下无常，刚柔相易，不可为典要，唯变所适。故《易》爻无定位，观于反复往来，上下易三例，可以知矣。

《系辞》曰："列贵贱者存乎位。"然《易》经之言位也，至为无定。如五为君位，二、三、四为臣位，而《乾》之"九四"首言"或跃在渊"，则以臣位而有君象矣。君位岂有定哉！《乾》之"上九"则曰"贵而无位者"，非指隐忍不仕者言也，乃指功成不居者言也。约举二例，可以知《易》位之无定矣。

注：

①按：引语参见唐李鼎祚《周易集解》卷五"观"卦。

②按：引语参见唐李鼎祚《周易集解》卷十一"渐"卦。

③按：引语有删略，现录之以资参照："荀爽曰：寒难之世，不安其所，欲往之，三不得承阳，故曰往蹇也。来还承五，则与至尊相连，故曰来连也。"参见唐李鼎祚《周易集解》卷八"蹇"卦。

④按：引语参见唐李鼎祚《周易集解》卷五"蛊"卦。

⑤按：引语"《临·象》"当作"《颐·象》"，今改正。参见唐李鼎祚《周易集解》卷六"颐"卦。

⑥按：引语原刊"下"字后脱"象"字，今补上。参见唐李鼎祚《周易集解》卷十五"系辞"。

⑦按：引语参见唐李鼎祚《周易集解》卷三"小畜"卦。

⑧按：引语参见唐李鼎祚《周易集解》卷六"大畜"卦。

⑨按：引语参见清惠栋《易例》卷下"两象易"。

第二十课　说卦变（三）

《周易》卦变之法，别有"升降"①一例。升降者，一爻交易之谓也。故与上下易不同，亦与往来之例不同。

升降之说，见于荀爽。解"云行雨施"云："乾坤二卦成两既济，阴阳和均而得其正。"②解"日月合其明"云："坤五之乾二成离，乾二之坤五为坎。"③解"或曰在渊"云："欲下居坤初。"④解"行而未成"云："谓行之坤四。"⑤解"含宏光大"云："乾二居坤五为含，坤五居乾二为宏，坤初居乾四为光，乾四居坤初为大。"⑥但荀氏明升降于乾坤二卦，于诸卦则不详。

升降者，二与五易，初与四易，三与上易。若本卦无可易，则以此卦之二爻，交彼卦之五爻，以此卦之初爻，交彼卦之四爻，以此卦之三爻，交彼卦之上爻，即《系辞》所谓"各指其所之"也。例如：

乾☰上乾下乾，初与坤四易姤☴，二与坤五易同人☲，三与坤上易履☱，四与坤初易小畜☴，五与坤二易大有☲，上与坤三易夬☱。

坤☷下坤上坤，初与乾四易复☳，二与乾五易师☵，三与乾上易谦☶，四与乾初易豫☳，五与乾二易比☵，上与乾四易剥☶。

屯☵下震上坎，初与四易萃☱，二与五易临☱，三与鼎上易既济☲，四与初易萃☱，五与二易临☱，上与鼎三易益☴。

凡此卦某爻与彼卦某爻互交，而他卦某爻亦与彼卦某爻互交者，则两卦之义象必同。例如：

睽☲二之五为无妄☰，井☵二之噬嗑☲五亦为无妄☰，故《睽》之"噬肤"，即《噬嗑》之"噬肤"。

坎☵三之离☲上成丰☳，噬嗑☳上之三亦成丰☳，故"离"之"日昃""丰"之"日中"，即《噬嗑》之"日中"。

晋☷上之三为小过☳，小畜☴上之豫☳三亦为小过☳，故《小过》"遇其妣"，即《晋》之"王母"；"遇其祖"，即《豫》之"祖考"。

渐☴上之归妹☳三，则归妹成大壮☳，渐成蹇☵，蹇、大壮相错成需☵，故《归妹》"以须"，须，即"需"也。

归妹☳四之渐☴初，则渐成家人☲，归妹成临☷，临通遁☰，相错为谦☷履☱，故"眇能视，跛能履"。临二至五，即履二之谦五之比例。

若援此类推，可得引申触类之义矣。

此例焦氏《易图略》言之最详。其言曰："洞渊九容之数⑦，如积相消⑧，必得两数相等者，交互求之，而后可得其数，此即两卦相孚之义也。非有孚，则不相应；非同积，则不相得。《传》明云：'衰多益寡。'又云：'参伍错综其数。'⑨又云：'引而伸之，触类而长之。'其脉络之钩贯，或用一言，或用一字，转相牵系，似极繁赜，而按之井然，不啻方圆弦股以甲乙丙丁之字指之，虽千变万化，缘其所标以为之识，无不了然可见。"

又升降之法，先二五而后初四、三六者为当位，不俟二五而初四、三上先行者为失道，故升降一门，必兼言当位、不当位⑩，焦氏《易图略》一书可参考也。

注：

①升降：《易》学术语。是汉代象数《易》学卦变系统的重要法则之一，又称"乾升坤降"或"阳升阴降"。"升降"一词的概念，京房《京氏易传》说："阴阳升降，反归于本，变体于有无。"《乾凿度》则明确谓："阴阳所以进退，君臣所以升降。"荀爽则是将"升降"概念系统地运用于诠释《周易》。后世象数《易》学研究者多取此说。

②按：引语参见唐李鼎祚《周易集解》卷一"乾"卦。

③按：引语参见唐李鼎祚《周易集解》卷一"乾"卦。

④按：引语参见唐李鼎祚《周易集解》卷一"乾"卦。

⑤按：引语参见唐李鼎祚《周易集解》卷一"乾"卦。

⑥按：引语参见唐李鼎祚《周易集解》卷一"坤"卦。

⑦洞渊九容：指北宋处州的洞渊大师李思聪。"九容"，是一个数学术语。

⑧如积相消：又称为"同数相消"，它是古代数学"天元术"的一种运算法则，与现代通常的代数教课书中列方程的方法极为相似。首先是"立天元一为某某"，也相当于现代的"设 x 为某某"的意思。其次再根据问题给出的条件列出两个相等的多项式，令二者相减即可得出一端为零的方程。"相消"是令二者相减，"如积"即"同积"，就是指两个相等的多项式。焦循曾运用"旁通"法则和这种以二多项式相减以列于方程的步骤，将《周易》六十四卦组合成同爻位阴阳相对的三十二组旁通卦。可参见陈居渊《焦循儒学思想与易学研究》，第 238 页，齐鲁书社 2000 年版。

⑨按：引语参见《易图略》的《比例图第五叙目》，文字有脱漏。如"又参伍错综其数"，当作"又云参伍以变，错综其数"。文长，不具录。

⑩当位、不当位：《易》学术语。《周易》六十四卦中的任何一卦，均由阴阳两种不同符号组合而成。按照传统《易》说，每一卦的阴爻居二、四、六爻位，阳爻则居初、三、五爻位，按这样的次序的排列而成的卦称之为"当位"，反之则为"不当位""失道"。当位与失道是传统《易》学判断卦爻象吉凶祸福的主要依据。

第二十一课　说比例

《易经》之例，不外比例①、引申。比例、引申者，即参伍错综之谓也。

焦循曰："卦起于包牺八卦成列，因而重之，命之以名。文王以其简而不易明也，系以《彖》辞。周公以其简而不易明也，系以爻辞。'密云'②、'庚甲'③，以爻辞释《彖》辞也。'笑号'④、'马壮'⑤，爻辞自相释也。然而，犹不易明。我孔子韦编三绝而后赞焉，且不一赞而至于十赞者，佐也，引也。佐文王、周公之辞引而申之也。包牺之卦，参伍错综。文王、周公之系辞，亦参伍错综。故《小畜》《蛊》《明夷》之辞，互见于《小过》《巽》《涣》之辞也。文王、周公之辞，以参伍错综系之，孔子《十翼》，亦参伍错综赞之，所以明《易》之道者，备矣。"⑥

而辞之引申，均由比例而后见，所谓引而伸之，触类而长之也。此即儒家一贯之道，故彼此互相例，即彼此互相通。

焦循曰："《易》有纵通，有横通，有参伍错综之通。"其词曰："夫学《易》者，亦求通其词而已矣。横求之而通，纵求之而通，参伍错综之而无不通，则圣人系辞之本意得矣。如《比》'初六'：'有孚，比之无咎，有孚盈缶，终来有它，吉。'十五字，何以一气贯注？须字字承接、讲明，此纵之能通也。上顾《彖》辞，下合诸爻之辞，皆须一贯，此横之能通也。'有孚'便与全经诸'有孚'一气相贯，'盈'字便与全经'盈'字一气相贯，'缶'字便与全经'缶'字一气相贯，'终'字、'来'字、'有他'字便与全经'终'字、'来'字、'有他'字一气相贯，此参伍错综之无不通也。"⑦

《易》辞以引申明比例，其例有十，故辞之引申，尤神妙无方。

一、立数字为全《易》之纲目，如遇"交求"与"艰匪""笑誉"等词是也。

二、立数字以标卦位、爻位，如"大小""内外""远近""新旧"是也。"君子""小人"亦然。

三、以卦名为引申，如《困》《夬》《履》《蒙》《观》《颐》《咸》《临》是也。

四、以卦象为引申，如冰即乾，龙即震，《说卦传》所云者是也。

五、以一词兼明两义，如乾为母，母从手，为拇，则兼取《艮》象是也。

六、以同辞为引申，如"用拯马壮"，《明夷》与《涣》互明是也。

七、以同辞稍异者为引申，如《蛊》言先后甲，《巽》言先后庚是也。

八、以一字之同为引申，如"频复""频巽""甘节""甘临"是也。

九、以一字之训诂为引申，如"迷"训"冥"，又训"晦"，"久"训"长"、训"永"，"成"训"定"、训"宁"是也。

十、以同声之假借为引伸，如"杓"为"豹"，"祥"为"羊"，"巳"为"祀"是也。

此引申之词，由比例而见之证也，故《易》之道，不外于参互。此孔子读《易》所由韦编三绝也。《易》辞者，举一隅而欲人三反者也。

焦循曰："《史记·孔子世家》称孔子读《易》韦编三绝，非不能解也，正是解得其参伍错综之故。读至此卦此爻，知其与彼卦彼爻相比例，遂检彼以审之，由此及彼，又由彼及彼，千脉万络一气贯通，前后互推端委悉见，所以韦编至于三绝。即此韦编三绝一语，可悟《易》之参伍错综。孔子读《易》如此，后人学《易》，无不当如此，非如此不足以知《易》也。若云一见不解，读至千百度至于韦编三绝乃解，失之矣。"⑧

注：

①比例：是焦循在"相错"基础上进一步确立卦爻之间的等值关系的法则。主要包括以卦的相错为比例和以爻位置换为比例二种，从而确定《周易》六十四卦之间的比例关系。对此，焦循认为《周易》六十四卦之间有十二种比例形式：1.《泰》、《否》为《乾》、《坤》之比例，《益》、《恒》为《震》、《巽》之比例，《损》、《咸》为《艮》、《兑》之比例。2.《小畜》二之《豫》五成《家人》、《萃》，为《夬》二之《剥》五成《观》、《革》之比例；《姤》二之《复》五成《屯》、《遁》，为《履》二之《谦》五成《无妄》、《蹇》之比例。3.《升》通《无妄》而二之五成《蹇》，为《睽》通《蹇》而二之五成《无妄》之比例；《大畜》通《萃》而二之五成《家人》，为《解》通《家人》而二之五成《萃》之比例。4.《乾》四之《坤》初成《复》、《小畜》，为《离》四之《坎》初成《节》、《贲》之比例；《兑》三之《艮》上成《谦》、《夬》，为《巽》上之《震》三成《丰》、《井》之比例。5.《乾》、《坤》成《家人》、《屯》，为《蹇》、《革》之比例。《乾》、《坤》成《复》、《小畜》，为《谦》、《夬》之比例。6.《乾》四之《坤》初成《小畜》、《复》，《小畜》通《豫》为《复》、《姤》之比例；《坎》三之《离》上成《丰》、《井》，《丰》通《涣》为《井》通《噬嗑》之比例。7.《乾》二之《坤》五，《乾》成《同人》，《坤》成《比》，为《师》二之五之比例，亦为《大有》二之五之比例；《巽》二之《震》五，《巽》成《渐》，《震》成《随》，为《蛊》二之五之比例，亦为《归妹》二之五之比例。8.《履》四之《谦》初成《中孚》、《明夷》，《丰》四之《涣》初亦成《明夷》、《中孚》，皆成《小过》四之初之比例；《同人》上之《师》三成《升》、《革》，《蛊》上之《随》三亦成《升》、《革》，皆为《蒙》上之三之比例。9.《小畜》上之《豫》三成《小过》，《小过》通《中孚》，成《小过》通《豫》之比例；《诟》上之《复》三成《大过》，《大过》通

《颐》，仍《复》通《诟》之比例。10.《丰》、《涣》相错为《家人》、《解》，《解》二之五同于《小畜》二之《豫》五，则《小畜》二之《豫》五为《涣》二之《丰》五之比例；《贲》、《困》相错为《蒙》、《革》，《蒙》二之五同于《夬》二之《剥》五，则《夬》二之《剥》五为《困》二之《贲》五之比例。11.《归妹》三之《渐》上，成《大壮》、《蹇》，相错为《需》、《小过》，则《需》通《晋》，《小过》通《中孚》即《蹇》通《睽》、《大壮》通《观》之比例；《同人》四之《师》初成《家人》、《临》，相错为《中孚》、《明夷》，则《中孚》通《小过》，《明夷》通《讼》，为《家人》通《解》，《临》通《遁》之比例。12.《乾》二之《坤》五既同于《师》二之五，亦同于《大有》二之五，则《师》成《临》，《大有》成《大畜》，为《坤》成《复》之比例；《巽》二之《震》五既同予《归妹》二之五，亦同于《蛊》二之五，则《蛊》成《升》，《归妹》成《大壮》，为《震》成《丰》之比例。可参见《易图略·比例图》。

②密云：语出《周易·小畜》卦辞"密云不雨，自我西郊"。

③庚甲：指人的出生年、月、日、时，用以干支八字来表示。这里指卦爻辞与干支相配合。如《周易·蛊》卦辞为"先甲三日，后甲三日"、《周易·巽》卦九二爻辞为"先庚三日，后庚三日"即是一例。

④笑号：语出《周易·旅》卦上九爻辞："旅人先笑后号咷。"

⑤马壮：语出《周易·明夷》卦六二爻辞："用拯马壮。"

⑥按：引语参见《雕菰集》卷十六《易通释自序》。

⑦按：引语参见《易图略·原辞下第六》及《雕菰集》卷九《读易韦编三绝解》。原刊"有它"，焦循《易图略》作"有他"，今改正。

⑧按：引语参见《易图略·比例图序目》。

第二十二课 论《易经》与文字之关系

《易经》一书，上古之时，以之代字典之用。试举其证如下：

一曰八卦为象形文字之鼻祖。

《说文》序目："象形者，画成其物，随体诘屈。"盖象形之字，即古图画。上古之时，未有字形先有图画，故八卦为文字之鼻祖。《乾》《坤》《坎》《离》之卦形，即天、地、水、火之字形。试举其例如下：

乾为天	今天字草书作 ⚊	象乾卦 ☰ 之形
坤为地	古坤字或作 巛	象坤卦 ☷ 之倒形
坎为水	篆文水字作 川	象坎卦 ☵ 之倒形
离为火	古文火字作 从	象离卦 ☲ 之倒形

盖知画卦即知象形，伏羲之画卦，即以卦画代文字之用者也。

二曰卦名之字，仅有右旁之声，为字母之鼻祖。

上古声起于义，故字义咸起于右旁之声。任举一声，闻其声，即可知其义。故《易经》之命名辨物也，近其声则通其义。例如"豹""礿"同声，与虎并言，则借"礿"为"豹"；与祭并言，则借豹为礿。"羊""祥"同声，《兑》有吉义，则借"羊"为"祥"；《大壮》失道不吉，则借"祥"为"羊"。"拘""狗"皆句声，则借"狗"为"拘"。"蚌""邦"皆丰声，则借"蚌"为"邦"。"硕""鼫"皆石声，则借"硕"为"鼫"。"鮒""附"皆付声，则借"附"为"鮒"。此皆焦循《易通释》

所言，足证造字之初，先有右旁之声，后有左旁之形。右旁之声既同，则义象必同。古人分析字类，悉凭义象之同义而区；而凡字之义象，悉寄乎右旁之声。故右旁为声之字，一字有数多之义。试观西人拉克伯里①氏解《离》卦之文，见下。则上古只有离字，凡从离之字，皆用离字以代之，与字母之用相同，故知卦名即字母之鼻祖也。

三曰字义寓于卦名，即以卦名代字义，为后世训诂学之鼻祖。

如"乾，健也"，健字之义，即寓于乾，而乾字即代健字之用。"坤，顺也"，顺字之义，即寓于坤，而坤字即代顺字之用。

由此三者观之，足证未有文字之前，即以《易经》为文字之符号，此《易经》所由有裨于实用也。

附录拉克伯里氏解《离》卦说：

经　文	古文字	近代字	意　义
离	離		離之一字有数多之意
离	离	縭	靴鞋之物
错	离	謧	误也
然	离	㸌	燃也燃米
敬之	离	瞷	注目谛视
黄离	离	离鹏	黄鸟之名
大耋之嗟	离	嚟	老人之叹
焚如	离	熻	失火
出涕沱若	离	漓	流涕
王用出征	离	褵	王出征所用之衣
有嘉	离	俪	婚姻之结合
折首	离	离	断首
获	离	貗	猛兽
匪	离	篱	竹篮小笼
具	离	篱	掬簸谷物之器

经　文	古文字	近代字	意　义
丑	离	离	丑物怪物

附录《国粹学报》②《小学发微补》一节，以备参考：

昔江都黄春谷③先生之言字学也，谓字义皆起于右旁之声，任举一字，闻其声即可知其义，凡同声之字，但举右旁之声，不必举左旁之迹，皆可通用。又谓明乎声音通用之例，则凡同音之字多可通用。推黄先生之旨，盖以右旁之声为纲，而以左旁之形为目。厥后归安姚氏④作《说文声系》、长洲朱氏作《说文通训定声》⑤，皆用此例。然造字之源，言之颇略。案《易经》有言"书不尽言，言不尽意"。意即字义，言即字音，书即字形。唯有字义，乃有字音；唯有字音，乃有字形。许君作《说文解字》，以左旁之形为主，乃就物之质体区别也。如从草之字，皆草类也。从木之字，皆木类也。然上古人民未具分辨事物之能，故观察事物以义象区别，不以质体区分。然字音原于字义，既为此声，即为此义。凡彼字右旁之声，同于此字右旁之声者，其义象亦必相同。且右旁为声之字，半属静词、动词，而名词特鲜，以是知上古造字，以一义一象为纲，而区别义象之字，皆属静词、动词。凡此字义象，同于彼字义象者，在古代亦只为一字。后圣继作，乃益以左旁之形以示区别，而名词以成，此古人抽象之能也。吾观焦理堂先生《易话》语《易经》假借之例最详⑥，而先生复作《易通释》，谓古者命名辨物，近其声即同其义。如豹、构为同声，与虎连类而言，则借构为豹；与祭连类而言，则借豹为构。羊、祥为同声，《兑》有吉义，则借羊为祥；《大壮》失道不吉，则借祥为羊。借狗为拘，以拘、狗皆句声。借硕为鼺，以硕、鼺皆石声。借蚌为邦，蚌、邦皆丰声也。借鮒为附，鮒、附皆付声也。反复辨论，得义数十条。如言蔑与灭同，获与穫同，蕃与藩同，祇与衹同，弟与娣、梯、涕三字同，轮与纶同，宠与龙同，角与椭同，倾与仇、九同，宫与躬同，弗与拂同，攻与工同，巳与祀同，颡与桑同，立与泣同，幹与翰同，连与烂、兰、莲三字同，晖与挥同，形与刑同，无不以声义之通为字形之借。而西人拉克伯里著《支那太古文明论》,以《易》卦为古文,于一字之中,包含众多之义。又解释《离》卦之文,谓古文"離"字作"离","初九"言"履错然,敬之",履即缡字,错謫字,然即㸐字,敬之即瞧之。"六二"言"黄離",黄靛即鸝字。"九三"言"日昃之离,则大耄之嗟",嗟即嚯字。"九四"言"突如,焚如",焚即熮字。"六五"言"出涕沱若",涕沱即漓字。"上九"言"王用出征,有嘉折首,获匪具丑",出征即离字,有嘉即僪字,获即貙字,匪即篱字,具即篱字,以证《周易》为古文之字典。以孔子读《周易》韦编三绝,即系翻阅字典之故也。其说与焦氏合。盖离字本系动词,而缡、㸐等字则皆名词,此由静词、动词借为名词之确证。试用拉克伯里氏之例,解《坤》《屯》二卦,《坤》卦古文本作"申"字,初爻言"履霜",即解释"神"字也。《郑注》读履为礼,即祀霜神也,此其证。二爻言"直方,大不习,无不利",即解释"陈"字也。陈字本从申字,申训为重,陈字亦有重义。三爻言"从王事",即解释"伸"字也。从王事则身见用,故为伸字。四爻言"括囊",即解释"呻"字也。呻训为吟诵,从口申声,而括囊亦指口言。五爻言"黄裳元吉",即解释"绅"字也。绅以束裳。六爻言"龙战于野",即解释"雷"字也。阴阳相斗则成雷电,电字亦从申。是神、陈等字,皆由申字引申。"屯"字训"难",亦非名词。初爻言"盘桓",二爻言"迪如邅如",即解释"迪"字、"钝"字也。有迟延不进之义。三爻言"即鹿无虞,惟入于林中",即解释"杶"字也。杶为成林之木。四爻言"乘马班如",即解释"纯"字也。班为杂文,通作斑,纯为不杂之文。五爻"屯其膏",即解释"肫"字也。六爻言"泣血涟洳",即解释"顿"字也。顿首泣血,皆为凶礼。是迪、纯等字,皆由屯字引申。又如《巽》卦初爻言"利武人之贞",即解"選"字也。二爻言"用史巫",即解"譔"字也。四爻言"田获三品",即解"巽"字也。六爻言"丧其资斧",即解"鐉"字也。余卦可由此类推。大约《易经》六十四卦为文字之祖,上古之时,有月、阳、岁、冬之号,故乾字即乙字,坤字即申字,震字即辰字,睽字即癸字,是也。余皆静词、动词以外,则近取诸身,远取诸物,其例一。即此例以推六十四卦,大约皆然。因文繁,不具引。且非特《易》为然也,即按之中国文字,亦无不然。

注：

①拉克伯里：法国人，从小生长在香港。1870年前往英国，任教于伦敦大学东方语言学院。期间担任《巴比伦与东方纪事》（Babylonian andOriental - record）杂志主编。曾著有《古代中国文化西源考》（Westem Orugubof the Early Chinese Civilization）一书，以十九世纪后半叶欧洲考古界对近东地区的发掘成果为基础，大胆提出中国文明源于两河流域古巴比伦文明。

②《国粹学报》：杂志名。清光绪三十一年（1905）二月在上海创刊，月刊，清宣统三年（1911）武昌起义停刊，共出八十二期。邓实主编，参加撰稿的有章炳麟、陈去病等。以"保种、爱国、存学"为宗旨，刊载经学、史学、诸子学、文字训诂等论著颇多，并附有明末遗民撰著及图片，阐发学术传统和宣传反清思想。

③黄春谷：即黄承吉（1771—1842），字谦牧，号春谷。江都（今江苏江都县）人。清嘉庆十年（1805）进士，补兴安知县，后调岑溪。与同县的焦循、江藩、李钟泗相友，时称江、焦、黄、李。著有《周官析义》《字诂义府合按》等。

④归安姚氏：指姚文田（1758—1827），字秋农，归安（今浙江湖州）人。清乾隆五十九年（1794），召试第一。授内阁中书，充军机章京。嘉庆四年（1799）为状元。授编修，入直南书房。历任侍郎、学政、尚书。精于《说文》之学。《清史稿》有传。著有《说文声系》《说文校议》《说文解字考异》等。

⑤长洲朱氏：指朱骏声（1788—1858），字丰芑，号允倩。长洲（今江苏苏州）人。师从钱大昕，被钱氏视为继承衣钵的传人。清嘉庆十三年（1818）中举，授黟县训导。《清史稿·儒林传》有传。所著《说文通训定声》十八卷，成于道光十三年（1833），刊于同治九年（1870），是一部根据《说文》按谐声编排的字典。另著有《左传旁通》《尚书古注便读》《经史答问》等。

⑥按："握""渥"两字，《周易》中凡两见。一见于《萃》卦"初六"：

"有孚不终，乃乱乃萃，若号，一握为笑，勿恤，往无咎。"一见于《鼎》卦"九四"："鼎折足，覆公悚，其形渥，凶。""一握"，王弼《周易注》："一握者，小之貌也。为笑者，懦劣之貌也。""渥"，王弼《周易注》："渥，沾濡之貌也。"对于王弼的解释，焦循颇为不满。他说："王弼谓一握者，小之貌也。为笑者，懦劣之貌也。求之于经，皆不能达。畜疑者数十年矣。今日乃得之。"所谓"一握为笑"，焦循《易章句·萃》注："握与渥同，鼎其形渥。渥，足也。足则终，终则乱，唯有孚于萃，不终，而乃乱乃萃。乱者，渥矣。萃不终则不渥，萃不渥而仅大畜渥，是为一渥，两渥则凶，一渥则号变为笑矣。"据此，握、渥两字互相假借，一以贯之，经文由此互相钩贯。

第二十三课　论《易》学与数学之关系

《易经》为数学所从生。上古之时，数学未明，即以卦爻代数学之用。如卦有阳爻、阴爻，阳卦为奇，阴卦为偶。《易》爻之分阴阳，犹代数之分正数、负数也。

《易经》各卦之爻，非阳多于阴，即阴多于阳。或一阳五阴，或四阳三阴，即《系辞》所谓阳卦多阴，阴卦多阳也。是犹正数、负数两不相等也。故减一阳则增一阴，增一阴即减一阳，斯为定例。又阴爻可进为阳，阳爻亦可降为阴，是犹正数之变为负数，负数之变为正数也。若夫一卦之中，阴爻、阳爻相等，均三阳三阴之卦，则其象必销。如《泰》《否》《未济》《既济》是。是犹正等于负则销也。此理至精。

且《易经》之中有言加法者。

如"天一，地二，天三，地四，天五，地六，天七，地八，天九，地十"一节，是又如"天数二十有五，地数三十，凡天地之数五十有五"①，亦即加法之最浅者。

有言减法者。

如大衍之数②，五居中央，一、六居北，五加一为六，六减一为五，是六与一同根也。二、七居南，五加二为七，七减五为二，是七与二同根也。三、八、四、九，其理亦然。

有言乘除各法者。

如《说卦》言"叁天两地而倚数",凡数学以一乘一,以一除一,皆不可变,故必起于叁两。叁两者,乘除各法之所生也。

且大衍之数,为勾股③、开方④、径七⑤之法所从生。

《周髀经》云:"勾广三股修四弦直五。"案:勾三其积九,股四其积十六,弦五其积二十五,合之则为五十,故大衍函勾股三面积。开方之法,以七数计之,七七四十九,即大衍四十有九之数。

径七之法,圆者径一而围三⑥,以径一围三而计径七之圆数,则圆周二十一。方者径一而围四,以径一围四而计径七之方数,则方周二十八,合二十一与二十八,共为四十九,此亦大衍之数。以上多本简氏说。

此皆数学出于《周易》之证。又《周易》一书,参互错综,近于算学之比例。以此知《周易》之义,实与数学相通矣。

焦循曰:"《易经》卦画之所之,其比例⑦、齐同⑧,有似九数。其辞则指其所之,亦如勾股割圆用甲、乙、丙、丁、子、丑等字,指其变动之迹。吉、凶、利、害,视乎爻之所之,泥乎辞以求之,不啻泥甲、乙、丙、丁、子、丑之义索算数也。"⑨其说最精详。见前课。

注:

①按:引语参见《系辞传上》第九节。

②大衍之数:《易》学术语。语出《系辞传》:"大衍之数五十,其用四十有九。"所谓"五十",在中国《易》史上至今无定说。《汉书·律历志》认为,五十之数由元始象一,与春秋二、三统三、四时之四相加得十,再现此五体相乘而得五十,即 $(1+2+3+4)\times 5=50$。荀爽认为是每卦六爻乘八经卦,再加上乾坤二用,即 $6\times 8+2=50$。京房提出十日加十二辰和二十八宿,即 $10+12+28=50$。郑玄认为是由天地之数五十五,减去五行通气为五十。崔憬又以天地之数配八卦,八卦之数为五十,即 3(艮)$+5$(坎)$+7$(震)$+9$(乾)$+2$(兑)$+10$(离)$+8$(巽)$+6$(坤)$=50$。朱熹还提出以河图中宫天五乘地十而得五十。宋代著名数

学家秦九韶著《数书九章》，在该书卷首列有"蓍卦发微"一篇，他所得出的五十之数与上述诸人相异。现代学者认为他实际上是运用一次同余问题的数学模型，并推导出元数：1，2，3，4；衍数：24，12，8，6；用数：12，24，4，9。因此，诸衍数之和为：24＋12＋8＋6＝50，故称"大衍之数五十"。其用数之和为：12＋24＋4＋9＝49，故称"其用四十有九"。按照《周易》之理，筮人左右两手所分得这策应一奇一偶，以象征阴阳；若以五十策分之为二，则不能合此要求，故不可以五十为"用数"，称之为"衍数"，以表示筮法用蓍之"限率"而已。可参见陈居渊《焦循儒学思想与易学研究》，第324页，齐鲁书社2000年版。

③勾股：即勾股定理，亦称"毕达哥拉斯定理"。直角三角形斜上的正方形的面积等于两条直角边上的正方形面积之和。中国古代算学中称两直角边勾和股，斜边为弦，在算书《周髀算经》所载的商高的谈话中，曾提出"勾三股四弦五"的关系，开始使用繁复的分数算法开平方的方法。

④开方：即今代数中求方根的运算方法。

⑤径七：即今代数中计算圆周长度的方法。

⑥径一而围三：即径一周三，也作周三径一，中国古代用以指直径与圆周长度的近似比。后来汉代刘歆、张衡，三国刘徽等，各设新率，至南朝宋祖冲之求得圆周率值在：3.141 592 6 和 3.141 592 7 之间，成为世界上第一个计算圆周率数值准确到七位小数的人。

⑦比例：是焦循援入《易》学研究中的主要数学法则之一。"比例"作为数学术语，其定义和现代数学的"比例"基本相同。如现代数学符号来表示，即 a 与 b 的比值等于 m，c 与 d 的比值也等于 m，那么 a：b 等于 c：d，a.b 与 c：d 之间的关系就是比例关系（一般也称 a、b、c、d 四数成比例）。如以 a、b、c、d 分别替代《乾》《坤》《泰》《否》四卦，那么这四卦的比例关系用数学符号表示就成为 a：b＝c：d 的比例关系。如将诸卦分别代之以 a、b、c、d、e、f、g、h 数学符号，那么它们之间的比例

关系为：a.b＝c：d，e：f＝g：h，所以c：d＝g：h，a.b＝e：f。总其六十四卦的各种比例方式，都可以由上述举例中类推。可参见陈居渊《焦循儒学思想与易学研究》第247页，齐鲁书社2000年版。

⑧齐同：是焦循援入《易》学研究中的主要数学法则之一。"齐同"一词，语出《九章算术·方田》"分合术"，刘徽注："凡母互乘子谓之'齐'，群母相乘谓之'同'。同者相与通，同其母也。齐者与母齐，势不可失本也。"焦循认为："相乘则两数如一，故谓之同（三乘五得一十五，五乘三亦得一十五）。互乘则两子之差立见，可以施加施减，故谓之齐。""齐同"就是以不同的分母和分数相加减时，必须先进行通分，然后将分子相加减的运算法则。可参见陈居渊《焦循儒学思想与易学研究》第247页，齐鲁书社2000年版。

⑨按：引语参见《雕菰集》卷十三《与朱椒堂兵部书》。引语"易经"两字，为刘师培所加，原文无。

第二十四课　论《易》学与科学之关系

　　《易经》一书，于阐明物理，其大旨有二：一曰有裨于化学，二曰有裨于博物。试析之于下：

　　有裨于化学者。以地、气、水、火为四行，即化学所谓元素。昔印度以地、风、水、火为"四大"，希腊以地、气、水、火为"四行"，中国上古之教，亦四行而非五行。伏羲作《易》，首重八卦，故八卦之中，有正位之卦，有孳生之卦。《乾》《坤》《离》《坎》，卦之列于本位者也；《震》《巽》《兑》《艮》，卦之出于孳生者也。山传于地，泽附于水，雷生于火。雷与电本一物，雷为电之声，电为雷之形，故《离》为火，又为电。若天之与风，又皆空气所积者也。《庄子》言"大块噫气，其名曰风"，而西人亦以为天即蒙气①。由是言之，则八卦出于四行，有明征矣。《易·系辞》言"两仪生四象，四象生八卦"②，四象殆即四行与。旧注以四象为四时，恐不足据。及轩辕③御宇创为五行，于四行之中屏气弗列。观《周易》一书，言变动不居，周流六虚；言天地细组，万物化醇。曰一阴一阳之谓道，阴阳即气之代表也。至《周易》之学不明，而气之用废，故格致之学④因以不明。以金之可以耀武也，于是乎贵金；以木之可以备物也，于是乎贵木。由是五行之名成，四行之名灭，而《周易》之学，亦失其传矣。

　　有裨于博物者。盖于众物之繁，悉该以阴阳二大类以立其纲。《系辞》曰：乾阳物，坤阴物。又曰：本乎天者亲上，本乎地者亲下。盖以众物之繁，悉该以阴阳二类。凡阳爻所言之物，皆阳物也，本乎天者也。阴爻所言之物，皆阴物也，本乎地者也。汉儒析之最详。又《易经》格物学，多见于子夏之言，盖古《易》

相传之义也。《家语·执辔章》⑤子夏问孔子曰:"商闻《易》云生人及万物鸟兽昆虫各有奇偶,气分不同,而凡人莫知其情。惟道德者,能原其本焉。天一,地二,人三,三三如九,九九八十一。一主日,日数十,故人十月而生。其余各从其类矣。鸟鱼生阴而属阳,故皆卵生。鱼游于水,鸟游于云,故立冬则燕雀入海化为蛤。蚕食而不饮,蝉饮而不食,蜉蝣不饮不食,万物之所以不同。介鳞夏食而冬蛰,龁吞者八窍而卵生。龃龇者,九窍而胎生。四足者,无羽翼。戴角者,无上齿。无角无前齿者膏,有角无齿者脂。昼生者类父,夜生者似母。是以至阴主牝,至阳主牡。敢问其然乎?"孔子曰:"然,吾昔闻诸老聃亦如汝之言。"又子夏曰:"坚土之人刚,弱土之人柔,墟土之人大,沙土之人细,息土之人美,托土之人丑。食水者善游而耐寒,食土者无心而不息,食木者多力而不怡,食草者善走而愚,食桑者善有绪而蛾,食肉者勇毅而悍,食气者神明而寿,食谷者智慧而巧,不食者不死而神。"盖《易经》多格物之学,子夏所言,其乃一端也。

要而论之,《周易》之言科学,非仅裨研究学术之用也。盖即以科学为实业之基因,以备物利用,故《系辞》言"以制器者尚其象",又言"立成器以为天下利",此皆研究科学之功也。则《周易》一书,非仅蹈空之学矣。

注:

①蒙气:包围地面外围的大气。汉代京房曾上封事说:"辛酉以来,蒙气衰去,太阳精明,臣独欣然,以为陛下有所定也。"可参见《汉书》卷七十五《京房传》。庄子语,参见《庄子》卷一《逍遥游》。

②两仪四象:《易》学术语。前人有多种解释。一般将"两仪"解释为阴阳,"四象"解释为老阳、少阳、老阴、少阴。或谓春夏秋冬四时为"四象",或称实象、假象、义象、用象为"四象",至今尚无定说。

③轩辕:即黄帝。相传上古黄帝作轩冕之服,所以称作"轩辕"。

④格致之学:"格物、致知"的省称。谓穷究事物的原理而获取知识。语出《礼记·大学》"致知在格物,物格而后知至"。清代末年,人们对从事声光化电等自然科学工作的统称为"格致之学"。

⑤《家语》:即《孔子家语》。《汉书·艺文志》六艺略、《论语》类著录《孔子家语》二十七卷,颜师古注:"非今所有《家语》。"清代乾嘉学者一般都认为系王肃杂取《论语》《左传》《国语》《荀子》《大戴礼》等书相关内容,假借孔子的名义,为攻击郑学而伪造并作注。清孙志祖有《家语疏证》,以辨王肃学之伪而申郑玄学,亦可参考。

第二十五课　论《易》学与史学之关系

章学诚以《易》为周公旧典，实则《周易》一书，有裨考史。其用有四：

一曰周代之政，多记于《易经》，故《易经》可以考周代之制度。封建之制①，见于《震》，《象》云："震惊百里。"②郑注云："雷发声闻于百里，古诸侯之象。"③见于《晋》，《象》云："晋，康侯用锡马蕃庶。"④又见于《屯》，《屯》云："利建侯。"⑤见于《豫》，《象》云："利建侯。"⑥见于师。《象》云："先王以建万国。"⑦大夫食采之制⑧，见于《讼》。"九二"云："其邑人三百户。"此即《周礼》以室数制都鄙之制，亦即大夫得世禄之制。出师⑨之制，见于《师》，《师》云："师出以律。"⑩见于《巽》，六爻皆军礼，见张惠言说⑪。见于《离》。"上九"："王用出征。"军赋之制⑫，见于《萃》。《萃》"初六"："一握为笑。"郑注云："读为夫三为屋之屋。"⑬张惠言云："此言军赋起徒役之法。"⑭刑制见于《离》，"九四"："突如，其来如，焚如，死如，弃如。"此盖言周法凡不孝之世予，当处以焚杀之刑及流宥之刑也。见于鼎。"九四"："其刑剧。"郑云："臣下旷官失君之美德，当刑之于屋中。"⑮盖此即《周礼·司烜氏》所谓"邦若屋诛，则为明龟也"。若九州五服之制，亦见于《系辞》"一君二民"节郑注。

二曰古代之事，多存于《易经》，故《易经》可以补古史之缺遗。

"高宗伐鬼方，三年乃克"，其事见于《既济》。与《诗·殷武》篇互阅。箕子为纣所囚，"利艰贞以晦其明"，其事见于《明夷》。与《尚书》互阅。成汤名帝乙，其名见于《归妹》。文王离殷独立，其事亦见于《既：济》。如东邻指纣，西邻指文王，即文王受命独立之证。

三曰古代之礼俗，多见于《易经》，故《易经》可以考宗法社会之状态。周代盛行宗法制度，如《同人》一卦所言均是也。若宗法制度，详于《历史教科书》第一册、第二册。

周制妾子为君，不得尊其母，此制见于《鼎》卦。"九二"："鼎有实，我仇有疾，不我能即。"周制不娶同姓，虽百世而婚姻不通，其制见于《同人》。"六二"曰："同人于宗，吝。"周制以长子主祭，遂以长子嗣位，其制见于《震》卦。《序卦》曰："主器者，莫若长子。"周制长子虽卒，不立适孙，犹立妾子，不立长子之弟，其制见于《鼎》卦。《鼎》"初六"曰："得妾以其子，无咎。"张惠言以为不立适孙，立妾子之制⑯。周制王后无出道，其制见于《同人》。《同人》"六二"，郑注云："天子、诸侯、后夫人，无子不出。"⑰

四曰社会进化之秩序，事物发明之次第，多见于《易经》，故《易经》可以考古代社会之变迁。

一见于《系辞下》第二章，即"伏羲氏王天下"数节也。此言事物发明之次第，于农业、商业、工业、礼教、文字之起源，言之最晰。

一见于《序卦传》上篇，即"有天地然后万物生"一节也。此言社会进化之秩序，于野蛮进于文明之状态，言之最精。

此皆《易经》之有裨于史学者也。昔王阳明谓"六经皆史"⑱，岂不然哉！

注：

①封建：指中国历史上春秋以前的帝王把爵位、土地赐给诸侯，在封定的区域内建立邦国，即"封国土，建诸侯"的贵族分封制度。相传黄帝建万国，为封建之始。

②按："震惊百里"，语出《象传下》，原刊误作《彖传》之文，今改正。意思为《震》的卦象是震惊远方而畏惧近旁。

③按：引语"古诸侯之象"，李鼎祚、惠栋均作"古者诸侯之象"。参见唐李鼎祚《周易集解》卷十"震"卦，清惠栋《增补郑氏周易》卷

中"震"卦。

④按:"康侯用锡马蕃庶",语出《象传下》,原刊误作《象传》之文,今改正。意思为《晋》的卦象是康侯出征异国,打了胜仗,得到了周武王赏赐的很多马。

⑤按:此为《屯》卦"九二"爻辞:"磐桓,利贞居,利建侯。"意思是以大石为院墙,是居处安固之象,也是诸侯围护王朝之象,所以有利于居处和建立诸侯。

⑥按:"利建侯",语出《象传上》,原刊误作《象传》之文,今改正。意思为《豫》的卦象是顺以动,国君能适应时代潮流,那么天地也将顺从他的意愿,所以有利于封建诸侯和出兵打仗。

⑦按:"先王以建万国",语出《象传上》,意思是以地上之水比喻大地之上的民众,王可以分封诸侯,建立万国,亲近诸侯。

⑧食采:卿大夫的封地,即采邑。《汉书·地理志》:"本周宣王弟友为周司徒,食采于宗周畿内,是为郑。"

⑨出师:派兵或带兵出征。《左传·文公十六年》:"乃出师,旬有五日,百濮乃罢。"

⑩按:此为《师》卦"初六"爻辞:"师出以律,否臧凶。"意思是率师出征要有军队纪律,如有人不遵守军队纪律则凶将至。

⑪按:张惠言说:"巽初爻曰'利武人之贞',二曰'用史巫',四曰'田获三品',上曰'丧其资斧'大抵六爻皆军礼,与师相出入。"参见张氏《虞氏易礼》卷下"师"条。

⑫军赋:亦称"兵赋"。中国历史上向臣属征发的军役和军用品。《汉书·刑法志》:"因井田而制军赋。……有税有赋,税以足食,赋以足法。"春秋后期,军赋从田亩征发,合赋税为一。

⑬按:引语参见宋王应麟编《周易郑康成注》"萃"卦。

⑭按:引语参见清张惠言《虞氏易言》卷下"萃"卦。

⑮按：引语"美德"，当作"美道"。参见宋王应麟编《周易郑康成注》"鼎"卦。

⑯按：引语参见清张惠言《虞氏易言》卷下"鼎"卦。

⑰按：引语参见宋王应麟编《周易郑康成注》"同人"卦。

⑱按：王阳明的"六经皆史"，实际上是说"五经皆史"。《传习录上》："以事言之谓之史，以道言之谓之经，事即道，道即事。《春秋》亦经，五经亦史。《易》是包牺之史，《书》是尧舜以下之史，《礼》《乐》是三代之史，其事同，其道同。"此后明代李贽与清代章学诚、龚自珍等也都提出过相似的观点，参见李氏《焚书》卷五《经史相为表里》、章氏《文史通义·易教上》、龚氏《古史钩沉·论四》。

第二十六课　论《易》学与政治学之关系

《易经》之论政治也，约有三端，均为古代圣贤之微言。试述之如下：

一曰内中国而外夷狄。

如虞翻注《未济》，以高宗为乾象，以鬼方①为坤象，即以阳为中国，阴为夷狄。则《周易》一书，爻分阴阳，阳爻象中国，阴爻必象四夷②。凡以阳爻加阴爻，皆指中国征夷狄言。如《谦》卦言"利用行师"、《离》卦言"王用出征"是。郑玄注《易》，亦以阴阳区夷夏，故以一君二民为中国，二君一民为夷狄也。又类族辨物见于《同人》，《孔疏》以"聚类"③释之，此即类聚群分之义，故《系辞》又言"方以类聚，物以群分"也。则区别种族以《易经》一书为最详。

二曰进君子而退小人。

《易经》并称君子、小人者六，单称君子者十四，单称小人者三，盖以柔为小人，刚为君子；阳为君子，阴为小人。内君子而外小人，则为《泰》。内小人而外君子，则为《否》。盖以用君子则治，用小人则乱，君子与小人不两立，故君子、小人之道互相消长，《夬》卦云："君子道长，小人道消也。"《否》卦云："小人道长，君子道消。"此其证也。然进小人则为凶、为不利。如《剥》卦言"不利有攸往，小人长也"是也。故

《师》卦又言"小人勿用，必乱邦"，且《周易》一书首斥小人，其扶阳抑阴，即进君子退小人之义。盖历代之亡国，莫不亡于小人。《易经》之垂戒深矣。约举数端，余可类求。

三曰损君主以益人民。

观《易经》损下益上，其象为《损》；损上益下，其象为《益》。此即有若所谓百姓足，君孰与不足？百姓不足，君孰与足也？故《益》卦又言"损上益下，民说无疆，自上下下，其道大光"也。又《兑》卦言"说以先民"，先民者，以民为先也。焦循说。《咸》卦云："君子以虚受人。"受人者，通民情也。又《夬》言"施禄及下"，《谦》言"裒多益寡"，均与益下之义相符。故郑玄《易注》云："人君之道以益下为德。"④盖《履》言"辨上下"，此即卦位言之也。《益》卦所言，则就政治言之。又汉盖宽饶⑤引《韩氏易》谓"五帝官天下，三王家天下"，官天下者，不以天下为私有也。此亦《易经》相传之大义，惜淹没失传。

此皆《易经》之大义也。《易经》之论政治，均就立国之本以立言。则《易经》兼为道政事之书矣。

注：

①鬼方：此为《周易》第六十四卦《未济》"九三"："高宗伐鬼方，三年克之，小人勿用。"高宗，商代中兴之君武丁的字号。鬼方，古人解释不一。李鼎祚《周易集解》引虞翻云："高宗，殷王武丁。鬼方，国名，"又引干宝云："高宗，殷中兴之君。鬼，北方国也。"李道平《周易集解纂疏》引《毛诗·大雅》"覃及鬼方"，认为是泛指远方。王国维考定为中国西北的鬼方国。参见《观堂集林·鬼方昆夷猃狁考》。

②四夷：东夷、西戎、南蛮、北狄的统称，是古代对华夏族以外各少数民族的称名。《尚书·大禹谟》："无怠无荒，四夷来王。"

③聚类：即类聚。孔颖达说："君子以类族辨物者，族聚也。言君子法此同人以类而聚也。辨物谓分辨事物，各同其党，使自相同不间杂也。"

参见《周易注疏》卷三"同人"卦。

④按：引语"人君"后脱"之道"，今补上。参见宋王应麟编《周易郑康成注》"益"卦。

⑤盖宽饶：字次公，魏郡（今河北邯郸）人。以明经为郡文学。汉宣帝时举方正，对策高第，迁谏议大夫、大中大夫，擢司隶校尉。《汉书》有传。受《易》于孟喜及韩氏，是汉代《韩氏易》学的唯一传人。曾奏封事引《韩氏易传》言："五帝官天下，三王家天下。家以传子，官以传贤。若四时之运，功成者去，不得其人，不居其位。"按：一说此语出自《韩诗外传》，参见唐徐坚《初学记》、宋黄伦《尚书精义》、元方回《续古今考》、清沈自南《艺林汇考》。今检今本《韩诗外传》不载此文。清代四库馆臣则认为是"《易纬》之文是也"，参见《四库全书总目提要》卷六《易纬坤灵图》。

第二十七课　论《易》学与社会学之关系

《周易》为社会学之祖。社会学者，必搜集人世之现象，发现人群之秩序，以求事物之总归。美人葛通哥斯①有言，社会所始，在同类意识傚扰于差别觉，制胜于摹效性。今即《周易》全书观之，则《周易》之有《象》辞，即所谓现象也。

《系辞传》曰："象者，像也。"详见前课。

《周易》之有《彖》辞，即所谓差别觉也。

《彖》训为分，《系辞传》曰："彖者，材也。"材即裁成之谓也。其详见前课。

《周易》之有爻辞，即所谓摹效性也。

爻训为效，故效字与爻字古通。其详见前课。

故《周易》《系辞》均言社会学之作用，所言社会学之作用，约有二端：

一曰藏往察来。

《系辞》曰："藏往而察来。"又曰："往来不穷谓之通"。又曰："神以察来，智以藏往。"焦循《易话》曰："学《易》者，必先知伏羲作八卦前是何世界"②。

一曰探赜索隐。

《系辞》又言"极深研几,钩深致远",均即"索隐"二字之义也。

藏往基于探赜,以事为主,察来基于索隐,以心为主。

以事为主,即西人之动社会学,以理为主,即西人之静社会学。

藏往之用,在于聚类群分,援始要终,拟形容以象物宜,以推记古今之迁变,是为探赜之学。

《系辞》曰:"方以类聚,物以群分。"又曰:"原始要终。"③故知死生之说。又曰:"拟诸形容以象其物宜。"又曰:"为道屡迁,一阖一辟之谓变。"

知来之用,在于无思无为,洗心藏密,证消息、盈虚之理,以逆数而知来,是为索隐之学。《系辞》曰:"《易》无思也,无为也,寂然不动,感而遂通天下之故。"又曰:"圣人④以此洗心,退藏于密。"又曰:"遂知来物,知者观其《彖》辞,则思过半矣。"

藏往以事为主,执一理以推万事,近于分析派,阴阳家之旨本之。

故邹衍⑤持论先验小事、小物以至于无垠,又观消息论终始。

察来以理为主,执定数以逆未然,近于归纳派,道家之言本之。

故《班志》言道家,历叙存亡祸福、古今之道,然后知秉要执本清虚以自守。

此《易》道所由精微也。《史记》言《易》本隐以之显,岂不然哉!

注:

①葛通哥斯:即美国社会学家吉丁斯(Ciddings, Franklin Henry, 1855—1931)。

②按:语引焦循《易话》卷三,有删略。现录之以资参照:"学《易》者,必先知伏羲未作八卦之前是何世界。伏羲作八卦,重为六十四卦,何以能治天下。神农、尧、舜、文王、周公、孔子何奉此卦画为万古修己治人之道。"

③按:"原始要终",原刊误作"援始要终",今改正,下同。与《系

辞上》"原始反终"近似。意思是穷其事物之初，又要会事物之末。始，初。要，约。初爻代表事物之初，故称"始"。终，终结。上爻代表事物之末，故称终。

④按：引语"君子"，原刊误作"圣人"，今改正。

⑤邹衍（约前305—前240）：又作驺衍。齐国（今山东淄博）人。战国末年阴阳家的代表人物。曾游学于稷下。历游魏、燕、赵等国，颇得诸侯的赏识。好谈阴阳消息、五德终始说，成为后来汉代谶纬学说的主要来源之一。著有《邹子》四十九篇、《邹子始终》五十六篇，今佚。

第二十八课　论《易》学与伦理学之关系

《周易》为古代伦理之书。其言伦理也，一曰寡过，二曰恒德。

孔子曰："假我数年，五十以学《易》，可以无大过矣。"又曰："不恒其德，或承之羞。"

故处若何之时，居若何之位，即行若何之伦理。如《易》言"时止则止，时行则行"，此《易》之言时也。故以变通为趋时①。处上位而不骄，在下位而不忧，此《易》之言位。故曾子言"君子思不出其位"，盖时者所以定出处用舍，位者所以别贵贱荣辱，《易·象传》所言之君子，即言君子当法《易》道以作事耳。故所言之伦理，有对于个人者，有对于家族者，有对于社会者，有对于国家者。观于《易经》之《象传》，而伦理之学备乎此矣。今也于个人伦理加"○"以别之，于家族伦理加"◎"以别之，社会伦理加"●"以别之，国家伦理加"□"以别之。

《乾》自强不息○，《坤》厚德载物●，《屯》经纶□，《蒙》果行育德○，《需》饮食宴乐●，《讼》作事谋始●，《师》容民畜众□，《小畜》懿文德○，《履》辨上下定民志□，《否》俭德避难○，《同人》类族辨物●，《大有》遏恶扬善□，《谦》裒多益寡●，《随》向晦入息◎，《蛊》振民育德□，《临》教思无穷保民无疆□，《贲》明庶政无敢折狱□，《大畜》多识前言往行以畜其德○，《颐》慎言语节饮食○，《大过》独立不惧遁世无闷○，《坎》常德行○，习教事●，《咸》以虚受人●，《恒》立不易方○，《遁》远小人不恶而严●，《大壮》非礼弗履○，《晋》自昭明德○，《明夷》莅众用晦而明□，《家人》言有物行有恒◎，《睽》以同而异●，《蹇》反身修德○，《解》赦过宥罪□，《损》惩忿窒欲○，《益》迁善改过○，《夬》施禄及下●，《萃》除戎器□，《升》顺德积小高大○，《困》致命遂志口○，《井》劳民劝相□，《革》治历明时□，《鼎》正位凝命□○，《震》恐惧修省○，《艮》思不出位○，《渐》居贤德善俗●，《归妹》永终知敝○，《丰》折狱致刑□，《旅》明慎用刑□，《巽》申命行事□，《兑》朋友讲习●，《节》制度数议德行□，《中孚》议狱缓死□，《小过》行过恭丧哀用过俭○，《既济》思患预防□，《未济》辨物居方●②。

立身处世之道，均见于《周易》，君子之所谓观象玩辞者，其在斯乎？故古人之言《易》，均视为伦理之书。

《国策》颜斶引《易传》云："居上位，未得其实而喜其为名者，必以骄奢而行倨慢，骄奢则凶必从之。"③此《易传》未知何人所作④。

《韩诗外传》曰："故《易》有一道，大足以守天下，中足以守其国，下足以守其身，谦之谓也。"⑤《易》曰："谦，亨，君子有终吉。"

约举二条，以例其余。汉、宋人之说《易》，类此者甚多，可类求也。则读《易》者，首宜取法者也。故《易》言"利用安身以崇德"，又言"过此以往未之或知"，则《易经》为教人寡过恒德之书益可知矣⑥。

注：

①按：此"变通为趋时"说，渊源于焦循对《易》学中"时"的观念的诠释。焦循认为："时行即变通以趋时，元亨利贞全视乎此……圣人教人改过如此，皆于爻所之示之。盖当位则虚其盈，盈不可久。不当位则忧其消，消亦不可久。故盈宜变通，消亦宜变通，所谓时行也。"（《焦里堂先生佚文·寄王伯申书》）焦循认为"时行"的目的，是使六十四卦经过爻位之间的转换，避免出现两个重复的《既济》卦。即它可以通过其他

途径也能进行卦爻元亨利贞的循环：二五先行当位变通不穷、初四先行不当位变而通之仍大中而上下应、三上先行不当位变而通之仍大中而上下应三种。

②按：上述五十二卦的分类，渊源于南宋的叶适。叶适曾著有《上下经总论》一篇，总论六十四卦中五十二卦的意义，认为"皆因是象，用是德，修身应事，致治消患之正条目也"。其所列卦序和诠释与刘师培上述所列均同。可参见叶氏《习学记言序目》。

③《国策》：一名《战国策》，战国时游说之士的策谋和言论的汇编。初有《国策》《国事》《事语》《短长》《长书》《修书》等称谓和本子，西汉刘向编订为十二篇。宋代已残缺，由曾巩作了订补。有东汉高诱注。宋鲍彪重订次序而作新注。元吴师道作《校注》。近人金正炜有《补释》。近年湖南长沙马王堆出土西汉帛书，定名为《战国纵横家书》，内容与本书相似。颜斶：齐（今山东淄博）人。战国时期隐居不仕。事载汉刘向《说苑》卷九《正谏》。按：引语"喜"字后脱"其"字，今补上。

④按：阎若璩谓："（此传）虽未知《传》出何人，要自颜周、荀卿前有之。然则谓经解始于汉儒者，岂非沿其流而未溯其源与？"参见清阎若璩《尚书古文疏证》卷六上，第八十三条。

⑤《韩诗外传》：详见第一册第九课注⑳。按：引语有误，现录之以资参照："大足以守天下，中足以守其国，家近足以守其身，谦之谓也。"参见《韩诗外传》卷三。

⑥按：《周易》为"教人寡过"之书的观念，引自焦循《易章句·系辞下》注云："《易》之道，大抵教人改过，即以寡天下之过。改过全在变通，能变通即能行权所谓使民宜之，使民不倦，穷则变，变则通，通则久。圣人格致诚正，修齐治平，全于此一以贯之，则《易》所以名《易》也。"

第二十九课　论《易经》与哲学之关系（一）

《易经》又为言哲理之书。其言哲理也，大抵谓太古之初，万物同出于一源，由一本而万殊，是为哲学一元论。

《易》言"天地絪缊"①，"絪缊"二字为形容宇宙之词，"絪缊"二字之合音，即为元字。

故《易经》首言"元"字。

《易经》言"元"者二十四卦，《乾》《坤》《屯》《讼》《比》《履》《泰》《大有》《随》《蛊》《临》《复》《无妄》《大畜》《离》《睽》《损》《益》《萃》《升》《井》《革》《鼎》《涣》皆言元。

元训为"始"，故《周易》以元为道本，兼以元为统摄众物之词②。

《乾》卦《传》曰："大哉乾元，万物资始，乃统天。"惠氏《周易述》曰："元，始也。乾初为道本，故曰元。"又《乾》卦《文言》曰："元者，善之长也。"

为一切对待名词之代表。

元为阴阳、有无各名词所从生，故《易经》用为对待名词之代表。凡《易经》所谓一、所谓初、所谓始、所谓本者，皆指元字而言。

《通典》魏缪袭云："元者，一也，首也，气之初也。是以周文演《易》以冠四德。"③虞翻注"复德之本也"云："复初乾之元，故德之本也。"④又虞翻《恒》卦注，训一为初⑤。盖初字、始字、一字、本字互相训释。《易》言其初难知，即其元难知也。天下之动贞乎一，即天下之动贞乎元也。

惟以道本为难见，故求道本于恍惚之中，而形容道体，约有六名：

一曰隐。

《乾·文言》曰："隐而未见。"《系辞》曰："探赜索隐。"又言"寂然不动"，亦"隐"字之义也。

二曰微。

《系辞》曰："微显阐幽。"《礼记·经解》篇亦曰："絜静精微，《易》教也。"

三曰潜。

《乾》爻辞曰："潜龙勿用。"又曰："潜之为言也，隐而未见，行而未成。"

四曰几。

《系辞》曰："极深研几。"又曰："知几其神乎。"又曰："几者动之微，吉凶之先见者也。君子见几而作，不俟终日。"

五曰深。

《恒》爻《象》曰："浚恒，贞凶，始求深也。"《系辞》言"无有远近幽深"。又言"钩深""极深"。亦深微之义。

六曰远。

《系辞》言"致远"，又虞注曰："乾为远。"⑥

此皆《易经》形容道本之词，所以形容道体混沌未分前之情状也。故知《易经》所言之哲理，皆从一元论而生，此即中国玄学滥觞也。一元者，即《易经》所谓"太极"⑦，纬书所谓"太易""太初""太始"也。

注：

①絪缊：一作"氤氲"。絪，本义指麻线，缊，指棉絮。古代指天地间阴阳二气交互作用的状态。即《系辞下》所谓"天地絪缊，万物化醇。男女构精，万物化生"之意。

②按：此归纳"元"字意义。亦见于焦循《易通释》卷一，释"元"条。

③《通典》：书名，唐杜佑著。二百卷。从大历元年（766）开始，完成于德宗贞元十七年（801），编撰时间达三十五年。记载历代典章制度的沿革，上起传说中的唐虞，下迄唐肃宗、代宗时。分为食货、选举、职官、礼、乐、兵刑、州郡、边防八种门类，每门类又分若干子目，其中对唐代记述尤详。缪袭：字熙伯，三国魏东海（今山东郯城西南）人。有才学，多所著述。历事魏四世，官至尚书、光禄勋。《三国志·魏书》有传。四德：《易》称元、亨、利、贞为四德。《易·乾·文言》："君子行此四德者。故曰乾，元、亨、利、贞。"儒家称孝、弟、忠、信为四德。《大戴礼·卫将军文子》："孝，德之始也；弟，德之序也；信，德之厚也；忠，德之正也。参也，中夫四德者矣哉！"按：引语参见《通典》卷七十二"天子追尊祖考妣"条。

④按：引语参见唐李鼎祚《周易集解》卷十六"复德之本也"条。

⑤按：虞翻曰："一谓初，终变成益，以巽应震，故从一而终也。"参见唐李鼎祚《周易集解》卷七"恒"卦。

⑥按：引语参见唐李鼎祚《周易集解》卷四"泰"卦。

⑦太极：前人有种种解释：马融释为"北辰"（《经典释文》），郑玄释为"极中之道"（《文选》注），虞翻释为"太一"（《周易集解》），王弼释为"无"，孔颖达释为"气一"，朱熹释为"理"等等。按：太即大。极，《说文》训为"栋"，《逸雅》训为"栋"为"中"。《广雅释诂》："极，至也"，"极，高也"。"至""高"皆缘"栋"而生，所以"太极"有高大而中和之义。因而"太极"在古代又常常被解释为无所不包、派生万物的本原。

第三十课　论《易经》与哲学之关系（二）

《易经》之言哲理也，首持一元论，复由一元论之说易为二元论。

《左传》曰："物生而后有象，即前文隐、微、深、潜之象。象而后有滋，滋而后有数。"物生有象，此象物未区分之形也。而万物之所以区分，由于由一而二，由一为二，是之谓兹。即"滋"字。兹从两玄，即二元并见之形也。玄象一物，初生之形。兹象二物，并生之形。《老子》曰："玄之又玄，众妙之门。"① 《易》曰："生生之谓易。"言二物并生，《易》道乃见也。然古人哲学，其界说有二：一曰万物非开则不生。故《易》言"乾坤"为《易》之门。又曰"道义之门"，又曰"妙万物而为言"，言字、门字均喻开。一曰万物非交则不生。如《易》言"天地交而万物通，天地不交而万物不生"，又言"一阴一阳之谓道"，又曰"天地合德"，皆即此义也②。既生则一元可剖为二元，故《易》言太极生两仪也。以太极代表一元，即以阴阳代表两元，由两元而充之，推而至于十百千万，谓之众物，即《左传》所谓"滋而后有数③"也。

二元论以外，一曰惟神论。

《系辞》曰："神无方，而《易》无体。"又曰："阴阳不测之谓神。"又曰："知变化之道者，其知神之所为乎？"又曰："睢神也，故不疾而速，不行而至。"又曰："利用出入，民咸用之谓之神。"此"神"字与神道设教之"神"字不同，乃不可思议之义也。为《易经》最高尚之哲理。

一曰唯理论。

《系辞》曰："天下之理得，而易位乎其中矣。"《说卦》曰："穷理尽性，以至于命。"案：《易》言继之者善，又言闲邪存诚④，推之言中、言仁，大抵所言均偏于道德，与惟理论相似而稍不同。

一曰唯心论。

《易·复》卦曰："复，其见天地之心乎。"⑤《乾》卦曰："各正性命。"⑥又曰："利贞者，性情也。"此《易经》所言之心性学也。近于唯心论。

要而论之，《易经》之言哲理，其大致有二：

一曰言有不言无。

《易》言"必有余庆""必有余殃"⑦，富有之谓大业，则《易经》言有不言无。《北史》：梁武帝问李业兴云："《易》有太极，极是有无。对曰：所传太极是有。"⑧此其确证。彼以虚无之旨释《易》者，非《易》旨矣。

二曰执简以御繁。

观《易经》言一、言本、言要，均执简御繁之证。故《易经》又言素、言虚，此即儒家言约、道家言要之旨也。其详见第七课。

《易经》所言之哲理，大抵不外此数端。然中国古人之理想，略于斯可见矣。

注：

①按：引语参见《老子道经》卷上《体道第一》。

②按：上述诸"易曰"语，均参见《系辞传》上下篇。

③按：引语参见《左传》僖公十五年："韩简侍，曰：'龟，象也；筮，数也。物生而后有象，象而后有滋，滋而后有数。'"杜预《集解》云："言龟以象示，筮以数告，象数相因而生，生后有占，占所以知吉凶，不能变吉凶。"

④按:"闲邪存诚",《文言传》作"闲邪存其诚",解释《乾》卦"九二"爻辞。意思是平时的言行应当诚实谨慎,防止邪恶而保持诚信。

⑤按:"复其见天地之心乎",语出《彖传上》,解释《复》卦卦名之辞。意思是天地中的运动规律,有往必有复,往复循环,这就是天地之心。

⑥按:"各正性命",语出《彖传上》,解释《乾》卦卦名之辞。意思是万物中人与鸟兽虫鱼草木等都受到天道变化的支配,如能够适应天道变化而运动,便能各得其性命之正。

⑦按:此引自《文言传》:"积善之家必有余庆,积不善之家必有余殃。臣弑其君,子弑其父,非一朝一夕之故,其所由来者渐矣。"此解释《坤》"六二":"履霜,坚冰至。"《白虎通德论·诛伐》篇:"弑者,何谓也?弑者,试也。欲言臣子杀其君父不敢卒,候间司事,可稍稍杀弑之。"

⑧李业兴:长子(今山西长治市西南)人。师从徐遵明,博涉百家,尤精算历。初为校书郎,后因上《戊子元历》,受封爵长子伯。官至太原太守。《魏书·儒林传》有传。按:引语参见清惠栋《周易述》卷二十二"无"条所引《北史》。

第三十一课 论《易经》与哲学之关系（三）

《易经》之言哲理也，其最精之意蕴，犹有三端，均至高至尚之哲理也。试揭之于下：

一曰不生不灭之说。

《易》言"精气为物""游魂为变"①，此二语即不生不灭之意也。上语言由灭而生，下语言由生而灭。陈师道②谓"游魂为变"为轮回③，而吕柟④驳之曰："灯息而然，非前灯也。云霁而雨，非前雨也。"案：轮回之说过拘，驳之诚是，钱竹汀亦作论驳之⑤。而吕说亦非。何则？烛灭为膏，融膏则复，复烛器毁为土，范土则复为器，故此国灭而彼国兴，国之土犹自若也。若即此例以观之，则不生不灭之说，似未可非。张横渠曰："聚亦吾体，散亦吾体。"⑥即《周易》此二句之确说，立说最精。

二曰效实储能之说。

斯宾塞耳《群学肄言》⑦曰："一群之中，有一事之效实，即有一事之储能。方其效实储能以消，而是效实者又为后日之储能。"其理甚精。盖储能即翕以合质之说，效实即辟以出力之说也。近世侯官严氏⑧谓，《易·系辞》言"夫乾，其静也专，其动也直"，即辟以出力之意。又言"夫坤，其静也翕，其动也辟"，即翕以合质之意。其说固然。然吾观《周易·系辞》之言曰："夫易无思也，无为也，寂然不动，感而遂通天下之故。"寂而不动,即储能之义,所谓翕以合质也。感而遂通,即效实之义,所谓辟以出力也。又如"推显阐幽",推显即效实,阐幽即储能。何思何虑即储能一致,百虑即效实,是效实储能之理大,《易》早发明之。

三曰进化之说。

焦循《易话》曰:"《易》言一阴一阳之谓道,道以治言,不以乱言,失道乃乱。圣人治天下,欲其长治而不乱,故设卦系辞以垂万世,岂曰治必有乱乎?圣人处乱,则拨乱以反乎治。处治,则继善以防乎乱。反乎治,防乎乱,何从而乱乎?故谓否极而泰、泰极而否者,此不知《易》者也。谓治必有乱,容容者得而藉口矣。谓乱必有治,汶汶者得而任运矣。大抵气化皆乱,赖人而治,治而长,治者人续之也。治而致乱者,人失之也。不勤未耨,田畴乃芜,怠于政教,人民乃紊。说者以阳为治,以阴为乱,则将暑治而寒乱乎?日治而月乱乎?故否泰皆视乎人,不得委之,气化之,必然也。"据焦氏之说观之,则《易经》一书,言进化而不言退化,彰彰明矣。

此皆《易经》言哲理之最精者也。汇而观之,而《周易》之大义可得矣。

注:

①按:此两语引自《系辞》,文云:"精气为物,游魂为变,是故知鬼神之形状。与天地相似,故不违。"精气,指阴阳精灵之气。游魂,指气之游散。意为精气聚合而生成物形,精气散而导致物形变化。它又是汉代京房创拟《易》学"八官"说中第六卦的名称,取其变化之义。

②陈师道(1053—1102):字履常、无己,号后山居士。徐州彭城(今江苏徐州)人。北宋诗人。元祐时因苏轼的推荐,为徐州教授。后任太学博士、秘书省正字等职。诗风奇峭清新,有所谓"闭门觅句陈无己"之称。与苏轼、黄庭坚等唱和,是江西诗派的代表作家。《宋史·文苑传》有传。

③轮回：一作"轮回六道"。佛家用语。佛家认为，世界众生莫不辗转生死于地狱道、饿鬼道、畜生道、修罗道、人道、天道等六道之中，如车轮旋转，往复循环。只有成佛之人始能免受轮回之苦。《法华经·方便品》："以诸欲因缘，坠堕三恶道，轮回六趣中，备受诸苦毒。"

④吕柟（1479—1543）：原刊误作"吕栅"，今改正。字仲木，号泾野。陕西高陵人。明正德三年（1508）进士，授修撰。后官南京太仆寺少卿、国子监祭酒、礼部右侍郎等。学宗程朱，与湛若水、邹守益共主讲席。《明史·儒林传》有传。著有《周易说翼》《尚书说要》《礼问内外篇》《毛诗说序》《春秋说志》《四书因问》《宋四子钞释》等多种。

⑤钱竹汀（1728—1804）：即钱大昕，字晓征，一字辛楣，号竹汀。江苏嘉定（今属上海市）人。清乾隆十九年（1754）进士，历任翰林院编修、侍读学士、广东学政。多次出任省乡试正副主考官。曾先后主讲钟山、娄东、紫阳等书院二十余年。《清史稿·儒林传》、江藩《汉学师承记》有传。著有《廿二史考异》《金石文字目录》等，均收入于《潜研堂全书》。按：其驳"轮回说"云："夫生死者，人之常，犹草木之春荣秋落也。形神合而有身，若色香合而为花，未闻花落而香留，安得身亡而神在？自众庶栖生，方士以长生诱之，久而不验。释氏后入中国，乃谬悠其词，以为形有去来，神无生灭，不受吾法，即坠轮回之苦。骤听之似亦导人为善，而不知其教人以不孝不弟之为祸烈也。"参见《潜研堂集》卷二《轮回论》。

⑥张横渠：张载，详见第一册第二十三课注⑩。按：《张子正蒙·太和篇》云："聚亦吾体，散亦吾体。知死之不亡者，可与言性矣。聚而成形，散而归于太虚，气犹是气也。神者，气之灵，不离乎气而相与为体，则神犹是神也。聚而可见，散而不可见尔，其体岂有不顺而妄者乎？"

⑦斯宾塞耳：即赫伯特·斯宾塞（Herhert Spencer，1820—1903）。英国社会学家、哲学家。曾任《经济学家》杂志会主编。1853年接受其叔

遗赠后，辞去公职，专事著述。他是"综合哲学"与"普遍进化论"的倡导者。著有《综合哲学》《社会静态学》《社会学研究》，严复摘译名为《群学肄言》。

⑧侯官严氏：指严复（1854—1921），初名传初，又名宗光，字几陵，又字几道。福建侯官人。毕业于福建船政学堂，清光绪三年（1877）赴英国留学，回国后奉李鸿章之调，长期任天津北洋水师学堂总办。所译《天演论》，在晚清思想界影响甚巨。《清史稿·文苑传》有传。译著有《侯官严氏丛刻》《严译名著丛刊》等。按：引语参见他的《天演论自序》。

第三十二课　论《易经》与礼典之关系（上）

《周易》为周礼之一，《左氏传·昭二年》：韩宣子观书于鲁，见《易象》曰："周礼尽在鲁矣。"①又《礼运》篇云："夫礼本必于太一②，转而为阳，阳变而为四时。"张氏、惠氏据此以证《易》为礼象，其说最精。故郑氏、虞氏均本礼以说《易》，而《易经》一书具备"五礼"。张氏惠言曰："《易》家言礼者，惟郑氏，惜残缺不尽存，虞氏于礼已略，然揆诸郑氏，原流本末，盖有同焉。"③试举《易经》之言礼者，列证如下：

郊祀之礼，见于《益》。《益》曰："王用亨于帝，吉。"④

蔡邕⑤《明堂论》正月卦⑥曰："经曰：'王用享于帝，吉。'"而庄氏械据《月令》孟春令日择日祈谷于上帝，以此为祈谷之礼，非是⑦。张氏惠言订为南郊祭感生帝之礼。

见于《豫》，《豫》曰："先王以作乐崇德，殷荐之上帝，以配祖考。"⑧见于《鼎》。《鼎》曰："圣人烹以亨上帝。"⑨

《郑注》引《孝经》配天配上帝之文，张氏惠言定为明堂之祭，以祖配天之礼。又《鼎》卦"以享上帝"，张惠言曰："此言凡祀天之礼也。"⑩

封禅之礼，见于《随》，《随》曰："王用亨于西山。"⑪见于《升》。《升》曰："王用亨于岐山。"⑫

惠氏栋曰："即《礼器》因名山升中于天⑬之义。"张氏惠言曰："是巡狩封禅之礼。"⑭《升》卦所言，乃文王受命封禅之礼。

宗庙之礼，见于《观》。《观》曰："盥而不荐，有孚颙若。"⑮

虞氏以祔祭释之。张氏惠言曰："此明宗庙之祭。"⑯若郑以为宾士之礼，亦非。

时祭之礼，见于《萃》，《萃》曰："孚乃利用禴。"⑰见于《升》，《升》曰："孚乃利用禴。"⑱见于《既济》。《既济》曰："东邻杀牛，不如西邻之禴祭实受其福。"⑲

虞氏云："禴，夏祭也。"⑳

馈食之礼，见于《损》，《损》曰："二簋可用享。"㉑又曰："祀事遄往。"㉒见于《困》。"九二""九四"二爻咸言"利用祭祀"。

郑注《损》卦曰："言以簋进黍稷于神也。"㉓张氏惠言曰："此同姓之祭礼。"㉔《困》"九二""九四"所言，一为天子、大夫之祭礼，一则诸侯之祭礼也。

省方之礼，见于《观》。《观》曰："先王以省方观民设教。"㉕皆吉礼也。

省方，巡守也。

田狩之礼，见于《屯》，《屯》曰："即鹿无虞，惟入于林中。"㉖见于《师》，《师》曰："田有禽。"⑤见于《比》，《比》曰："王用三驱，失前禽。"㉘见于《大畜》，《大畜》曰："日闲舆卫。"㉙见于《解》，《解》曰："田获三狐。"㉚见于《巽》，《巽》曰："田获三品。"㉛此军礼也。

虞注："虞，虞人，掌禽兽者。田，田猎也。"㉜郑注以殷禽为搜狩习兵之典，张氏惠言以闲卫亦指田猎，讲武言三品，即《王制》之三田。

婚礼，见于《泰》，《泰》曰："帝乙归妹。"㉝见于《归妹》。《归妹》曰："归妹愆期，迟归有时。"㉞。又曰："女承筐。"㉟

张氏惠言曰：《归妹》九月卦，周以春季、夏初行婚礼，故以九月为愆。又谓六五之娣，即媵女礼。女承筐，即妇祭宗庙礼㊱。

见于《咸》，《咸》曰："取女吉。"㊲见于《渐》。《渐》曰："女归，吉，利贞。"㊳此嘉礼也。

张氏惠言以《渐》卦所言为请期之礼，《咸》卦则言婚期之正。

注：

①按：此语不确。《左传·昭公二年》载："晋侯使韩宣子来聘，且告为政而来见，礼也。观书于大史氏，见《易象》《鲁春秋》，曰：'周礼尽在鲁矣。吾乃今知周公之德，与周之所以王也。'公享之。""易象"是中国古代《易》学的重要组成部分。易象主要是通过对天、地、人、物等形状的模拟，象征自然变化与人事休咎，从而推求和印证某一现象与结论。自《春秋左传》将"易象"作为书名与《春秋》《周易》等经典并提后，引起了历代许多《易》学研究者的种种猜测。晋代杜预认为《易象》，就是今本《象传》上下两篇的概称，唐代孔颖达则提出《易象》是周文王为了演德的需要所作，后来的《易》学研究者都认同孔氏的说法。

②太一：古代多指"太一"星，《史记·天官书》："中宫天极星，其一明者，太一常居也。"郑玄认为太一即北辰。孔颖达认为是天地未分，混沌之元气。可参见第二册第二十九课"太极"注。

③按：引语有删略，现录之以资参照："《易》家言礼者，唯郑氏，惜其残缺不尽存，又其取象用爻辰，爻辰者远而少变，未足以究天地消息。至其原文本质，使周家一代之制损益具备，后有王者临仪在时，不可得而废也。虞氏于礼，盖已略矣。然以其所及，揆诸郑氏，源流本末，盖有同焉。何者？其异者所用之象也。而所以为象者不殊，故以虞氏之注推礼，以补郑氏之阙，其有不当则阙如，一以消息为本。"参见清张惠言《虞氏易礼序》。

④按：此引《益》卦"九二"爻辞，意思是王用亨祭天帝亦为吉事。

⑤蔡邕（133—192）：字伯喈，陈留圉（今河南杞县）人。东汉文学家、书法家。汉灵帝时为议郎，后因遭诬陷，流放朔方。董卓专政，被迫为侍御史，官左中郎将，人称蔡中郎。熹平四年（175），与堂溪典等写定《六经》文字，部分由蔡邕书丹于石，立于太学门外，世称"熹平石经"。后人辑有《蔡中郎集》。《后汉书》有传。

⑥正月卦：《易》学术语。此指《泰》卦，渊源于汉代孟喜《易》学

的"卦气说"。孟喜将《周易》六十四卦中的《复》《临》《泰》《大壮》《夬》《乾》《姤》《遁》《否》《观》《剥》《坤》等十二卦与一年的十二个月相配，并根据十二卦中阴阳爻画的多少，将它们有规律地组合在一起，以表示一年四季十二月阴阳消长的变化特征。如《泰》卦彗三阳生，内卦为阳，外卦为阴，阴阳交通，所以与一月相配，故称正月卦。

⑦庄棫：原刊误作"庄域"，今改正。字中自，清江苏丹徒人。先世为盐商。专治《易》与《春秋》。曾校书淮南、江宁等地。著有《周易通义》《易纬通义》《静观堂文》《蒿庵遗集》等。

⑧按：此引《象传上》解释《豫》卦卦名之辞，意思是先王制作音乐以增崇其德，用盛大祭祀进献于上帝，并配享祖宗。

⑨按：此引《象传下》解释《鼎》卦卦名之辞，意思是圣人用鼎烹饪（特牲）食物，以祭祀上帝，又用大烹（牛羊）以宴请圣人贤从。

⑩按：引语参见清张惠言《虞氏易礼》卷上"鼎亨上帝"条。

⑪按：此引《随》卦"上六"爻辞，意思是周文王被殷纣王放归后，在西山进行祭祀活动，以报答神的保佑。

⑫按：此引《升》卦"六四"爻辞，意思是周文王以享祭岐山之神。

⑬按：引语"礼器"误作"礼运"，今改正。参见清惠栋《周易述》卷三"随"卦。

⑭按：引语参见清张惠言《虞氏易礼》卷上"亨西山"条。

⑮按：此引《象传上》解释《观》卦卦名之辞，意思是祭前要洗手，祭神不必一定奉献祭品，心存诚信、崇敬即可。

⑯按：引语参见清张惠言《虞氏易礼》卷上"盥而不荐"条。

⑰按：此引《萃》卦"六二"爻辞，意思是祭祀时，仅用饭菜而不用大牲，则有利于禴祭。

⑱按：此引《升》卦"九二"爻辞，意思同上。

⑲按：此引《既济》卦"九五"爻辞，意思是殷王杀牛以祭鬼神，

周王则以饭菜，而后者却得到了鬼神的保佑。

⑳按：引语参见唐李鼎祚《周易集解》卷九"升"卦。

㉑按：此引《象传下》解释以《损》卦卦名之辞，意思是馈食于鬼神仅用二簋饭，即可举行享祭。

㉒按：此引《损》卦"初九"爻辞，意思是祭祀之事应该速往，并可以酌情减少其祭品。

㉓按：引语参见清惠栋《新本郑氏周易》卷中"损"卦。

㉔按：引语参见清张惠言《虞氏易礼》卷上"二簋用亨"条。

㉕按：此引《象传上》解释《观》卦卦名之辞，意思是国君巡视邦国，观察民情，推行德教活动。

㉖按：此引《屯》卦"六三"爻辞，意思是君子猎鹿而虞官相助，鹿逃入林中，则求之不如舍之。

㉗按：此引《师》卦"六五"爻辞，意思是田猎得禽兽。

㉘按：此引《比》卦"九五"爻辞，意思是某王行猎，三度驱车逐在前之禽，但终于未能逮获。

㉙按：此引《大畜》卦'九三"爻辞，意思是田猎以驾良马，路中艰险，亦有利。

㉚按：此引《解》卦"九二"爻辞，意思是行猎获得三狐，自为吉事。

㉛按：此引《巽》卦"六四"爻辞，意思是行猎将得到三种猎物。

㉜按：引语当为"虞谓虞人掌禽兽者"。参见唐李鼎祚《周易集解》卷二"屯"卦、卷八"解"卦。

㉝按：此引《泰》卦"六五"爻辞，意思是殷王帝乙嫁少女于周文王，为周邦之王妃，所以得福为大吉。

㉞按：此引《归妹》卦"九四"爻辞，意思是嫁女延期，稍迟而后嫁，乃有所待。

㉟按：此引《归妹》卦"上六"爻辞，全句为"女承筐无实"，意思是古代婚姻有献祭宗庙之礼，此时女捧筐以祭神，但筐中无物。

㊱按：引语参见清张惠言《虞氏易礼》卷下"归妹"条。

㊲按：此引《彖传下》解释《咸》卦卦名之辞，意思是咸为阴柔处上而阳刚处下，阴阳二气相感应，娶女吉祥。

㊳按：此引《彖传下》解释《渐》卦卦名之辞，意思是少女出嫁则有吉。依卦气说，《渐》为正月之卦，少女在正月出嫁则有吉。

第三十三课　论《易经》与礼典之关系（下）

宾王之礼，见于《观》。《观》曰："观国之光，利用宾于王。"①

虞注引《诗》"来享""来王"②，张氏惠言曰："即《周礼》以宾礼亲邦国也。"③

时会之礼，见于《萃》。《萃》云："王假有庙，利见大人，亨利贞，用大牲吉。"④

虞注以为孝享之事，郑氏以为嘉会之事，张氏惠言曰："此即《周礼》所谓时会以发四方之禁也。"⑤用郑义。

酬庸之礼，见于《大有》。《大有》曰："公用享于天子。"⑥

张氏惠言曰："公为上公，《周礼》注言上公有功德，加命为之伯。《诗·彤弓》曰：'钟鼓既设，一朝飨之。'享之者，盖锡命也。"⑦

朝觐之礼，见于《丰》。《丰》曰："遇其配主，虽旬无咎，往有尚。"⑧

郑氏注云："初修礼上朝，四四以匹敌，恩厚待之，虽留十日不为咎。"⑨张氏惠言曰："王者受命，诸侯修礼来朝者，恩厚待之。即聘礼之稍礼。"⑩

聘礼，见于《旅》。《旅》曰："旅琐琐，斯其所，取灾。"⑪

郑氏注云："三为聘客，初与二其介也。介当以筐实⑫之人为之，而用小人琐琐。"然客主人为言，不能辞曰非礼，不能对曰非礼，每者不能以礼行之，则其所以得罪。又张氏惠言谓下文"旅即次"即宾次，"怀其资"即圭币，"得童仆贞"即有司。

王臣出会之礼，见于《坎》。《坎》曰："尊酒簋贰用缶，内约自牖。"[13]皆宾礼也。

虞氏以此为祭礼，郑氏以为天子、大臣以王命出会诸侯主国，尊酒于簋，副设玄酒而用缶。今用郑义。

丧礼，见于《大过》，《系辞》谓："古之葬者，厚衣之以薪，葬之中野，不封不树，丧期无数，后世圣人易以棺椁，盖取诸《大过》。"[14]见于《益》。《益》曰："益之用凶事，无咎，有孚。中行告公用圭。"[15]

惠氏栋曰：此凶事用圭之礼[16]。

见于《萃》。《萃》曰："赍咨涕洟。"[17]

张氏惠言曰："此天子哭赙同姓诸侯，为大臣者之礼。"[18]

见于《涣》，《涣》曰："王假有庙。"[19]

张氏惠言引曾子问谓："天子崩，臣下至于南郊告谥之，告必以牲，既定谥，乃立新庙。"[20]

见于《小过》，《小过》曰："过其祖，遇其妣。"[21]此凶礼也。

张氏惠言曰："此即妇祔于皇姑之礼。"[22]

以上所举，皆周礼附见于《周易》者。若夫《姤》卦"包有鱼"为馈宾之礼[23]，此类尤多，兹不赘引。若用张氏惠言《虞氏易礼》之例汇而列之，则《周易》一书兼有裨于典章制度之学矣。若封建宗法兼涉于政治伦理，此课不列。

注：

①按：此引《观》卦"六四"爻辞，意思是诸侯或大臣往朝于王，以观国之光，作王之宾客，则利。

②按：谓引《诗》"来享""来王"，不确，当为《诗》曰："莫敢不来享，莫敢不来王。"参见唐李鼎祚《周易集解》卷五"观"卦。

③按：引语参见清张惠言《虞氏易礼》卷下"宾王"条。

④按：此引《象传下》解释《萃》卦卦名之辞，意思是大王至庙推行孝祖祭祀，利于见大人，用大的牺牲祭祀则有吉祥。

⑤按：引语参见清张惠言《虞氏易礼》卷下"用大牲"条。

⑥按：此引《大有》卦"九三"爻辞，意思是公侯将受天子的宴飨。

⑦按：引语参见清张惠言《虞氏易礼》卷下"公用亨于天子"条。

⑧按：此引《丰》卦"初九"爻辞，意思是出行遇其女主人，一旬之内无咎，而且往而得其赏。原刊"丰"字后脱"曰"字，今补上。原刊"遇其配主"作"遇其妃主"，今改正。

⑨按：引语"十日"，王应麟作"十旬"，惠栋作"十日"，惠说是。参见王氏编《周易郑康成注》"丰"卦、惠氏《增补郑氏周易》卷中"丰"卦。

⑩按：引语参见清张惠言《虞氏易礼》卷下"折其右肱"条。

⑪按：此引《旅》卦"初六"爻辞，意思是客人多疑，离开原来的居处，结果招致灾难。

⑫按：引语"筐实"，王应麟、惠栋均作"笃实"。参见宋王应麟编《周易郑康成注》"旅"卦，清惠栋《增补郑氏周易》卷中"旅"卦。

⑬按：此引《坎》卦"六四"爻辞，意思是有人被囚于狱中，其亲属好友为之送酒食之类的情况。

⑭按：此引《系辞下》解释《大过》卦卦名之辞，意思是古时丧葬，只用薪草厚厚裹覆死尸，埋葬于荒野之中，不聚土做坟墓，不植树为标记，丧期没有定数，后世圣人改用棺椁下葬，这大概取象于《大过》卦。

⑮按：此引《益》卦"六三"爻辞，意思是殷国有灾害之事，某公助益之，结果无咎，而且有所俘获。中行来告灾乞援，用圭作为乞援的礼物。原刊"有孚"作"有符"，今改正。

⑯按：引语参见清惠栋《周易述》卷六"益"卦及《惠氏易说》卷四。

⑰按：此引《萃》卦"上六"爻辞，意思是往吊他人之丧，必携持财物以赠之。原刊"咨"误作"资"，今改正。

⑱按：引语参见清张惠言《虞氏易礼》卷上"赍咨涕洟"条。

⑲按：此引《象传下》解释《涣》卦卦名之辞，意思是大王在庙中，可举行祭祀活动。

⑳按："引曾子问"，当作"《白虎通》引曾子问孔子曰"，参见清张惠言《虞氏易礼》卷上"涣王假庙"条。

㉑按：此引《小过》"六二"爻辞，意思是行越其祖之前，遇到他的祖母。

㉒按：引语参见清张惠言《虞氏易礼》卷上"大过死"条。

㉓按：此引《姤》卦"九二"爻辞，意思是家中有鱼可食，不必外出作客。

第三十四课 论《易》词（上）

《易经》之词，不外参伍错综，故全书之文，或与他籍不同，其例有三：

一曰参互见义例。

其例见俞氏《古书疑义举例》[①]。其言曰：《周易·杂卦传》："乾刚坤柔，比乐师忧。"皆两两相对，他卦虽未必然，而语意必相称。独"晋，昼也；明夷，诛也"。其义不伦。愚谓此亦参互以见义也。知"晋"之为"昼"，则"明夷"之为"晦"可知矣。"明入地中"，非晦而何？知明夷之为"诛"，则晋之为"赏"可知矣。"康侯用锡马蕃庶"，非赏而何？自来言《易》者，未见及此。

一曰文具于前而略于后例。

其例亦见《古书疑义举例》。其言曰：文具于前略于后，斯例也，孔子传《易》即已有之。《同人·象传》："同人之先，以中直也。"王氏引之[②]曰：同人之先，谓同人之先号咷而后笑也。先者，有后之辞也，言先而见后矣。《随》"六二"："系小子，失丈夫。"《传》则曰"系丈夫"，而省失小子之文，是其例也。今以王氏之说推之，《乾》"九三"："君子终日乾乾，夕惕，若厉无咎。"《传》则但曰"终日乾乾"。《坤》"六四"："括囊无咎无誉。"《传》则但曰"括囊无咎"。《蒙》"初六"："发蒙，利用刑人，用说桎梏。"《传》则但曰"利用刑人"。《泰》"九三"："无平不陂，无往不复。"《传》则但曰"无往不复"。《随》"上六"："拘系之，乃从维之。"《传》则但曰"拘系"。《无妄》"六三"："不耕获，不菑畬。"《传》则但曰"不耕获"。《离》"九四"："突如其来如，焚如，死如，弃如。"《传》则但曰"突如其来如"。《鼎》"六五"："鼎黄耳金铉。"《传》则但曰"鼎黄耳"。《归妹》"上六"："女承筐无实，士刲羊无血。"《传》则但曰"上六无实"。《中孚》"六三"："得敌，或鼓或罢，或泣或歌。"《传》则但曰"或鼓或罢"。并文具于前而略于后者也。

一曰文见于此义见于彼例。

一为此卦之文，与他卦相赞明。焦氏《易话》曰：《传》云："需，饮食之道也。"乃是与《讼》之"食旧德"相赞明。《讼》二之《明夷》五为食，《需》二之《晋》五亦为食，两相发明，则知凡两卦相孚之二五为食，其不孚者，不得为食也。《中孚》《小过》相错为《归妹》《渐》，《归妹》二之五，即《中孚》二之《小过》五，故《渐》"六二"："饮食衎衎。"而《小过》"飞鸟离之垂其翼"成《明夷》，则《中孚》不与之孚，便三日不食，故《井》孚《噬嗑》则食。《井》成《需》，《需》则泥《井》不食，《需》二不食于《明夷》五，而食于《晋》五，故《井》成《需》不食，而《需》通《晋》，为饮食之道。其说最为精审。

一为两卦旁通，以彼卦之意，系于此卦之辞。《易话》曰：两卦旁通，每以彼卦之意，系于此卦之辞。如《明夷》"主人有言"，即《讼》之"小有言"。而《讼》之"小有言"，指《需》之"小有言"，《需》之"小有言"，即《困》之"有言不信"。《困》二本是《贲》五之主人，今《贲》成《明夷》，《困》成《需》，《贲》五之小未大，而其主人当复于《需》二而有言，故在《需》云："小有言。"在《明夷》云："主人有言。"《睽》旁通《蹇》，《蹇》下《艮》为鼻，《睽》先成《无妄》，上《乾》为天，然后四之《蹇》初，《蹇》成《既济》，下《艮》消去为劓，故云："其人天且劓。"若专在《明夷》《睽》求之，《明夷》无兑，焉得有言《睽》无艮鼻，焉得云劓。《乾》"九二"："见龙在田。"见谓《坤》成《屯》，龙谓《屯》下震田，则"地之已治"者四字，全指《坤》治之《屯》，故《杂卦传》赞屯为见，《说卦》赞为龙，《乾》之六爻无震，于是不信孔子震为龙，而径以乾为龙易之，词何由得通乎！

三例而外，厥例尤多，有变文之例。

如《系辞》之释《易》，"罔罟"即"括囊"之变，"杵臼"即"好爵"之靡，"棺椁"本于"栋挠"，"书契"由于"约纳"。焦氏《易图略》说③。其文不必为经所有，而无非赞经。

有隐语之例。

如高尚其事为佚民，匪躬之故为臣节，此一例也。合"手"艮象"母"坤象二字而为拇，合"弓"坎象"瓜"艮象二字而为弧，此一例也。樽酒即尊卑之尊，蒺藜为疾徐之疾，此又一例也。大抵以曲文其直，以隐蕴其显，所谓不可泥字句而求也。

此《易》辞所由奇妙也。非好学深思，孰能心知其意乎！

注：

①俞氏：即俞樾（1821—1906），字荫甫，号曲园，浙江德清人。清道光三十年（1850）进士，官翰林院编修、提督河南学政，晚年讲学于杭州诂精经舍。《清史稿·儒林传》有传。所著《古书疑义举例》（原刊作《古书疑义举要》，今改正，下同）七卷，是专门研究周秦两汉古代典籍的辞例。另著有《群经平议》《诸子平议》等，后汇集所著书编为《春在堂全书》。

②王氏引之：王引之（1766—1834），字伯申，号曼卿。王念孙子。清嘉庆四年（1799）进士，官至工部尚书。所著《经传释词》，耗时二十余年，是研究古汉语虚词的重要参考书。另著有《经义述闻》《字典考证》等。

③按：引语参见焦循《易图略·原翼第七》，文长，不俱录。

第三十五课　论《易》词（下）

《易经》一书，句法亦有数例，非通其句法，则其词亦捍格难通，今试述之。

一为倒句之例。

《周易》《震》"六二"："亿丧贝。"《释文》引《郑注》云："十万曰亿。"梁玉绳曰："'亿丧贝'乃倒文，与《庄子·在宥》篇'万有亿丧'同一句法。"而焦循《易话》言之尤详。其言曰："古人词多倒装，《易》尤多此。如见舆曳先舆曳而后见之，先帅师而后长子，先舆尸而后弟子，其例同也。'君子终日乾乾，夕惕若，厉无咎'，《传》云：'虽危无咎'。明所以厉而无咎以能夕惕故也。夕惕刚虽厉无咎，若不夕惕则厉而不能无咎，终日而不能乾乾矣。推之'妇三岁不孕，终莫之胜，吉'，谓能三岁不孕，而终虽莫之胜，亦吉也。'履校灭趾，无咎'，'噬肤灭鼻，无咎'，灭趾灭鼻不能无咎。若履校、噬肤则虽灭趾灭鼻亦得无咎也。'君子豹变，小人革面，征凶，居贞吉'，言君子所以豹变者，以小人革面。若不豹变，则征凶矣；能豹变，则居贞吉。先八月而后至为至于八月，先十年而后至为至于十年，因丧而易，因易而羊，而云丧羊于易。因丧而易，因易而牛，而云丧牛于易。以此类推，其辞之清明条达，信有然矣。"案：焦氏之说，甚为精当。

一为复句之例。

如《系辞》两言"天下之至赜"，是郑、虞改下句之"赜"字为"动"，非也。

一为以大名冠小名例。

其例见俞氏《古书疑义举例》。谓《中孚·传》"乘木舟虚也"，郑云："空大木而为之曰虚，总名曰舟。"①

一为上下文变换虚字之例。

如《系辞传》变化云为吉事,有祥云即有也,文一律而虚字不同。

一为以读若字代本字之例。

其例亦见《古书疑义举例》。其言曰:"《周易·鼎·彖传》曰:'鼎,象也。'按:六十四卦,皆观象系辞,而独于《鼎》言象,义不可通。虞注曰:'象事知器,故独言象也。'此亦曲为之说耳。《周易》'象'字,依《说文》当作'像'。《说文·人部》:'像,象也。从人象声,读若养字之养。'然则'鼎象也'犹曰'鼎养也'。下文云:'圣人亨以享上帝,而大亨以养圣贤。'是其义也。学者不知'象'为'养'之假字,故不得其义。"②

一为两字相连而分指之例。

其例见焦氏《易话》。其言曰:"《易》辞每相连两,而实分指两处。《夬·彖》'王庭'二字,庭指《剥》五,王指《夬》二。《复》'上六'国君'二字,国指《复》成《明夷》上《坤》,君指《姤》成《需》下《乾》。'帝乙'二字相连,帝指《归妹》上《震》,乙指《泰》上《坤》,而帝乙谓《归妹》成《泰》也。'高陵'二字相连,高谓《师》成《升》下《巽》,陵谓《升》成《蹇》下《艮》,高而陵,谓《师》先成《升》后成《蹇》电。举此数端,可例其余。"

一为一句中自为转折之例。

其例亦见《易话》。其言曰:"《易》辞每一句中,自为转折。如'大师克,相遇',《同人》上之《师》三成《升》,为'大师克';《升》通《无妄》,《升》二之五,即《姤》二之《复》五之比例,为'相遇',因克转而为相遇也。'履霜,坚冰至',《乾》上之《坤》三成《谦》,为'霜';《谦》通《履》为'履霜',《履》上《乾》为'冰';《履》二之《谦》五则'坚冰至'。霜轻而不坚,冰坚而不薄,霜变为冰,则轻薄改而为坚厚,非冰与霜为一事也。"

一为先顺言而后反言之例。

其例亦见《易话》。其言曰:"辞有一气顺说,末以一二语反掉以申明之者。如《夬》'九四':'臀无肤,其行次且,牵羊悔亡。'谓《夬》二之《剥》五。而《剥》上应失成《革》,《革》改通于《蒙》矣。末反掉云:'闻言不信。'《大壮》'九三':'小人用壮,君子用罔,贞厉。'谓二之五,而后四之《观》初应之矣。末反掉云:'羝羊触藩,羸其角。'《师》'六五':'田有禽,利执言,无咎。长子帅师。'谓二之五,而初应之成《屯》,《屯》通《鼎》,而《鼎》成《咸》,所以无咎者,以先帅师而长子,此帅师也。末反掉云:'弟子舆尸,贞凶。'《丰》'上六':'丰其屋,蔀其家。'谓《涣》二之《丰》五,而后四应之也。末反掉云:'窥其户,阒其无人,三岁不觌,凶。"③

明于《易经》句法之例，庶几可以解《易》，即古书句法，亦可援此类推矣。

注：

①按：引语原为：《中孚·传》曰："乘木舟虚也。"按《正义》引《郑注》曰："空大木为之曰虚，总名皆曰舟。"然则舟、虚并言，舟其大名，虚其小名也。王《注》曰："乘木于用舟之虚。"此说殊不了，辅嗣徒习清言，未达古义也。参见《古书疑义举例》卷二《以大名冠小名例》。

②按：引语参见《古书疑义举例》卷二《以读若字代本字之例》。

③按：引语参见《易话》卷三。

第三十六课　释《易》韵

《易经》一书，由《彖》辞、爻辞以及孔子之《十翼》，莫不声韵相叶。如告，渎告《蒙》、复夙《解》、虩哑《震》、身人《艮》。此皆《彖》辞之协韵者也。约举数例，余可类推。

田人《乾》"九二"、血穴《需》"六四"、师尸《师》"六五"、辐目《小畜》"九三"、否喜《否》"上九"、陵兴《同人》"九三"、墉攻《同人》"九四"、光王《观》"六四"、园戋《贲》"六五"①、稊妻《大过》"九二"、华夫誉《大过》"九五"、坎枕窞《坎》"六三"、缧棘得《坎》"上六"、离歌嗟《离》"九三"、来思《咸》"九四"、壮罔《大壮》"九三"、翼食《明夷》"初九"、逐复《睽》"初九"、龟违《益》"六五"②、木谷觌《困》"初六"、食来祀《困》"九二"、食恻福《井》"九三"、足悚渥《鼎》"九四"、干言《渐》"初六"③、期迟《归妹》"九四"、沛沫《丰》"九三"、下斧《巽》"上九"。

此皆爻辞之协韵者也。约举数例，余可类推。

元、天，形、成、命、贞、宁《乾》，疆、亨、贞、行、常、庆《坤》，生、贞、盈、宁《屯》，穷、中、功《需》，通、同《泰》，明、行、亨《大有》，中、功、升、陵《坎》，明、行《晋》。

此皆《彖传》之协韵者也。约举数例，余可类推。

下、普、道、造、久、首《乾》，凝、冰、方、光、中、终、穷《坤》，行、常《需》。

此皆《象传》之协韵者也。约举数例，余可类求。

雨、暑、女，知、能、从、功、位、卦、辞、介、悔、大、易、知，以上上《系辞》。地、宜、马、下、利、济、处、宇、雨、虑、涂、生、成。以上下《系辞》。

此皆《系辞》之协韵者也。约举数例，余可类求。

信、谨，骄、忧，虎、睹、下，以上《乾文言》。阳、刚、章、位、气，以上《说卦传》。生、盈、穷、终、丽、离，以上《序卦传》。柔、忧、求，居、著，时、灾，以上《杂卦传》。

此《易》《文言》《说卦》《序卦》《杂卦》四传之用韵者也，余可类推。

《易经》所用之韵，皆系古韵，故与今韵之分部不同。

顾亭林[④]分为十部，段若膺[⑤]分为十七部，王怀祖[⑥]分为二十一部。

其变例有三：

有协韵不必拘于语尾之例。

如"爻也者，效此者也。象也者，像此者也"。爻与效协，象与像协。

有一句而协两韵之例。

如"迪如邅如"，屯、邅协韵，"既雨既处"，雨、处协韵，"其亡其亡"，两亡字协韵，"先否后喜"，否、喜协韵是也。

有变文协韵之例。

如"既雨既处"，处者，止也。"既雨既处"者，"既雨既止"也。不曰止，而曰处者，变文以协韵也。其例见俞氏《古书疑义举例》中[⑦]。

此《周易》一书，所由多用韵文也。韵文而外，间有偶语。

如"云从龙""风从虎"，"方以类聚""物以群分"之类，是也。则以古代之经，须凭口耳流传，必杂以偶语韵文以便记诵，故有韵之文，不独《文言》一传已也。

注：

①园：原刊误作"团"，今改正。

②按：查《益》卦无"六五"爻辞，此例不知何据？

③干：原刊误作"千"，今改正。

④顾亭林：即顾炎武。详见第一册第一课注⑥。

⑤段若膺：即段玉裁。详见第一册第三十一课注③。

⑥王怀祖：即王念孙。详见第一册第三十六课注⑥。

⑦俞氏：指俞樾。详见第二册第三十四课注①。其《古书疑义举例》认为《周易》亦多用韵之文，亦有变文协韵者。如《小畜》："上九，既雨既处。"按：处者，止也。《说文·几部》："处，止也。"处，即止字。故《毛传》于《江有汜篇》《凫鹥篇》，并曰："处，止也。""既雨既处"者，"既雨既止"也。止，谓雨止也。不曰"既雨既止"，而曰"既雨既处"，变文以协韵也。《正义》以"得其处"释之，则与既雨之文不伦矣。参见《古书疑义举例》卷一《变文协韵例》。

附 录

刘君申叔事略

蔡元培

君名师培，申叔其字也。又名光汉，别号左盦，江苏仪征人。其曾祖文淇、祖毓崧、伯父寿曾，均以治《春秋左氏传》有声于时；父贵曾，亦以经术名。君幼慧，年十二，即读毕四子书及《五经》。初习为试帖诗，一夜，月色皎然，讽诵之顷，恍然有悟，遂喜为诗赋。曾作《水仙花赋》，又穷一二日之力，成《凤仙花诗》一百首。其读他书，勤奋亦如是，博学强记，出语恒警其长老。年十八，补县学生员。十九，领乡荐。二十，赴京会试，归途，滞上海，晤章炳麟及其他爱国学社诸同志，遂赞成革命，时民国纪元前九年也。归娶，旋偕其妻何班至上海，何班进爱国女学肄业，而君则改名光汉，著《攘书》，昌言排满复汉矣。前八年，与林君獬主持《警钟日报》社。冬，与万君福华等谋刺王之春，未遂。前七年，春，君时作文揭载于《国粹学报》。未几，《警钟日报》被封。君与陈仲甫、章士钊诸君在芜湖之皖江中学任教员，并发行《白话报》。前五年，亡命日本，何班偕往，改名震。时为《民报》撰文，与炳麟甚相得。夏，君创《天义报》。秋，与张君继设社会主义讲习会。前四年，又创《衡报》。此两报皆言社会主义与无政府主义者也。是年，君忽与炳麟龃龉，有小人乘间迹，炳麟不念旧恶，甚思君，乃约余共登一广告于上海各报，劝君东下。民国二年运动何震，劫持君为端方用。君于是年冬归国，依端方于江南。前一年，随端方至四川。端方死，君幸而免，盖在四川国学院讲学；然长江下游不易知君踪，君赴山西。三年，赴北京。四年，君忽为杨度等所勾引，加入筹安会。袁世凯死，君留滞天津。余长北京大学后，聘君任教授。君时病瘵已深，不能高声讲演，然所编讲义，原原本本，甚为学生所欢迎。八年十一月二十日，君卒，年三十有六。所著书经其弟子陈钟凡、刘文典诸君所搜集，其友钱君玄同所整理，南君桂馨聘郑君裕孚所校印者，凡关于论群经及小学者二十二种，论学术及文辞者十三种，群书校释二十四种，除诗文集外，率皆民元前九年以后十五年中所作，其勤敏可惊也。向使君委身学术，不为外缘所扰，以康强其身而尽瘁于著述，其所成就宁可限量？惜哉！

二十五年八月

（选自《刘申叔遗书》卷首）

仪征刘先生行述

陈钟凡

刘先生讳师培,字申叔,江苏仪征人也。曾祖文淇、祖毓崧、伯父寿曾,均以治《左氏春秋》名于清道、咸、同光之世,列传国史。父贵曾,亦以经术发名东南。先生少承先业,服膺汉学,以《春秋》三传同主诠经,《左传》为书,说尤赅备。审其义例,或经无传著,或经略传详,以传勘经,知笔削所昭,类存微指。汉儒说《左氏》,据本传以明经义。凡经字相同,即为同恉。又引月冠事,明经有系月不系月之分,创获实多,亦较二传为密。爰阐厥科条,著之凡例,成《春秋左氏传例略》一卷。又据《汉志》,《礼古经》五十六卷,卷与篇同,谓与今文十七篇外增多三十九篇,故合五十六篇言,则曰"古经",亦曰"古文《礼》";即三十九篇言,则曰"逸《礼》"。至五十六篇所自出,刘歆移书太常博士云:鲁恭王得古文于坏壁之中,逸《礼》有三十九篇,《书》十六篇。天汉之后,孔安国献之,藏于秘府,伏而未发。据是则秘府所藏,即系孔壁所得。《志》云出于鲁淹中及孔氏,孔氏即安国也。是则古经篇目当据班书,逸《礼》原流当宗歆说。

西汉之时,其古文旧简,盖惟藏于秘府,民间亦私有传授,然其说不昌,是以绝无师说。东汉古经之行于民间者,别本滋多。然逸《礼》三十九篇，当世经师均不作注。计其散亡，盖在东晋以前，而遗文佚句，时见郑氏及诸家称引。宋王应麟、元吴澄并事考辑，所采未备，爰举佚《礼》篇名之确可征信者，成《佚礼考》一卷。又以《礼经》十九篇目，大、小戴及刘向《别录》所次不同，郑注据小戴本，其篇次则从《别录》，《既夕》《有司彻》二篇，篇名仍从小戴。魏晋以下，推崇郑本，三家旧谊，遂以湮没。考郑氏《目录》，于经文十七篇分属吉、凶、嘉、宾四礼，前此《礼》家并无此说，郑义虽合古文，然不得目为此经旧谊。爰广征两汉经师之说，为《礼经旧说考略》四卷。又以《周礼》先师六乡之吏，则冢宰六官，亦即六军之将。知者，贾公彦引贾逵说，以为六卿之吏则冢宰以下是。《说文》乡字注云："封圻之内，六乡，六卿治之。"勘以《五经异义》所引古《周礼》之说，符契适合。自马、郑始以乡吏别六官，则王国之卿十有二人，并数三孤，则为十五，迥异古说。近孙诒让为《正义》，一是折中马、郑，疹发实鲜。先生爰申贾、服、杜子春古说，正其违失，著《周礼古注集疏》二十卷。又以古文《尚书》安国所得，既献汉廷，因藏秘府。仁和龚自珍顾云秦烧天下图书，汉因秦宫室，不应独藏《尚书》。假使宫中有《尚书》，不应安国献孔壁书，始知增多十六篇。不知汉收图籍，非谓《诗》《书》。若实有《书》，安国无缘再献。史公云"献"，则是未有其书。是知中秘古文，藏自武帝。既为孔壁之书，即非嬴秦之籍。观刘歆言安国献古文，又言藏于秘府，伏而未发，成帝乃陈发秘籍，校理秘文。所云秘籍，即谓中文之属。所云校理，盖即刘向所司。是刘向所观，安国所献，既无殊本，应即一书。龚氏所疑，不析自解。著《驳太誓答问》一卷。又以《汉志》"《书》类"著录《周书》七十一篇，自注云：孔子所删百篇之余。近儒每援之以说群经。爰参考异同，详加篇次，成《周书补正》六卷。若五官、三监、五服、濮路、月令、明堂诸考，则别著为篇，成《周书略说》一卷。先生说经之书，略具于此。其他间有撰述，未遑写定，或孤文只义，靡得而详焉。清代经师治古文者，自高邮王氏父子以降，迄于定海黄氏、德清俞氏、瑞安孙氏，各揭厥识，匡微补缺，阐发宏多。若夫广征古说，足诤马、郑之违，且钳今师之口，则诸家未之或逮。故述造视前师为渻，而精当浸浸过之。信乎！研精覃思，持之有故者矣。

又历检群籍，至于内典、道藏无不究宣。尝取老、庄、荀、董之书，雠正讹脱，独创新解，按文次列，成《老子斠补》二卷、《庄子斠补》一卷、《荀子斠补》四卷、《墨子拾补》二卷、《楚辞考异》八卷、《贾子新书斠补》三卷、《春秋繁露斠补》三卷。计所发正凡数百事，均王、洪、俞、孙之所未诠。盖先生每论定一说，必旁推交通，百思莫能或易，乃著简毕，其精审有如此。雅性勤勉，博览载籍，过目成诵，久而不渝。神志亦缘是日臞，年未四十，疾疢缠萦，狄涤医门，岁无闲日，以民国八年十一月二十日卒于北京。上距生于清光绪甲申年闰五月二日，享年三十有六。生平精力，敢于著述，世变纷纶，匪所能悉。而以贫病故，不能亡情爵秩，时时为金壬牵引，致不退不遂，入于坎陷，非深知先生者，孰能谅之？

先生于学无所不窥，而论文则考型六代，撢源两京。尝谓汉魏之际，文学未尝别自成科，宋文立四学，文学乃与儒、玄分馆，故《南史》恒以文史、文义并词，而文章志诸书，亦以当时称盛。凡所持论，见《文说》《广文言说》《文笔诗笔词笔考》。又裒次所为辞赋诗文如干首，成《左盦文集》五卷。

先生教泽遍中国，清季主讲安徽公学、两江优级师范、四川国学院，执经问业者几千人。民国以来，主讲北京大学、女子高等师范，弟子从游者益进，闻先生之丧，莫不哀恸，太息流涕而不能自已也。以某年月日归葬仪征先垄之原。妻何氏，无子。钟凡性颛蒙，未能知先生之深，于其他行事不备书，书其学术之著者，与天下学人共悼之！

（选自《刘申叔先生遗书》卷首）

图书在版编目（CIP）数据

经学教科书/刘师培著. -- 北京：北京联合出版公司，2015.4（2025.4重印）
ISBN 978-7-5502-4981-3

Ⅰ.①经… Ⅱ.①刘… Ⅲ.①经学—教材 Ⅳ.①Z126

中国版本图书馆 CIP 数据核字 (2015) 第 068609 号

经学教科书

作　　者：刘师培
选题策划：北京三联弘源文化传播有限公司
责任编辑：王　巍

北京联合出版公司出版
（北京市西城区德外大街83号楼9层　100088）
天津海德伟业印务有限公司印制　新华书店经销
字数260千字　710毫米×1000毫米　1/16　19.5印张
2015年4月第1版　2025年4月第3次印刷
ISBN 978-7-5502-4981-3
定价：98.00元

版权所有，侵权必究
未经书面许可，不得以任何方式转载、复制、翻印本书部分或全部内容。
本书若有质量问题，请与本社图书销售中心联系调换。电话：010-84318689